Rainer Biesinger

BRAIN TATTOOS

Du bist, was du denkst

SCHWARZKOPF & SCHWARZKOPF

Diese Tätowierung war das Werk eines längst dahingegangenen Propheten und Sehers seiner Insel, der mit diesen hieroglyphischen Zeichen eine lückenlose Theorie von Himmel und Erde und einem mystischen Traktat über die Kunst zur Wahrheit zu gelangen, auf Queequegs Körper niedergeschrieben hatte, so dass Queequegs leibliche Person das große Rätsel aufgab:

Er war ein Wunderwerk in einem Band, dessen Herz dagegen pochte; und deshalb war es diesen Mysterien bestimmt, dereinst zu Staub und Moder zu verfallen, zugleich mit dem lebenden Pergament, auf dem sie aufgezeichnet waren, und unentziffert bis zum Ende.

Dieser Gedanke muss es wohl gewesen sein, der Ahab, als er eines Morgens den brütenden Blick vom Körper des armen Queequeg wandte, jenen wilden Verzweiflungsschrei abpresste: »Oh brennende Tantalusqual, von Göttern ersonnen!«

Herman Melville, *Moby Dick*[1]

VORWORT

TIMO WUERZ

Er tobt, er wütet, schimpft, flucht, provoziert, regt sich auf, packt uns am Kragen und schüttelt uns durch. All das kann jedoch eines nicht verbergen: Rainer Biesinger liebt den Menschen, der vor seinem Buch sitzt. »Die Menschen«, »das Volk«, »die Gesellschaft«, »ihr«, »wir« sind wie jede Verallgemeinerung und Zusammenfassung eine Illusion. Das einzelne »du« ist wichtig. Dich spricht Rainer an, dich versucht er zu erreichen. Zu dir will er durch deine jahrelang gewachsenen und erbauten Mauern dringen und vielleicht kleine (Denk-)Anstöße geben, um dich etwas mündiger, bewusster und wacher zu machen. Nicht um an seine Wahrheit zu glauben, sondern an deine eigene. Selbst wenn du deine bisherigen Wahrheiten überdenken und eventuell über Bord werfen musst.

Die Welt ist ein Trümmerfeld, die Gesellschaft ist gespalten, Menschen werden gegeneinander ausgespielt, und lasst uns gar nicht erst vom Ökozid anfangen. Und wer hat's erfunden? Der Homo sapiens, die Krone der Schöpfung, die schon längst einen in der Krone hat. Ein Prosit auf den Untergang!

Rainer ist kein Menschenfreund, aber eben ein Freund von dir. Du bist ihm wichtig. Durch genügend einzelne »dus« kann sich vielleicht dann doch etwas ändern. Mindestens jede einzelne kleine persönliche Welt. Diese Keimzelle sollte man nicht unterschätzen: Sie hat Auswirkungen auf alles. Keiner lebt isoliert. Jeder beeinflusst seine Umgebung, die Gesellschaft, die ganze Welt. Es wird Zeit, einen positiven Einfluss zu haben, um ein Teil der Lösung anstatt des Problems zu sein. Das liegt Rainer am schwarzen Herzen.

Also fest am Sessel anschnallen und beginnen zu lesen. Es ist ein gefährliches Buch. Zeit für ein neues Tattoo.

Lebt wild und frei!

Timo Wuerz
Der »Rockstar der Comicszene«
(Süddeutsche Zeitung)
www.timowuerz.com

STEFAN HAGEN

Rainer Biesingers Buch ist eine Wucht. Jeder Satz ritzt sich ins Gehirn. Auch wenn ich mich im ersten Moment fragte, was ich mit diesem Buch anfangen werde (denn Tätowierungen sind nicht mein Thema), stellte ich schnell fest, dass ich mit dem Buch nichts anfangen muss. Denn es fängt mit mir etwas an. Es zwingt mich, mein bisheriges Leben, unsere Gesellschaft, uns selbst zu überdenken, zu hinterfragen und mein Gehirn auf eingebrannte Bilder zu durchsuchen. Und das radikal. Schnell wurde mir klar, dass ich zwar im Sinne der Tattoo-Szene ein »Reinhäuter« bin, mir aber dennoch viele Brain-Tattoos in meinem Leben verpasst habe. Zu viele! *Brain Tattoos* ist kein leichtes Buch. Wer den Mut hat, sich bzw. uns radikal zu hinterfragen, dem empfehle ich dieses Werk. Alle anderen sollen Rosamunde Pilcher lesen.

Stefan Hagen,
Unternehmensberater und TV-Coach Hagen hilft
www.stefan-hagen.com

BEN SCHULZ

Tagtäglich habe ich mit Leuten zu tun, deren Vergangenheit sich als Muster in ihr Gehirn gebrannt hat: Eltern wollen, dass sie artig sind; Schulen wollen, dass sie fehlerfrei sind; Religion und Kirche wollen, dass sie ordentlich sind. Was den wenigsten bewusst ist, dass diese Brain Tattoos sich aufs ganze spätere Dasein übertragen, es mit beeinflussen und versteckt führen. In seinem empfehlenswert krassen Werk über Persönlichkeit, Individualität und Selbstreflexion, gibt Rainer Biesinger Anstoß dazu, die eigenen Brain Tattoos zu hinterfragen. Für jeden, der sich mit seiner Identität auseinandersetzen will, ist dies Buch ein »must-have«!

Ben Schulz
Werdewelt, Agentur für Personal Branding
www.werdewelt.info

INKED IN

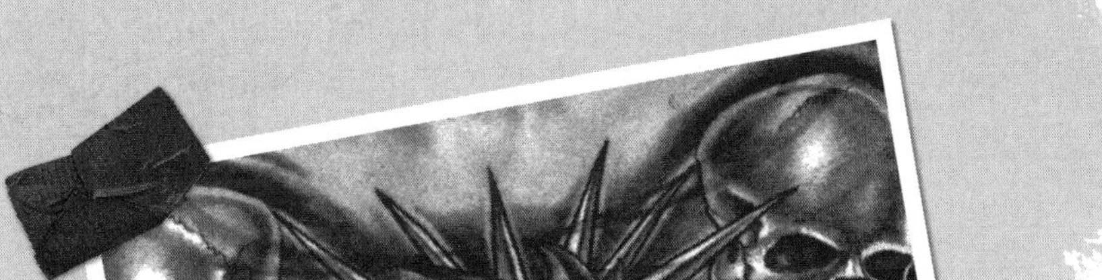

BRAIN TATTOOS

Der Begriff »Brain Tattoo« setzt sich aus den englischstämmigen Wörtern »Brain« und »Tattoo«, also »Gehirn« und »Tätowierung«, zusammen. Das Wort »Tätowierung« leitet sich direkt von dem tahitianischen »tattau« ab. Der Wortstamm »ta« bedeutet Zeichnen, und das Wort als Ganzes betitelt eine Zeichnung in der Haut.

Mit »Brain Tattoos« ist das Ab-»Bild« deiner eigenen Existenz gemeint, deiner Gedanken, Erinnerungen, Erfahrungen, Werte, Glaubenssätze, Lebensinhalte, Einstellungen, Motive und Automatismen. Es ist dein dir ganz persönliches ins Gehirn genageltes Bildnis, das dich antreibt und auszeichnet. Es ist der Masterflash, der dein Leben und deine Lebensumstände bestimmt. Dieses Buch befasst sich mit den Bildern, die deine Seele sieht. Mit den Bildern, die du von dir selbst oder auch anderen ins Gehirn geschrieben, gebrandmarkt, gemeißelt, gehämmert, also tätowiert, bekommen hast. Diese Bilder, die dich ausdrücken, sind die Motive, die dich prägen und zum Handeln oder Nichthandeln bewegen.

Das Betrachten deiner eigenen Gedankenbilder veranschaulicht dir all die Dinge, die waren und sind, aber auch die Möglichkeiten, die hätten sein können. Sie zeigen dir das »Was wäre, wenn«. In ihnen siehst du all das, was dir in den Eingeweiden brennt und dich nachts nicht schlafen lässt. In ihnen spürst du dieses Gefühl, wenn dir Zweifel und Ängste kommen, wenn Bunt zu Grau und Grau zu einem schwarzen, dreckigen Farbenbrei wird. Dieses Gefühl, das so weit gehen kann, dass in deiner Betrachtung irgendwann nichts mehr hässlich ist, weil du glaubst, dass es nichts Schönes mehr gibt. Dieses Gefühl, wenn du nur noch »Schwarz« siehst.

Es ist ganz egal, wie viel Lebenszeit vergeht, aber es gibt Brain-Tattoos, die ein Leben lang nicht verblassen und daher ein festes, dunkles Fundament in deinem Inneren bilden. Dabei handelt es sich um mächtige, fette, planlos angelegte, schwarze Tribals, sinnlos hingeschmierte Synapsengeschwüre und vernarbte Gehirnareale, die sich erbarmungslos tief bis zur gefühlten totalen Handlungsunfähigkeit in deine Hirnwindungen eingebrannt haben.

In diesem Arbeitsbuch wirst du sehr viel über dich selbst erfahren. Du wirst dich selbst erkennen. Denn: »Erkennen ist der Schlüssel zum Verständnis«. *Brain Tattoos* wird dir helfen zu verstehen, wie du durch das Milieu, in dem du dich bewegst, beeinflusst und geprägt wirst. Es wird dich begreifen lassen, was Familie, Medien, Kultur, Religion, Schule, Politik, Geschichte, Moral, Traditionen, Riten, Werte, Gesinnung, Reichtum usw. aus dir gemacht haben. Es wird dir deine ganz persönlichen Brain-Tattoos aufzeigen und abbilden. Du wirst dich selbst besser kennenlernen, und du wirst es schaffen, deine düsteren Brain-Tattoos mit einem positiven Cover-up zu versehen. Im Anschluss an dieses epochale Werk wirst du deine Lebenswege verständnisvoller, handlungsfähiger, aufrichtiger, mutiger, souveräner und stärker durchs Leben planieren!

»Das gesamte Konzept des Tätowierens ist die Veränderung. Es kann eine Person mental und psychisch verändern. Wahrscheinlich ist das auch einer der Hauptgründe, warum es die Menschen so anzieht.« – Rainer Biesinger

DAS BUCH

Einzigartig: Dieses Buch ist eines der unbarmherzigsten und zugleich buntesten Werke zum Thema Persönlichkeitsentwicklung. Es ist so einzigartig wie die archaische Kunst des Tätowierens. Dieser Schinken ist ein heiliger Akt – ein Buch in Haut geschrieben!

Persönlich: Die Anrede hier ist das geschlechtslose »du«.

Bildhaft: Mach die Augen zu und sag mir, was du siehst, wenn du an Marilyn Monroe, Albert Einstein oder an eine Tätowierung denkst! Einen Typen mit Wuschelmatte, der dir die Zunge rausstreckt? Eine lasziv wirkende Blondine, die Spaß auf dem Lüftungsschacht hat? Ein auf immer ins Fleisch eingeritztes Haut-»Bild«? Ja, der Mensch denkt in Bildern, aber das wusstest du ja bereits, oder?

Ursprünglich: Die Tattoo-Kunst ist neben den steinzeitlichen Höhlenmalereien eines der ältesten Kunsthandwerke überhaupt. Tattoos gehören zu den betagtesten, universell verbreiteten Ausdrucksformen der Menschheit. Der Haut, als letzte dünne Schicht zwischen dem ICH und der Welt, kommt dabei eine ganz besondere Bedeutung zu. Seit Anfang der Menschheitsgeschichte nutzen Menschen aller Völker die Haut als eine Fläche, auf der sie sich künstlerisch ausdrücken. Mit einer Tätowierung wird auf vielfältigste Weise die Wechselwirkung zwischen dem Einzelnen und der Gesellschaft dargestellt. Der Außenwelt werden dadurch das persönliche Selbst-»Bewusstsein« und die individuelle Kreativität gezeigt. Eine Tätowierung kreiert den ursprünglichsten und dauerhaftesten Körperschmuck, den du dir vorstellen kannst. Körperschmuck zu tragen ist ein elementares Grundbedürfnis und Lebensäußerung zugleich. Die Tattoo-Kunst war schon bekannt, als unsere Vorfahren sich im Zuge der Evolution ihrer selbst bewusst wurden, soziale Gruppen bildeten und begannen, Werkzeuge zu benutzen.

Hautnah: Durch Tattoos wird ein breites Spektrum menschlichen Erlebens nach außen sichtbar. Die Botschaften der Hautbilder kennzeichnen Phasen des persönlichen Lebenszyklus eines Menschen, seine soziale und politische Stellung, seinen beruflichen und wirtschaftlichen Erfolg, seine Einstellung, Träume, Visionen usw. Sie illustrieren Entwicklungsstadien einer Gemeinschaft, können einen spirituellen Hintergrund haben oder als Zeichen der Zugehörigkeit und/oder als Statussymbol dienen. Sie sollen vielleicht sogar erotisch stimulierend oder abschreckend wirken oder ganz einfach die Schönheit eines Körpers betonen.

Ergreifend: Durch Tattoos werden Vorstellungen von gesellschaftlicher Ordnung dargestellt und legitimiert. Oder auch bestimmte Herrschafts- und Klassenstrukturen bestätigt oder verhüllt. Ebenso drückt diese Form der Körperkunst in allen Kulturen Normales und Abnormales, Stabilität und Krise, Heiliges und Profanes, Gutes und Böses aus. Die Motive variieren je nachdem, von wem sie wann und bei welcher Gelegenheit zu welchem Anlass eingenagelt werden, und auch wer sie überhaupt trägt. In weiterem Zusammenhang spielen Alter, Geschlecht und auch die gesellschaftliche Position des Tätowierten eine entscheidende Rolle. Bedeutsam ist auch, wer wen zugenagelt hat. Aber auch wer bei diesem Vorgang Meister oder Neuling ist und ob die Prozedur freiwillig gewollt oder erzwungen wurde.

Direkt: Durch die tätowierte Haut zeigen die Menschen bewusste Aspekte ihrer eigenen Persönlichkeit. Beispielsweise drücken sie ihre Nonkonformität aus oder bezeugen eine Form der Rebellion gegenüber der Gesellschaft. Wir Menschen sind die einzigen Lebewesen auf diesem Planeten, die auf ihr Aussehen achten und es gezielt verändern können. Diese »Selbstgestaltungsfähigkeit« ist eines der deutlichsten Wesensmerkmale, die uns Menschen vom Tier und somit von der Bestiennatur unterscheiden. Eine Tätowierung erlaubt es uns, unserem Körper eine Ausdrucksform zu verleihen, die wir aus uns selbst heraus geboren haben und mit voller Absicht bezwecken.

Schockierend: Seit Jahrtausenden wird die Tätowierung auf geniale Weise dazu benutzt, der jeweiligen kulturellen Eigenart innerhalb einer Gesellschaft Ausdruck zu verleihen. Die Vorstellung darüber, wann ein tätowierter Körper als erwünscht, geistvoll, unrein oder unerwünscht gilt, erwächst aus dem jeweiligen gemeinsamen kulturellen Hintergrund einer sozialen Gemeinschaft. Deshalb reagieren die Menschen teils recht heftig, sei es zustimmend, sei es ablehnend, wenn sie die eigene Auffassung über eine gepflegte Körpergestaltung mit den in anderen Kulturen üblichen Ansichten vergleichen.

Bewusstmachend: Dieses Buch zeigt dir, dass (Brain-)Tattoos ein Grundphänomen des menschlichen Lebens sind. Sie tragen als Ausdrucksform und Kommunikationsmittel zur Verständigung zwischen den Menschen bei. So ähnlich ist es bei Brain-Tattoos auch – wir lassen uns bewusst oder unbewusst Bilder ins Gehirn tätowieren, die unser Denken und Handeln, also uns, bestimmen. Und wenn du deine tiefer ins Gehirn eingebrannten Gedankenbilder analysierst, wirst du dir sowohl über den gegenwärtigen Zustand der Menschheit als auch deines eigenen ICHs/Lebens bewusst werden.

Schonunglos: Das geschriebene Wort benutze ich in Form eines ratternden, surrenden, sich kompromisslos tief in dein Gehirn einarbeitenden Werkzeuges, das dir mit gefühlten 500 Nadelstichen pro Sekunde deine Synapsen malträtiert. Manch einer nennt die Tätowier-Maschine auch Tattoo-Gun oder Tätowier-Pistole. Genau diese Pistole möchte ich dir, bildlich gesehen, ein wenig auf die Brust setzen. Und sei gefasst darauf, dass ich abdrücken werde!

PROLOG

Bist du körperlich tätowiert? Im Prinzip spielt das keine Rolle, denn irgendwelche Brain-Tattoos haben wir alle. Auch wenn man sie nicht sehen kann, zumindest nicht auf den ersten Blick. Wir verfügen alle über mächtige ins Gehirn genagelte Gedankenbilder, die unser Handeln und/oder Nichthandeln bestimmen. Bilder, die wir uns selbst, aber auch andere gnadenlos ins Hirn gebrannt haben. Inwieweit diese durch die Gesellschaft geprägten Gedankenbilder der neuzeitlich, sogenannten zivilisierten Gesellschaft wirklich noch schön zu betrachten sind, wage ich beim Blick auf diese zunehmend durchgeknallte Welt mehr und mehr zu bezweifeln. Schau dir doch mal den weltweiten Terror, den teilweise echt verantwortungslos gestreuten Müll in den Medien, oder auch die allgegenwärtige Hetze mal etwas genauer an. Bei meiner Arbeit als Persönlichkeitstrainer und den damit verbundenen tiefen Einblicken hinter die Gesichtswindeln und Alltagsmasken so mancher Menschen wird mir angst und bange. Das stimmt mich sehr oft traurig und wütend zugleich.

In der Gedankenwelt sehr vieler Menschen sehe ich nur noch einen schwarzbraunen, in sich selbst verlaufenen, dreckig wirkenden Farbenmatsch ohne Linien, Ecken, Kanten und Struktur. Am weiten Horizont meiner Weltsicht ist alles andere, aber kaum ein schönes, aus sich selbst heraus geborenes, natürliches, würdiges, strahlendes, menschliches Antlitz zu erkennen. Irgendwie erblicke ich aus meiner subjektiven Sicht der Dinge heraus überall nur die gleiche ins Gehirn genagelte braungraue, fäkaliengleiche Brühe. Gequirlte, sich stapelnde Scheiße in den Hirnen mündiger erwachsener Staatsbürger.

Traurige Schwarzmalerei? Nein, dieses Buch fängt ganz bewusst mit dieser durchaus provokanten, dich herausfordernden Konfrontation an.

Ich will dein allgemeines Hirnkammerflimmern zunächst einmal mit etwas Shock-Treatment in einen stimmigen Einklang bringen

Brain Tattoos befasst sich mit den Themen, die meines Erachtens elementar sind, deine Anschauung der materiellen Welt fundamental zu überdenken. Hier gibt's das unmissverständliche volle Brett! Es wird dir deine von anderen mit unfassbarem geistigen Müll zugenagelten Synapsen weichspülen, dich bewusst machen und dich zwangsläufig zu eigenständigem Denken und Hinterfragen deiner Wahrheiten auffordern. Ich will dich dazu bewegen zu erkennen und wahrzunehmen, was um dich herum abgeht. Ich will, dass du damit beginnst, dir deine Geistesnahrung und Wahrheit dort zu suchen, wo sie wirklich vorhanden ist. Versteckt zwischen offensichtlich rotzfrechen und überaus dreisten Lügen und Desinformationen in so manchen Medien, in sozialen Netzwerken und auch in den Reihen unserer Politik, wie sich immer wieder bestätigt. Dass eines klar ist, ich möchte hier niemanden unter direkten Generalverdacht stellen, aber ich will, dass du damit beginnst die Augen aufzumachen und aus deinem gutgläubigen Dornröschenschlaf zu erwachen.

Die grundsätzliche Frage, die sich in diesem Buch stellen wird, ist es, inwieweit, wie stark und wie großflächig unsere edlen Gehirne mit bunten, schönen, ansehnlichen Farben und Bildern oder aber auch mit planlosem, gruseligem, pechschwarzem Dreck volltätowiert sind.

Weil ein Bild aber auch immer im Auge des Betrachters liegt, möchte ich dich mit diesem Buch dazu ermutigen, dir dein eigenes Bild von der

Welt zu machen. Dich dazu anleiten, dir deine eigene Sicht der Dinge zu verschaffen. Dich motivieren, deine eigene Wahrheit zu finden. Unsere sensiblen menschlichen Schaltzentralen werden seit Anbeginn unserer Lebenszeit und bis zum bitteren Ende unerbittlich durch die Außenwelt penetriert, gebrandmarkt und vollgesudelt. Permanent und schonungslos werden wir, wie du im weiteren Text zweifelsfrei noch glasklar feststellen wirst, mit hinderlichen und teilweise echt manipulativen, abgedrehten, desaströsen Informationen und Erlebnissen malträtiert. So lange, bis du nur noch schwarze Löcher siehst. Die Psychologie nennt dies dann Konditionierung. Allgemein sagt man wohl auch Erziehung oder »erwachsen werden« dazu.

Ein altes Sprichwort besagt: »Sag es jedem auf seine Art.« Und das gilt meiner Meinung auch ganz speziell für dieses Buch. Warum sollte ich dir, wenn du mich fragst, wie der Kapillareffekt einer Nadelstange bei einer Tätowiermaschine funktioniert, erst erklären, wie man die Nadeln zusammenlötet? Dazu haben wir keine Zeit. Außerdem habe ich keinen Bock darauf, das, was ich zu sagen habe, gedanklich in scheinheilige rosarote Bildchen zu verpacken. Nur um dein zartes Ego zu streicheln und deine feinen Nerven nicht zu beschädigen? Auch habe ich keine Lust, mich bei dir möglichst beliebt zu machen. Und was gar nicht geht, ist eine blumige, nichtssagende und eloquente Wortwahl, die nur dazu dienen soll, dass ich möglichst viele Bücher verkaufe.

Tattoos sind krass und tun weh – Punkt!

Manche Menschen scheinen stets einen warmen, wohlwollenden, mit Zuckerguss überzogenen, schöngeredeten Grundton fürs allgemeine Verständnis zu benötigen. Schau dich da draußen doch mal um und sag mir, was bei dieser Form der ständigen »political correctness« wirklich raus- und rüberkommt – nichts! »Muschi-Pupuh-Gelaber« ist nicht mein Ding. Klartext gilt. Ich vertrete die Ansicht, dass es manchmal im Leben einfach wehtun muss, bevor der naive, faule und passive Mensch an sich damit beginnt, aufzuwachen und seinen Arsch zu bewegen. Vom Schöngerede alleine kannst du dir nämlich nichts kaufen. Wir schöpfungsgekrönten Pannenköpfe brauchen meines Erachtens dringender denn je den knüppeldicken Schlag mitten in die Fresse, um aus unserem selbstgefälligen, mimosenhaften Dornröschenschlaf zu erwachen. Ausgepennt ist!

Das Schreiben dieses Buches war ein mächtig zähes Biest, das mir sehr lange als unbezwingbar erschien. Schon im Vorfeld blies mir der Gegenwind aus den verschiedensten Fraktionen mächtig und nicht zu knapp ins Gesicht. Ich müsse auf meinen Ruf achten usw. Die pubertären Sprüche und die guten Ratschläge flogen mir nur so um die Ohren. Es wurden Tausende von Gründen genannt, warum ich dies oder jenes so nicht schreiben sollte. Es könnte mir persönlich und wirtschaftlich schaden. Ich hätte das alles doch gar nicht nötig. Diese Einwendungen von so manchen »Freunden« wunderten mich zwar sehr, kratzen mich aber wenig. Ist der Ruf erst ruiniert, lebt sich's völlig ungeniert. Keine Sorge, das Fundament, auf dem ich baue, ist inzwischen recht stabil. Also mach dir um mich keine Sorgen!

In meinem Leben gab es schon öfter Epochen, in denen ich so gar nicht in das gesellschaftliche Schema dieser Welt passte. Dabei habe ich nicht nur dem Teufel den Arsch geküsst, sondern auch mit den Engeln großkotzig Halleluja gesungen. Ich hatte alles verloren, was mir lieb und heilig war. In dieser Rolle, als Arsch der Nation, kenne ich mich bestens aus. Ich weiß, wie es sich an der Schwelle des Todes anfühlt und auch, wenn du bei Petrus an der Himmelspforte anklopfen musst. Ich wurde als asozialer, nicht sozialkompetenter Abschaum betitelt, als nicht therapierbar abgestempelt und auch schon zum sogenannten Gesellschaftsproblem erklärt.

So zahlreich und schmerzhaft meine Fehler, so dumm, unwissend und verletzlich meine Worte auch waren, bin ich heute dennoch äußerst dankbar für das, was ich daraus lernen durfte. Für all die zahlreichen Erfahrungen und die dadurch gewonnenen Erkenntnisse. Sei es drum, ich lebe noch immer und bin heute schlauer als gestern. Letztlich ist es auch eine Frage des Karmas am Ende des Dramas, wie lange wir alle uns diese armselige, menschlichen Tragödie, die da allgemein und weltweit so abläuft, in diesem Leben wirklich noch geben wollen, bzw. müssen! Daher liebt mich oder hasst mich – es ist mir egal.

Wenn ich also in meinem Leben auch nur eines gelernt habe, dann ist es die Tatsache, dass persönlicher Erfolg eben nicht darauf beruht, stumpf, artig und berechenbar zu sein. Auch nicht darauf, die Bestätigung als »everybody's darling« in der Allgemeinheit zu suchen. Die bekommst du eh nur, solange du einzigartig gut bist in dem, was du tust. Aber dieser Erfolg wird nicht mehr lange da sein, wenn du nicht bald selber herausfindest, wozu du fähig bist, dich nur an den anderen orientierst und langfristig so wirst wie sie. Wer warst du, bevor du so wurdest, wie alle anderen dich haben wollten?

Null Karat und ohne Format sucks!

Ich war lange Zeit um Fairness bemüht, muss jedoch verstärkt feststellen, dass es da draußen zunehmend große Sippschaften lauer Ego-Polierer, ferngesteuerter Heuchler und Lügenbolde, zurückgebliebener Imitatoren, Statisten und Marionetten, planloser Raffgeier, gehirnamputierter Geschlechtsdeppen, weichgespülter nichtssagender Propagandarhetoriker, systematisch gezüchteter Unwissender, verantwortungsloser, blamabler, machtgeiler Menschen, Dummbratzen, Banker, Medien, Politiker, Pfaffen, geisteskranker Idioten, Schergen, Schreibtischtäter usw. gibt, die den Bogen echt mächtig überspannen, wie ich finde.

Hey, was gibt es hier global betrachtet noch zu verlieren? Schau dich doch mal um in unserer ach so glorreichen, von Lobbyismus geprägten Menschheitsgeschichte! Wahnsinnige Psychopaten, hirnkranke Edelneurotiker und elitäre Soziopaten, die dabei sind, die Welt, wie wir sie kennen, skrupellos und mit Vollgas ungebremst in den finalen Overkill zu katapultieren. Auf der anderen Seite sehe ich viel zu viele bedauernswerte, arme und kleingeistige Menschen, die ihren gottgegebenen »Selbst«-Führungsanspruch seit Generationen schon lange verhurt, verraten und verkauft haben. Mein bester Freund sagte immer: »Der

Fels bewegt sich nicht.« In diesem Falle aber doch: Er tut's! Ich kann gar nicht so viel fressen, wie ich kotzen könnte! Fürs Protokoll: Ich habe die Schnauze voll!

Was also bleibt einem Menschen, der mit einem viel zu großen Herzen und einer mächtig rebellischen, potenziell selbstzerstörerischen Lebenseinstellung ausgestattet ist? Was bleibt ihm übrig, wenn er sich in einer scheinbar ausweglosen Situation befindet? Einem Menschen, der so viel Scheiß gebaut hat, dass es möglicherweise für drei Leben reicht? Einem, der gelitten hat, gelogen und betrogen hat, einem, der Menschen, die er liebt, enttäuscht und verletzt hat? Einem, der aber auch selbst verletzt wurde und den am Ende nur noch die Verzweiflung getrieben hat? Was macht der? Der fährt das Ding irgendwann an die Wand! Ganz klar! Volle Kanne! Gnadenlos! Oder?

Leben ist Wandlung, Leben ist Handlung.

Glasklar in der Birne, gestorben und neu geboren, blicke ich zurück auf einen riesengroßen hinterlassenen Scherbenhaufen, den ich dank eisenharter Disziplin, Selbstkontrolle und krassester Arbeit am eigenen Selbst inzwischen wieder zu einem richtig coolen Gefäß zusammengebastelt habe. Die Narben allerdings werden bleiben.

DER PAINKILLER

Hier bin ich wieder. Dein Spielverderber für zwischendurch. Ich kann es nicht lassen, mich mit den Exkrementen der Menschheit auseinanderzusetzen. »The dragon is on the road again.« In den tiefsten Abgründen meines Innersten macht die dunkle Seite, mein Alter Ego, mein auf alle Ewigkeit in seinem Zuchthaus »Heaven Can Wait« in lebenslanger Sicherungsverwahrung weggesperrter Drache Junior wieder mal mächtig Terror.

Oscar Wilde schrieb irgendwann mal so ungefähr: »Wenn ein Mann alt genug ist, Unrecht zu tun, dann sollte er auch alt genug sein, Recht zu tun.« Und für die eigenen Fehler zu leiden. Genau aus diesem Grund kann ich bei all dem menschlichen Wahnsinn um mich herum nicht »Blindekuh« oder »Vogel Strauß« spielen. Die Augen schließen und so tun, als ginge mir das alles, was ich da draußen wahrnehme, einfach so und ungefiltert am Arsch vorbei.

Sorry, aber bevor die Brain-Tattoo-Psycho-Games gleich beginnen, muss ich erst mal mächtig Druck ablassen! Bedenke, dass das Thema Brain-Tattoos megakomplex ist, und bewahre dir bei all den kommenden Texten genug Urteilsvermögen und Resthirn, um im Zweifelsfall nach weiteren Alternativen zu suchen. Eine ultimative Wahrheit kann und wird es nie geben. Sinn und Zweck dieses Buches ist es, dass du anhand der hier exemplarisch gewählten Storys damit beginnst, eigenständig zu denken! In Fachkreisen nennt man mich auch einen provokativen Impulsgeber.

Es mag schon sein, dass ich mit meiner hier im Buch beschriebenen Denke auf einem mächtig schmalen Grat balanciere und mir alles und jeden zum Feind mache. Das ist mir egal. Denn statt Normen, Regeln und Grenzen, statt goldenen Käfigen und Ketten, kann ich die Freiheit sehen. Ein Friedensschluss im Äußeren erscheint mir derzeit leider nicht in Sicht. Die Zeit ist reif dafür, diesen mentalen »Big Bang« hier auszulösen. Ich will, dass du mit diesem Buch zu deiner eigenen nackten Wahrheit, zu deinen noch immer zahlreich vorhandenen, jungfräulichen, unbefleckten und unbeschriebenen Gehirnzellen vordringst. Dorthin, wo du nicht arschkriechen und speichellecken musst.

Der Krieg, den ich mit diesen Brain-Tattoos beschreibe, ist der Aufstand gegen dich selbst. Und der Frieden, den ich meine, ist der in deinem Inneren. Steh zu dem, wer du bist und was du denkst!

Inzwischen habe ich tatsächlich das magische Alter von 50 Lebensjahren überschritten. Die Deadline, die den Steppenwolf aus Herman Hesses Kultroman stets bis zum freiwilligen finalen Ausstieg aus dem Leben motiviert hat. Ich habe durchgehalten, überlebt, zucke noch immer, reflektiere und frage mich, ob der Weg, den ich ging, immer der richtige war. Ich denke nach über die Kapitel meines Lebens, die mich prägten. Ich denke nach über das, was ich erlebte, wer ich war, und wie ich zu dem wurde, der ich heute bin. Stumm und wortlos. Tief eingebrannt in meinem Innersten sehe ich all die Bilder und Geschichten aus vergangenen Tagen. Diese Zeugen der Zeit und Bilder für die Ewigkeit. Ich schwelge in Erinnerungen. Meine Brain-Tattoos ziehen mich in ihren Bann. Diese ewigen Narben. Gesammelte Werke, die mir keiner nehmen kann. Diese Weggefährten. Ein Teil von mir.

Die Zeit läuft mir davon. Meine Eltern sind beide im Alter von 60 Jahren jämmerlich am Krebs verreckt. Heißt also, wenn's gut läuft, habe ich noch etwa 15 Jahre zu leben. Aber ich habe auch eine Tochter und eine Enkelin, für die sich die Welt hoffentlich noch etwas länger weiterdrehen wird.

PLEASE WELCOME

Dieses Buch ist aus dem am eigenen Leib schmerzhaft erfahrenen Körperkult des Tätowierens heraus entstanden. *Brain Tattoos* ist meine ganz persönliche Kriegserklärung an dein Ego. Willkommen in meiner bunten Welt zu deinem ganz persönlichen Brain-Tattooing in der Freidenker-Vollzugsanstalt des Heavy Metal Coach.

Was motiviert mich eigentlich, Bücher zu schreiben? Schon immer hatte ich sehr viele Fragen an das Leben. Schon immer wollte ich wissen, wie das Rad sich dreht. Schon immer war ich an sehr vielem interessiert. Und vor allem: Ich habe noch eine Rechnung mit dem Leben offen! Ein Mann muss eben tun, was ein Mann tun muss!

Nach meinem schriftstellerischen Ritterschlag, der pulitzerpreisverdächtigen Doktorarbeit h.c. *The Fire of Change – Für ein besseres Leben ist es nie zu spät* geht mein persönlicher Krieg gegen die Lethargie, Passivität, Unwissenheit, Verlogenheit, Feigheit, Faulheit, Verantwortungslosigkeit, Hilflosigkeit, Aggression, körperliche und geistige Selbstzerstörung; kurz: der Aufstand gegen die Fremdbestimmung und das sklavengleiche Handpuppendasein der Menschheit weiter. *The Fire of Change* ist mein Friedensvertrag zum Thema Sucht und Abhängigkeiten. Die Aussöhnung mit meiner Vergangenheit und dem in mir selbst gezüchteten Drachen Junior, der mein erstes Leben einst zur Hölle mutieren lassen hat. Es beschreibt die autobiografische Canonball Reality meiner Odyssee durch den gelebten Wahnsinn. Die KRASSen Gedankenmassaker zeigen dem Leser aktive Wege in ein autonomes und souveränes Leben auf. Jenes Buch ist konsequent, radikal, aktiv, selbstbestimmt, stark.

Brain Tattoos – Du bist, was du denkst hingegen ist meine gnadenlose Abrechnung mit den einstmals unverstandenen Umständen menschlicher Ignoranz und globaler Machenschaften, die mich in den Jahren 1997–2000 hilf- und haltlos in einer schweren, lebensbedrohenden Depression gelähmt, in mir selbst gefangen hielten. Umstände, die mir, eingeknastet im erbarmungslosen Gefängnis der totalen Selbstaufgabe und Lethargie, drei Jahre meines Lebens raubten. Weitere fünf Jahre gingen dafür drauf, mich im Leben wieder zurechtzufinden, meinen Platz zu finden. In diesem Buch öffne ich dir die Augen und zeige dir, wie du es schaffst, der selbstbestimmte Herr deiner Gedanken zu werden. (Brain-)Tattoos sind monströse Leitplanken zur Persönlichkeitsbildung! Das kompromisslose Nageln einer (Brain-)Tätowiermaschine ist, symbolisch gesehen, mit dem brachialen Urknall zu deiner mentalen Revolution gleichzusetzen, die dich fortan nicht mehr ruhig in der Furzmulde deiner Chill-out-Lounge sitzen lässt.

Mit meinen Büchern verfolge ich keine von wem auch immer instrumentalisierte Absicht, dich belehren oder überzeugen zu wollen. Ich bin kein Richter und kein Henker, kein Teebeutel-schwingender Sektenguru und auch kein durchgeknallter Verschwörungstheoretiker, sondern einfach nur ein Mensch, der mit offenen Augen und klarem, abgeklärtem Verstand wachsam und interessiert durchs Leben geht. Ich muss schreiben, weil ich sonst sterben würde, und bin einfach nur ein Kerl, der ab und zu mal den Blickwinkel und die gewohnte Sichtweise wechselt, Dinge hinterfragt und den allseitigen gestreuten geistigen Input gegencheckt.

Wer anfängt, die Dinge zu hinterfragen, lernt die Freiheit kennen – aber Vorsicht: Dann beginn die Selbstverantwortung!

Eine weitere Intention meiner Autorentätigkeit ist es, der gegenwärtig stattfindenden gnadenlosen, schwarzmalerischen, geistigen Verblödung, Ignoranz und Dekadenz, und auch dem partiellen Hochmut der Menschheit etwas Abwechslung und Farbe zu verleihen.

Mit *Brain Tattoos* begeben wir uns nun gemeinsam ins virtuelle Brain-Tattoo-Studio deines Lebens. Wir setzen uns mit den verschiedensten Tätowier-Künstlern, als auch mit den vielen frei herumlaufenden unprofessionellen, abgefuckten Brain-Tattoo-Ghetto-Scratchern, die dir in deinem Leben begegnet sind und begegnen werden, auseinander. Mit den Menschen und verschiedensten Organen, die durch ihr Wirken die Leinwand deines Gehirnes mit versifftem, unhygienischem und planlosem Dreck besudelt und versaut haben. Mit all den Typen und Ereignissen, die ihre Spuren und ewigen Narben auf und in deiner Seele hinterlassen haben.

Es soll auch die Frage nach dem »Was wäre, wenn …« geklärt werden. Was wäre, wenn das im Grundsatz hier Beschriebene einen tendenziell, sich aktuell bewahrheitenden greifbaren Hintergrund hätte? Was wäre, wenn inzwischen jeder mit seinem mulmigen Bauchgefühl bewaffnete Bürger für sich erkennt, dass die globale Karre hier von ein paar wenigen mit voller Absicht mächtig gegen die Wand gefahren wird? Was wäre, wenn der gesunde globale Menschenverstand erwachte und das Zusammenzählen von Eins und Eins dazu führte, dass vieles dessen, was ich hier schreibe, einem systemisch eingefädelten Plan einiger weniger mächtiger, skrupelloser und menschenverachtender, wahnsinniger Ganoven unterliegt? Und was hätte dies alles mit dir selbst, deinem Leben und deinen Brain-Tattoos zu tun?

Lass dich unvoreingenommen darauf ein, und das Heavy-Metal-Brain-Tattooing wird Besitz von dir ergreifen. Die Texte wirst du in all deinen Körperwindungen und Untiefen spüren. Ehrlich, krass, laut, direkt, ungeschönt und nichts aus der Konserve! Druck, Schmerz und Lebensfreude pur. Bang your head!

Woran erkennst du die Wahrheit?
Die Wahrheit tut weh! Woran erkennst du die Narben auf deiner Seele? Sie tun weh! Woran erkennst du die Tattoos in deinem Hirn? An deinem Handeln – Tut's weh?

Die Messages meiner Schriftstellertätigkeit sind so klar und deutlich wie die ganz persönlichen offenen Rechnungen, die ich jetzt mit diesen Brain-Tattoos bezahlen werde. Zu meiner Motivation bleibt mir jetzt erst einmal nur zu sagen:

»Fight for your rights!«
»Nur Tote bleiben liegen.«
»Fuck off with your human depression and start burning!«

Deine Motivation zu diesem Buch sollte es sein, dich so weit zu entwickeln, dass du zu dem stehst, wer du bist und was du denkst. Denn nur du selbst stehst dir ein Leben lang zur Verfügung! Sonst keiner! Ich will, dass du frei wirst (im Denken)!

Für die Essenz und den Content dieses Buches benutze ich nicht allzu viele Quellenangaben, da diese meine subjektive Betrachtung der Welt, die ich dir hier als Basis für eigenständiges Denken anbiete, keinen Anspruch auf die absolute, also objektive und allgemeingültige Wahrheit enthält. Es geht hierbei nicht darum, dich von Richtig oder Falsch zu überzeugen. Es geht darum, dich zum Hinterfragen deiner Wahrheiten anzuregen. Alles, was ich hier niederschreibe, sind die von mir in den vielfältigsten Medien recherchierten und kontrovers hinterfragten eigenen Schlüsse, die ich in jahrelangem Selbststudium daraus gezogen habe. Als freiheitsliebender Mensch habe ich mich niemandem unterworfen, außer mir selbst und meiner eigenen Verantwortung gegenüber dieser einzigartigen Welt, in der ich lebe.

Wenn wir beide nicht zusammenpassen, dann back dir einfach ein Ei drauf. Dann ist es nicht deine Schuld. Und auch nicht meine. Dann liegt es einfach daran, dass unsere Art nicht konform ist. Ich gebe dir keine Schuld daran, und du solltest mir auch keine Schuld daran geben. Doch bevor du das, was ich dir hier zu sagen habe, zu schnell in deine persönliche Tonne kloppst, solltest du wissen, dass ein gewisses Unwohlsein in deiner Magengrube nicht unbedingt etwas Schlechtes zu bedeuten hat. Alles, was dir hier gegen den Strich geht oder dich womöglich innerlich aufwühlt oder dich schon jetzt zum Kotzen bringt, hat immer in irgendeiner Form mit dir und deinem Selbst zu tun. Das ist gut. Dann ist es entweder wahr, oder es ist zumindest zum jetzigen Zeitpunkt für dich wahr. Stell dich den Dingen, weglaufen kann jeder. Überredet? Cool, ich sehe schon, wir beide werden uns blendend verstehen!

BRAIN-TATTOO-RULES

Wichtiger Hinweis: Dieses Buch soll (k)eine Anweisung und Motivationshilfe dazu sein, dir im Anschluss an das Lesen ein reales Tattoo stechen zu lassen. Du bist ja alt genug, eigene Entscheidungen zu treffen, oder? Ich empfehle dir aber dringend, dich auf die kommenden Übungen, also auf die imaginären Brain-Tattoo-Sessions, einzulassen und diese auch tatsächlich durchzuführen.

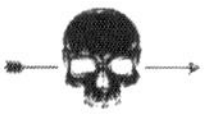

Dieses Symbol hier wird dich innerhalb der insgesamt 36 angesetzten **Brain-Tattoo-Sessions** dazu auffordern, dich mit dir selbst und deinen aktuellen Brain-Tattoos auseinanderzusetzen. Die Tätowiererei ist grundsätzlich Handarbeit. Lege dir zur Durchführung dieser Sitzungen also einen Schreib- und einen Zeichenblock zu. Nur wenn es unbedingt sein muss, kannst du ergänzend dazu auch deinen Rechner nutzen. Damit du den größtmöglichen Gewinn aus diesem Buch ziehen kannst, rate ich dir dringend, die Fragen und Nadelstiche der Brain-Tattoo-Sessions schriftlich zu bearbeiten.

Die Brain-Tattoo-Sessions gliedern sich stets in zwei Teilbereiche:

Zum einen musst du die Fragen beantworten. Das ehrliche, reflektierte und ungefilterte Aufschreiben deiner »Hirngespinste« kanalisiert deine Gedanken. Der Prozess, aus deiner Birne aufs Papier, schafft nämlich echte Klarheit. Zensiere dich dabei nicht. Es geht nicht um richtig oder falsch! Mach's einfach; wer schreibt, der bleibt.

Zum anderen möchte ich, dass du die Bilder, die dir in diesen Momenten durch den Kopf gehen, benennst, bestmöglich skizzierst, und/oder dir hierzu ein vergleichbares Bild aus dem Internet suchst. Je nachdem, wie du tickst, kann das beispielsweise und je nach Thema, Stimmung oder Gefühlslage eine Blumenwiese, ein Monster, ein Krieger, ein Gegenstand, ein Farbenspiel, Muster, Tier, Symbol … oder who knows what else sein. Deiner Fantasie sind keine Grenzen gesetzt.

Dieses Symbol steht für alle weiteren zusammenfassenden Sessions. Heißt: Am Ende eines jeden Kapitels wirst du Teile deiner bisher erarbeiteten 36 Brain-Tattoo-Sessions zum einem **Brain-Tattoo-Skript** zusammenführen. Aus den Brain-Tattoo-Skripts wird der Brain-Tattoo-

Flash deines Lebens entstehen, den wir als Grundlage für die Arbeit am **Brain-Tattoo-Masterpiece** benutzen werden, um das Konzept für dein ultimatives **Brain-Tattoo-Cover-up** zu generieren.

Lass dich einfach darauf ein! Was ist das Schlimmste, was dir dabei passieren kann?

Bei aktiver Mitarbeit entsteht ein authentisches und stimmiges Bildnis, das dir am Ende dieses Buches zeigt, wie geil, genial und einmalig du wirklich bist. Ein Bild der Einzigartigkeit!

Weitere laufende Impulse werden dir die **INK-JECTIONs** geben.

Solltest du dir das Ergebnis deines Brain-Tattoo-Cover-ups dann tatsächlich und real doch irgendwo auf deinen Körper nageln lassen wollen, dann bedenke, dass es dir völlig freigestellt ist, was du mit deinem Body anstellst. Die Verantwortung hast du!

Als Bonus gibt's am Ende der Kapitel jeweils noch 13 »Go fucking crazy-Statements«; – diese **Brain-Tattoo-Pushers for Life** beziehen sich auf die Themen Persönlichkeit, Gesellschaft, Job, Liebe und Gesundheit. Sie lauten:

- Personal Heroes
- Social Preachers
- Business Posers
- Love Machines
- Health Freaks

Mögen die Brain-Tattoo-Psycho-Games beginnen!

BRAIN-TATTOO-SESSION #1

In Deutschland ist inzwischen jeder Vierte körperlich tätowiert. Das sind 20 Millionen Menschen! Bist du tätowiert?

Für Bunthäuter: Warum hast du dich tätowieren lassen? Welche Absicht hast du damit verfolgt? Was wolltest du damit ausdrücken? Warum hast du dir diese Schmerzen angetan? Erfreust du dich noch immer daran? Welche weiteren Tattoos sind geplant?

Für Reinhäuter: Wenn du zu den Menschen gehörst, die keine Tätowierung besitzen, unterstelle ich dir hier jetzt trotzdem, dass du dir bestimmt schon einmal Gedanken darüber gemacht hast, wie es wäre wenn, und auch darüber, welches Motiv du dir an welcher Körperstelle draufbügeln lassen würdest. Was hat dich bis heute davon abgehalten? Was wäre, wenn du ein Tattoo hättest? Wo sollte es platziert sein? Welche Größe, welche Farben, welcher Stil, welche Story sollte damit kommuniziert werden?

Oder auch: Aus welchen Gründen heraus und warum lasse ich mir auf gar keinen Fall ein Tattoo stechen? Lies erst weiter, nachdem du dir die Fragen schriftlich beantwortet und dir das aktuelle Bild dazu skizziert hast!

OPERATION »BRAIN TATTOO«

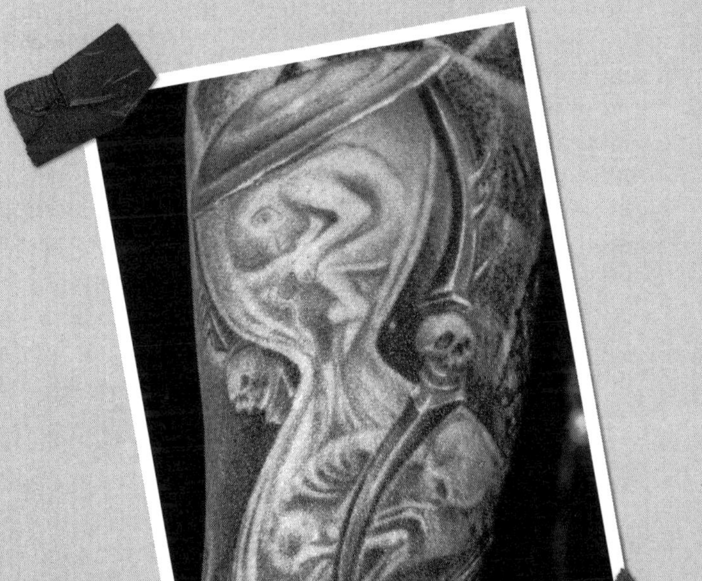

PUNK ROCK

Als ich noch ein junger, knabenhafter, und ziemlich frühreifer Kerl war, spürte ich tief in mir drin einfach nur Rebellion und Widerstand gegen alles und jeden. Gleich nachdem es meine Eltern mir verboten hatten, ließ ich mich im zarten Alter von 13 Jahren das erste Mal tätowieren. Ich wollte meine eigenen Entscheidungen im Leben treffen. Ende der 70er-Jahre kam mir daher der Punk gerade recht. Das Outfit eines Punks ist grundsätzlich einfach nur schrill, aufdringlich und ätzend. Kleidung, Körperschmuck und der obligatorische Irokesenschnitt wurden zum Ausweis meiner »Ich-bin-dagegen-Parole«. Lederkluft, zerrissene Jeans, Hundeketten, Doc-Martens-Boots, Piercings und Tattoos, suff- und drogenbedingtes asoziales Verhalten kam dazu. Ich fand das alles richtig cool und verstand es bestens, meine Körperlichkeit zur Demonstration der Gegenkultur zum Spießertum als auch zur Kommunikation nach außen einzusetzen.

Bereits in meinen frühen Jahren war mir klar, dass ich in einer Welt der Wettbewerbsgesellschaft, bei der Menschen lediglich nach einem Anforderungsprofil kategorisiert, analysiert und systematisiert werden, nicht wirklich zufrieden sein würde. Die Erkenntnis der Feststellung, was einen glücklichen Menschen im Zwangskorsett des Bürgertums so ausmacht, stellte sich als ein echtes Gedankenmassaker für meine sensiblen Hirnwindungen dar. Das Ergebnis war ein durchaus mächtiges Gedankenbild, welches mich ein Leben lang bestimmen und verfolgen würde. Dieses mich durchaus traumatisierende Brain-Tattoo war der Startschuss, der mich zu einer massiv durchgeknallten, eigensinnigen, rücksichtslosen und chaotischen, durch Extreme geprägten, vergangenen Lebensgeschichte anstachelte. Aus meiner damaligen Weltsicht heraus wusste ich ganz genau, dass ich auf keinen Fall so sein wollte wie all die anderen, die damals sogenannten Spießerschweine. Im Herzen war ich Punk!

Anfangs der Siebziger gab es in den USA bereits einige Bands, die als Vorreiter des Punkrock gelten, aber die sogenannte Punk-Bewegung entstand Mitte der Siebziger in England. Wer kennt sie nicht, die Mucke der Helden der Punk-Rock-Ära? Die Sex Pistols, The Clash, Dead Kennedys, Exploited, Plasmatics, Ramones, Angelic Upstarts, oder auch die ganzen Oi-Punk-Scheiben, die dieses Zeitalter meiner Jugend in den frühen 80er-Jahren mächtig beeinflusst haben. Diese »No future«-, »Search and destroy«-, »We gonna get out of this place«-, »Teenage warning«-, »Troops of tomorrow«- und »Anarchy in the UK«-Parolen?

Die Industrie und ihre angeschlossenen Organe gewiefter und trendbildender Geschäftemacher schafften es jedoch sehr schnell, die Ausdrucksform dieser Subkultur der Punks kommerziell zu vereinnahmen und erfolgreich auszubeuten. Noch immer bekomme ich einen Hals, wenn ich bei den Klamotten-Discountern beispielsweise ein Sex-Pistols- oder Ramones-T-Shirt hängen sehe.

Shit! Beim Punk handelt es sich um viel mehr als eine bloße Verschönerung und Ver*mainstream*ung provokativer Klischees. Das Auffällige, Grelle, Abartige und Schrille hat vom Sinn her nämlich grundsätzlich und substanziell absolut gar nichts mit einem ge*force*ten Lifestyle zu tun. Punk ist die Gegenreaktion darauf, die gesellschaftliche Ausgrenzung mit bewusster Abgrenzung zu beantworten. Punk ist keine Existenzform, sondern ein Zustand der Ausweglosigkeit. Die gefühlte Verzweiflung des Punks wird dabei mit Zynismus, Hohn, Provokation und Aggression unter- und ausgedrückt. Wenn der Punker sich eine Sicherheitsnadel durch die Haut jagt, sich mit Brandings und gespaltener Zunge oder sonstiger Body-Modification verstümmelt, sich tätowiert, also stigmatisiert, dann macht er damit nur jenen seelischen Schmerz sichtbar, der sich mit dem Sinn des Wortes »Punk« verbindet: Dreck, Abfall, Mist. Ich war einfach nur Scheiße und fühlte mich gut dabei.

Auf der weiteren Suche nach meiner Identität und Einzigartigkeit wechselte ich drei Jahre später meine mentale Gesinnung zu den Rockern, bei denen ich mich deutlich wohler und irgendwie besser aufgehoben fühlte. Angetrieben durch den Wunsch nach weiterer Abgrenzung und unverwechselbarer Eigenart, investierte ich sehr viel Nadelgeld in meine Oberarme, Waden, Rücken und Brust. Sehr schnell, nachdem ich die erste Tinte nur kurze Zeit getragen hatte, wurde ich mir der vielen Verantwortung und Probleme bewusst, die mit dem Tattoo auf mich zukamen. Zur damaligen Zeit war ich in meiner wohlbehüteten schwäbischen Provinz, in der ich aufwuchs, noch ein echtes Unikat. Die Vorurteile und Verurteilungen hagelten wie ein Artilleriefeuer nur so auf mich ein.

Das am meisten von mir konfrontierte Thema war es, dass fast alle Nichttätowierten mich in deren Welt nicht mehr als normal ansahen. Diese sogenannten Stinos (Stinknormalen), die in ihren Denkmustern festgefahrenen Scheuklappenträger des Alltags, verbinden Tattoos sehr oft mit einem anti-sozialen Milieu.

Sei es drum – wer mich heute aufgrund meiner Tattoos vorverurteilt, kann sich als Alternative auch gerne mit meinem blanken, unbemalten Gesäß unterhalten. Ich schere mich heute nicht mehr darum, ob Leute meine Hautkunst bewundern oder mich für einen kriminellen Assi halten.

Hey, es sind MEINE Tattoos, nicht DEINE ...!

Gegen Ende der 80er-Jahre schaffte es die Industrie auch hier, die Tätowierung an sich als gesellschaftsfähig zu deklarieren. Daher ist es bei mir mit zunehmendem Mainstream und der Kommerzialisierung des Tattooings, gerade zum Trotz, nicht bei einigen wenigen vereinzelten Motiven auf meinem Körper geblieben. Jetzt wollte ich nur noch ein einziges Tattoo haben. Heute, old and proud, kann ich voller Stolz behaupten, Träger eines wirklich einzigartigen Hautkleides sein zu dürfen. Ja, meine Ganzkörpertätowierung, mein Bodysuite, ist heute im wahrsten Sinne zum Ausstellungskatalog meiner seelischen Befindlichkeiten mutiert. Ein maßgefertigter lebendiger Gobelin.

Mein Körper, meine Regeln!

NO PAIN – NO GAIN!

Der Akt der Tätowierung als solches tut erstens scheißweh und macht zweitens auch nicht wirklich Spaß. Es sei denn, du bist schmerzgeil, was ich von mir nicht wirklich behaupten kann. Im Nachgang betrachtet war das Tätowieren eher eine Form der Selbstbestätigung. Durch meine Tattoos verschaffte ich mir persönlichen Freiraum innerhalb der gesellschaftlichen Formalitäten. Ich hatte etwas für mich selbst geschaffen. Für mich ganz alleine. Etwas, was mir so einfach keiner mehr wegnehmen konnte. Dadurch fühlte ich mich in der Lage, ich selbst sein zu dürfen. Das bin ich! So fühle ich! Ein tiefes, lebenslanges Bekenntnis zu dem, was ich bin, wohin ich gehe und wo ich war. Ich weiß heute, dass meine Tattoos wichtige Erinnerungsstücke daran sind, wie ich aufgewachsen bin, ich mich verändert und jahrelang durchgekämpft habe. Tattoos sind meine ganz persönliche Ausdrucksform gelebter Freiheit und unverwechselbarer Einzigartigkeit. Und:

»Die Tattoos lassen mich vor allem mir und meiner Umwelt gegenüber aufrichtig bleiben. Wenn man sein Leben auf seinem Körper abgebildet hat, kann man nicht verbergen, an was man glaubt.« – Rainer Biesinger

Die Umgangssprache hat den Kampf um die eigene Haut in verschiedensten Redensarten, Phrasen, Zitaten und Brain-Tattoos festgehalten, die sich über Jahrhunderte zurückverfolgen lassen. In vielen dieser Sprüche sind die Erfahrungen mit Herrschaft und persönlicher Kapitulation beschrieben. Zum Beispiel: »Das geht unter die Haut«, oder: »Mein Beruf frisst mich mit Haut und Haar.« Als »Schinderei« empfindet man die tägliche Arbeit. Und mit zusammengebissenen Zähnen und hinter dem Rücken geballter Faust nennt man den Vorgesetzten einen »Leuteschinder«. Das klingt fast so, als könnten wir »unsere Haut noch retten«, doch in Wahrheit hat man uns »das Fell schon längst über die Ohren gezogen«.

Die Zeichen der Herrschaft werden uns heute nicht mehr als Brandmale auf den Arsch gebraten, sondern in Form von Werten, Sitten, Regeln und Normen ins Gehirn genagelt.

Verstehe mich bitte nicht falsch, Normen und Werte sind generell nicht unbedingt etwas Negatives oder Falsches. Für ein Leben innerhalb sozialer Gemeinschaften sind Sitten, Rituale und Regeln elementar. Kritisch wird es allerdings, wenn diese uns eingebrannten richtungsweisenden Brain-Tattoos für die Herrschaft über und durch andere missbraucht werden.

Dieser seelische Schmerz, mit dem wir diese Brain-Tattoos erhalten haben, ist es, der uns immer wieder daran erinnert, was wir zu tun und zu lassen haben. Jahrelang bin ich Kompromisse und Abhängigkeiten eingegangen. Den Körper und Geist aber nach eigenen Vorstellungen zu gestalten ist ein Statement. Durch diese Selbstgestaltungsfähigkeit behältst du in einer Gesellschaft, die immer stärker reguliert, was du darfst und was du nicht darfst, die Kontrolle. Heute steht mein Tattoo als äußeres Zeichen für die knallharte Veränderungsarbeit zur bedingungslosen Übernahme der Eigenverantwortung.

Gute Vorsätze, die auf eine Lebensstilveränderung abzielen, werden oft sehr schnell wieder vergessen. Eine äußerliche Umwandlung hingegen zeigt Konsequenz und Mut. Diese Form der Distinktion, der deutlichen Abgrenzung und Unterscheidung, hat mich persönlich mächtig weitergebracht, einen anderen, höheren psychischen Zustand zu erreichen. Meine Tätowierung kennzeichnet heute sowohl auf emotional spiritueller, wie auch auf physischer Ebene das Ende und den Anfang gewisser Lebensabschnitte. Das Ende der Fremdbestimmung und meinen Weckruf in eine autonome und souveräne Lebensführung. Ein lebenslang ins Fleisch gebranntes Manifest an ein selbstbestimmtes, freies Leben.

Ein (Brain-)Tattoo zu bekommen ist ein veränderndes und meist auch schmerzhaftes Erlebnis. Es hilft bei der Bildung von Selbstvertrauen und Charakter des Trägers. Es kann die Erweiterung der Persönlichkeit sein, so als ob man sich selbst auf der Haut trüge. Es kann einerseits alles sein, was man sich vorstellt, andererseits die ganz persönliche Geschichte des Trägers darstellen. – Nicht nur einfach ein schäbiges Bild!

(Brain-)Tattoos schmerzen nur so sehr, wie man es ihnen gestattet. Der Mensch ist zäher, als du denkst. Wenn du etwas wirklich willst, dann tut es auch nicht so weh. Dann ist der Schmerz zweitrangig. Allerdings hat mir das Brennen der Tattoo-Maschine, genauso wie mein Krieg in der Schlacht ums eigene Leben auch, den unerschütterlichen Beweis meiner Theorie geliefert – dass es ohne Schmerzen im Leben nichts gibt, gar nichts!

BRAIN-TATTOO-SESSION #2

Meine Tattoos sind das Einzige, was mir keiner so einfach nehmen kann! Deine Brain-Tattoos kann dir so einfach auch keiner nehmen! Was hat dieser Schwank aus meiner Jugend mit deinen Gedankenbildern zu tun? Was geht gerade in dir vor? Was hat diese Story von mir mit dir selbst zu tun? Worin erkennst du dich selbst? Was ist aus dem pubertierenden Rebell in dir geworden? Wie wichtig ist es dir heute, deine Individualität und Einzigartigkeit zu leben? Was bedeutet Freiheit und Selbstbestimmung für dich? Notiere deine Gedanken dazu! Welche(s) Bild(er) hast du im Kopf?

UNDERDOGS & OUTLAWS

Es gab eine Zeit, in der Verbrecher und sogenannte »staatsfeindliche Elemente« wegen ihrer Vergehen zwangstätowiert wurden. Die Nationalsozialisten setzten die Tätowierungen beispielsweise dazu ein, jüdische Häftlinge und andere Häftlingsgruppen wie Homosexuelle, Roma und Sinti oder Bibelforscher, die sie aus der Gesellschaft ausgeschlossen sehen wollten, zu stigmatisieren. Was den Menschen anfangs als Zeichen gesellschaftlicher Missachtung aufgebrannt wurde, wurde irgendwann aber auch zu einem Erkennungszeichen bestimmter subkultureller, revoltierender Randgruppen, die nicht in die behütete Gesellschaftsordnung passten oder passen wollten.

Am Beispiel der Situation eines Strafgefangenen möchte ich dir einen weiteren Beweggrund, sich tätowieren zu lassen, etwas näherbringen. Im Knast beginnt ein neues Leben, du lässt Freiheit, Unabhängigkeit, Selbstbestimmung und auch deine Individualität hinter dir. Kein Haus, kein Bike, kein Auto, kein Schmuck, keine coole Kleidung, kein Handy, keine Kohle, nichts! Dort bist du komplett ent-»eignet«. Du hast nichts Materielles mehr, mit dem du dich und deine Persönlichkeit ausdrücken kannst. Du wirst zu einer Nummer und führst ein Leben voller Reglementierungen und Kontrollen. Von Menschen, die sich einmischen und dir sagen, was du zu tun und zu lassen hast. Also fast so wie im richtigen Leben im gefühlten Knast deiner eigenen selbst geschaffenen Hölle als leidenschaftsloser Pflichterfüller.

Im Jail sind die Möglichkeiten, dich mit deiner Identität und Zugehörigkeit zu zeigen, sehr stark begrenzt. Dem Inhaftierten wird alles genommen: Frau, Kinder, Familie, Leben. Nicht aber seine Haut, die nackte Haut, auf die er seine Geschichte schreibt. Für die Gefangenen werden Tattoos zu einem Symbol der Freiheit, der Rebellion und, trotz oder gerade wegen bestehender Selbstverstümmelungsverbote, zum Widerstand gegen die Regeln der Gefängnisleitung.

Die bekanntesten Knast-Tattoos sind: die Träne unterm Auge als Symbol der Trauer, die man über den Verlust der Freiheit, der Liebsten und des Lebens verspürt. Oder auch die drei Knastpunkte zwischen

Daumen und Zeigefinger. Frei übersetzt bedeutet »Mort aux vaches«: Tod den Bullen, der Polizei und der Justiz. Es gibt weitere verschiedene zugesprochene Bedeutungen der drei Punkte wie beispielweise »mi vida loca« (mein verrücktes Leben) oder auch »hobo dots« (Schutzzeichen unter anderem für Landstreicher und Seemänner). Oder auch die Message in Anlehnung an die drei Affen: »Nichts hören, nichts sehen, nichts sagen«. In verschiedenen Gruppen stehen die Punkte auch unter der Aussage: Glaube, Hoffnung, Liebe; oder auch schwul, pervers und arbeitsscheu. Was uns der Träger eines solchen Tattoos damit sagen will? Keine Ahnung.

Ein Bild erschließt sich immer im Auge des Betrachters.

Ich habe hier mal eine Liste zur Tätowierfrage aus den letzten 100 Jahren zusammengestellt. Eine Aufführung von Begrifflichkeiten, mit denen auch ich mich selbst schon sehr oft konfrontieren lassen musste. Eine keineswegs mit dem Anspruch auf Vollständigkeit erstellte Aufzählung solcher Personen, die tätowieren oder die sich tätowieren lassen, oder derjenigen, die sich eigentlich doch tätowieren lassen müssten: Die »rohe Menschenklasse«, die Wilden und die »traurige Klasse der Verbrecher«, als da im Einzelnen wären: Mörder, Diebe, Fälscher, Aidskranke, Penner, Wegelagerer, Straßenräuber, Wilddiebe, Vagabunden, Deserteure, Zigeuner, Fremdenlegionäre, Outlaws, Galeerensträflinge, Subjekte von übelstem Ruf, Zuchthäusler, Bestiennaturen, Attentäter, Anarchisten, Geheimbündler, Carbonari, Anhänger der Camorra, der Mafia und anderer Verbrecherorganisationen, Kuppler, Zuhälter, Prostituierte, Nutten, Huren, Tribaden, Lesben, Schwule, Päderasten, Perverse, Strichjungen, Syphilitiker, Anstaltsinsassen, Verrückte, psychisch Kranke, Wahnsinnige, Rocker, Rowdys, degenerierte Adelige, Arbeitsscheue, Gesindel usw.

Nur der brave Bürger nicht! Eine weit verbreitete Meinung ist, dass Tätowierungen, Abartigkeit und Knast einfach zusammengehören, oder? Heute weiß sogar der Volksmund, dass dies nicht stimmt.

HISTORY OF TATTOO

Die Gründe für Tattoos sind so individuell und originell wie der Mensch selbst. Ursprünglich war die Tätowierung ein Instrument der Herrschaft und ein Teil der Sprache der Macht. Bei frühzeitlichen Tätowierungen geht man von einem Stammesritual oder von einem kulturhistorischen Hintergrund aus.

Die Kelten verherrlichten beispielsweise die Schöpfer- und Lebenskräfte, bei denen der Tod nur eine untergeordnete Rolle spielte. Afrikanische Stämme drückten den Zusammenhang von Zeugung, Geburt, Tod, Kraft und Mut aus. Die Ainu, die Ureinwohner Japans, bescheinigten ihren Frauen mit einer Tätowierung rund um den Mund oder durch schwarz tätowiertes Zahnfleisch den Status des erwachsenen Eheweibs. Für Kraft und Fortpflanzungsfähigkeit im Jenseits sollte eine ägyptische Tätowierung sorgen.

Die Hautzeichen der frühen Christen hatten einen religiösen Hintergrund. Sie ließen sich die Anfangsbuchstaben Christi, CX oder I.N. (Jesus Nazarenius) oder Symbole wie ein Lamm, Kreuz oder einen Fisch auf die Stirn oder das Handgelenk nageln. Die Kreuzritter im Mittelalter ließen sich oft ein Kreuz in die Haut stechen. Ohne diese Identifizierung, so ihr Glaube, war dem Kämpfer im muslimischen Orient die christliche Ruhestätte nicht sicher. Oder auch Seeleute, Fremdenlegionäre, die japanischen Mafiosi der Yakuza, Angehörige der SS im Zweiten Weltkrieg, Prostituierte und Zuhälter, oder Mitglieder der Rockerbanden und weitere (Rand-)Gruppen nutzen Tätowierungen bis heute als Zeichen ihrer Zusammengehörigkeit.

Tätowierungen waren und sind also oft Ausdruck einer Gegenkultur, die sich gegen geltende Normen richtet. Doch wie viele andere Protesthaltungen ist auch das Tätowieren längst salonfähig geworden. Noch nie hat man in Deutschland so viele tätowierte Menschen gesehen. Jeder Vierte ist bereits irgendwie zugenagelt. Tätowierungen galten früher als Zeichen der Außenseiter. Heute sind sie mehrheitsfähig geworden. Einst sah man sie auf Fahndungsfotos, heute sieht man sie auf Werbe- und Wahlplakaten. Prominente Sänger, Schauspieler und Sportler lassen sich genauso tätowieren wie Bankangestellte, Lehrer und Studenten. Individuelle, möglichst fantasievolle Tattoos sind Kult. Sie gelten als modisch, erotisch und chic.

Auch der psychologische Aspekt, seelische Befindlichkeiten für alle sichtbar auf der Haut zu tragen, hat sich in den letzten Jahren verstärkt. Bei der Tätowierung geht es heute weniger um das Abgrenzen in Form von finanziellen, kulturellen und soziologischen Eigenheiten, sondern eher darum, dass das Symbol der Tätowierung einen bestimmten Lebensstil repräsentiert.

Tattoos gelten heute als trendy. Sie sind zum fucking Mainstream mutiert.

MYSTERY OF TATTOO

Viele Menschen haben den heimlichen Wunsch, es einmal zu versuchen, herauszufinden, wie es wäre, tätowiert zu sein. Die einzige Antwort liegt tief im Bewusstsein desjenigen, der die Grenze vom Gedanken zur Tat überschritten hat.

In ihrem Tattoo sehen viele ein für die Welt ganz bewusst sichtbar gewordenes Bild, eine Art Lebensauffassung, die sie von anderen Menschen unterscheidet. Aufgrund ihres Tattoos empfinden sie ein anderes Lebensgefühl, welches sie vorher nicht hatten. Somit verändert sich nicht nur deren Aussehen, sondern sehr oft auch deren Lebensstil. In der Art und Dosierung der Zurschaustellung der Tätowierungen zeigt sich insbesondere auch, dass der Körper selbst bewusster wahrgenommen und somit auch gezielter eingesetzt wird.

Viele behalten ihr Tattoo auch einfach nur für sich. Es ist etwas sehr Intimes. Etwas ganz Persönliches, was beispielsweise im Berufsleben nichts zu suchen hat und nur ganz besonderen Situationen vorbehalten ist. Ihnen gefällt der gewisse Unterschied, von dem nur sie wissen. Indem sie sich nach außen durch nichts von den anderen unterscheiden, sich dabei dennoch mit einem teils erhebenden Gefühl des Gegensatzes ihrer Rolle unter dem Anzug mit tätowiertem Körper bewegen.

Körperschmuck wird also auch dann als Mittel zur Abgrenzung eingesetzt, wenn die betroffene Umwelt, von der man sich abgrenzt, dies nicht einmal bemerkt. Die eigene Einstellung gegenüber dem Körper im Vergleich mit den Körpern der Masse spielt die größte Rolle. Indem die Tätowierung nur in bestimmten Zusammenhängen gezeigt wird, ergibt sich ein Gefühl der Überlegenheit. Auch die Macht, gewisse Situationen durch das Auftreten des eigenen Körpers beeinflussen zu können, ist ein wichtiger Faktor dieser Abgrenzung und Unterscheidung, bei der es um Einzigartigkeit und Individualität geht.

Viele Menschen sehen in ihren Tattoos auch eine Aufwertung ihres Körpers. Eine ästhetische Hervorhebung des Körpers, die sich auch in dem Mut zeigt, eine irreversible Entscheidung für den eigenen Körper und somit für die gesamte Person getroffen zu haben. Nach dem Motto: Mein Körper gehört mir! Autoerotik und Attraktivitätssteigerung sind also oftmals weitere Aspekte. Tattoos sind sexy. Männlein wie Weiblein erhoffen sich in den Tattoos sehr oft auch den Aspekt einer erotischen Ausstrahlung. Sehr oft hat der Erwerb eines Tattoos also mit Statusgewinn und Steigerung des Selbstbewusstseins zu tun. Dieser spaltet sich allerdings in verschiedene Lebenswelten. Irgendwie scheint es zu gefallen, mit den verschiedenen Lebenswelten und -stilen zu spielen. Das heißt zum Beispiel, sich über ein konservatives Äußeres als Geschäftspartner zu verkaufen und in der Freizeit den extravaganten Schauspieler, eben aufgrund des tätowierten äußeren Erscheinens, zu symbolisieren. Ein innerer Abgang?

Das Körpergefühl steigert sich, sobald man sich in seiner Haut wohler fühlt als bisher. Das Selbstwertgefühl steigert sich, ein Gefühl der Andersartigkeit gegenüber der Masse entsteht.

Und es gibt noch immer eine kleine Fraktion in unserem Land, die ihre »Du verhunzt deinen Körper für dein ganzes Leben«-Parolen wie auswendig gelernt stereotyp abspielt ... – unsere Erzeuger, Erzieher und Lehrer. Jedoch fragt keiner danach, was diese Brain-Tattoo-Masters alles in unsere Gehirne tätowieren!

GET TATTOOED

Wenn du dich auf diesem Stuhl niederlässt, dann gibt es kein Zurück. Es ist der erste Schritt zur Sucht. Der Mensch vor dir kann freundlich oder auch ein Arsch sein. Aber du hast genau »ihn« ausgewählt. Bis zu deinem letzten Atemzug wirst du an diesen Menschen denken und dich an ihn erinnern. Auch wenn er dich vergisst, sobald du aus seinem Blickfeld bist. Du fragst dich, ob du das Richtige tust, ob »er« der Richtige ist und was die Leute sagen werden.

Ja, die Leute. Du schiebst den Gedanken beiseite, denn letztlich ist es nur deine Entscheidung. Endlich hast du auf dem Stuhl Platz genommen. Der Mensch neben dir macht Lärm mit einer kleinen Maschine, bei welcher du dir nicht erklären kannst, was hinten und vorne ist. Der Ton dieses Gerätes fährt dir durch Mark und Bein. Am liebsten möchtest du wieder aufspringen und weglaufen. Möglicherweise denkst du: Scheiße, was tue ich mir hier schon wieder an!? Dein Ego aber würde es nicht zulassen, sich diese Blöße zu geben. Und so beißt du dir auf die Lippen und denkst an deinen Wunsch, dich von den anderen abzugrenzen, dich künftig in Einzigartigkeit suhlen zu dürfen.

Die Nadel zieht schmerzhaft farbige Furchen in deine Haut, du spürst jeden Herzschlag, und doch besiegst du deine Bedenken. Dein Körper pumpt Adrenalin in die Adern. Das Gefühl von Euphorie steigt auf und erfüllt dich voll und ganz. Du denkst an all die anderen, die vor dir auf diesem »Folterstuhl« saßen. Du stellst dir die Fragen, ob diese Menschen auch wie du gefühlt haben, ob sie auch unsicher waren. Die Zeit verrinnt, und bei jedem neuen Blick auf das entstehende Tattoo spürst du plötzlich die Magie, die da entsteht – Kraft. Kraft, die du mitnehmen wirst, wenn du den Laden verlässt. Kraft, die dich auf all deinen Wegen begleiten wird. In dir ist dieses warme Gefühl der unendlichen Zufriedenheit und Freude. Du hast einen neuen Weg beschritten, den Weg der Tätowierten. Viele Reaktionen deiner Umwelt hast du zu erwarten: dumme Fragen, Anerkennung, Lob und Ablehnung. Doch nun, wo du es hinter dir hast, denkst du gar nicht mehr an die anderen Leute.

Ganz tief in dir weißt du, dass das Bild auf dir schon immer da war, dein Tätowierer hat es nur sichtbar gemacht. In den nächsten Tagen wirst du einige Male in den Spiegel schauen, um zu überprüfen, ob deine Tätowierung noch nicht »weggelaufen« ist. »So, fertig«, hörst du den Tätowierer sagen. Du möchtest ihn vor Freude umarmen, doch du lässt es und verabschiedest dich. Raus hier und bis zum nächsten Mal …!

Vorsicht! Tattoos machen süchtig!

BRAIN-TATTOO-SESSION #3

Stopp – Ich habe am Anfang geschrieben, dass dieses Buch nicht als Anleitung dienen soll, dich tatsächlich körperlich tätowieren zu lassen! Tattoos sind nur ein Kanal unter vielen weiteren, mit dem allgemeinen menschlichen Drama umzugehen. Welche Formen der persönlichen Selbstverwirklichung fallen dir sonst noch so ein? Schreibe unzensiert all die Dinge auf, die du dir nicht einfach so und direkt kaufen kannst. Jedenfalls keine materiellen Dinge! Womit tust du dir Gutes, belohnst du dich? Woran hast du Spaß? Was erfreut dein Herz? Wovon träumst du? Lass deiner Fantasie freien Lauf! Welche Bilder entstehen in deinem Kopf?

Eine Tätowierung zu erhalten ist eine sehr schmerzhafte Angelegenheit und »eigentlich« für die Ewigkeit angelegt. Heutzutage gibt es aber auch vielfältige Möglichkeiten, dem alten Scheiß der Vergangenheit wieder etwas Farbe zu verpassen oder das Ganze auch komplett zu überstechen. Das nennt man dann ein Cover-up erstellen. Manch einer lässt sich das alte Tattoo auch wieder aus der Haut herausschneiden oder lasern. Auch das Herausbrennen mit Zigarettenkippen oder zum Beispiel das Behandeln mit Salzsäure unliebsam gewordener Schandmale der Vergangenheit ist bekannt. Ganz klar ist aber auch, dass deine Haut nach solchen Torturen niemals wieder die jungfräuliche Hautpartie sein wird, die sie einst mal war. Die Schmerzen der Überarbeitung und Veränderung sind um ein bedeutendes höher, intensiver und langwieriger als der einstige Entjungferungsprozess der jeweiligen Hautareale.

Überlege dir im Vorfeld gut, was du tust!

HOLY SHIT

In diesem Augenblick, da du diese Zeilen liest, geschehen unvorstellbare Dinge in deinem Kopf. In deiner Hirnrinde findet ein unfassbar geniales, lautloses Feuerwerk statt. Lebenslang entstehen in deiner hauseigenen Mediathek unauslöschbare Bilder, die die Bausteine und Triebfedern deines Denken, Handelns und Seins abbilden. Unablässlich, wie bei einem magischen Laserdrucker, wird ein Brain-Tattoo nach dem anderen hervorgebracht und in deinem Gehirn abgespeichert.

Die Präzision, mit der diese Gehirnaktivitäten ablaufen, ist überwältigend. Die meist sichere Zusammenführung dieser Prozesse zu einem Ganzen, zu einem bewussten Moment, ist genauso wenig fassbar wie unsere Vorstellung vom Universum. Mit einer schonungslosen Direktheit, eins zu eins, wird in Sekundenbruchteilen alles, was du hier liest, als visuelle Information und Bilderflut aufgenommen, in deine Synapsen geprügelt, verarbeitet und vom Sprachsystem in eine Bedeutung übersetzt.

Doch da oben in deiner Birne passiert noch einiges mehr. Du liest nicht nur, was hier steht. Nein, du hörst und siehst, fühlst, nimmst wahr, was gleichzeitig alles um dich herum geschieht. Du verknüpfst Bedeutungen mit Erinnerungen, mit Einfällen, Empfindungen und Gefühlen. Du bist mittendrin im Prozess deiner eigenen Wahrheitsbildung. Du selbst bist Teil dieser schwindelerregenden Welt. Teil eines einzigartig abgefahrenen Kosmos, der sich bewegt und expandiert.

Jede menschliche Schaltzentrale ist anders und hat ihre eigene Story. Als Kleinkind hast du alles mühsam und auch unter Schmerzen gelernt. Es wurde dir eintätowiert. Das Erkennen und Knutschen der Tischkante, das Laufen und auch das Ergebnis auf eine rotzige Antwort. Im Laufe der Zeit ist dein Gehirn gereift, kräftig bemalt und auch beschmiert worden. Es hat sich zu deiner Koordinationszentrale organisiert.

Etwa im Alter von eineinhalb Jahren hast du dein eigenes ICH entdeckt. Seitdem sind deine Gefühle zu ICH-Zuständen geworden. Dein Bewusstsein besteht seither aus dem Erleben und Erfahren deiner Innen- und auch der Außenwelt. Jeder bewusste Moment deines Lebens geht aus deinem ureigenen Gefühlsgenerator hervor, der dich erleben und erfahren lässt, was mit dir und um dich herum so abgeht. Und hier befinden wir uns auch schon vor dem größten Rätsel der Menschheitsgeschichte und des Menschseins, dessen Mysterium wir hier in diesem Buch wohl nicht lüften werden. Darüber haben sich schon ganz andere Koryphäen der Wissenschaft, Philosophen, Mathematiker, Kirchenfürsten, Physiker, Chemiker, Anthropologen, Hirnkundler, Diktatoren und viele Erleuchtete mehr, das Hirn zermartert.

Aber eines ist auf jeden Fall auch klar. Ganz pragmatisch ausgedrückt: Materie und Energie organisieren sich in komplexen menschlichen Gehirnen selbst. Daraus wird offenbar in Form von Gedanken und Gefühlen letztlich dein ICH-Bewusstsein hervorgebracht. Genau diese Brain-Tattoo-Kunst ist es, was den Menschen vom Tier unterscheidet.

Wenn du dir ein menschliches Gehirn ansiehst, dann kannst du bestenfalls mit einiger Wahrscheinlichkeit mutmaßen, ob es einem Mann oder einer Frau gehörte. Es ist jedoch völlig unmöglich zu sagen, ob dieser Mann oder diese Frau ein schüchterner Mensch war oder eher einen Sinn für Gewaltbereitschaft hatte.

Alle menschlichen Gehirne besitzen zunächst denselben Grundbauplan. Es gibt Nerven, die Informationen von den Sinnesorganen ins Gehirn transportieren, und andere Nerven, die die Befehle des Gehirns an die Muskeln übermitteln und für die Bewegung verantwortlich sind. Weiterhin besteht das Gehirn aus Neuronen, deren Verschaltung teilweise erblich bedingt vorgegeben ist, aber zumindest in verzweigten menschlichen Gehirnen zu einem viel größeren Teil vom Austausch mit der Umwelt beeinflusst wird. Wie also könnte eine solche Verschaltung eines einzelnen Menschen übersetzt und erklärt werden?

Persönliche Erfahrung spielt eine entscheidende Schlüsselrolle beim Ausbilden der individuellen Miniaturschaltkreise im Gehirn. Wenn du zum Beispiel etwas, was du gegessen hast, mit einem »durchschlagenden« Erlebnis in Verbindung bringst, kann das durchaus zu einer Abneigung gegen diesen Typ von Lebensmitteln führen.

Noch einfacher gesagt: Nur diejenigen, die jemals die Musik von Lemmy/Motörhead gehört haben, können sagen, dass sie Motörhead mögen. Nur Erfahrungen, die wir auf welche Art auch immer gemacht haben, können bei der Formung der Persönlichkeit eine Rolle spielen. Hat jemand das Potenzial zum Erlernen einer Fremdsprache geerbt, so kann die Fähigkeit nicht erworben werden, wenn diese Person niemals mit anderen Sprachen in Kontakt kommt.

Die Entwicklung deines Gehirnes läuft bis nach der Vollendung der Pubertät am dramatischsten ab. Aber selbst danach ist das Hirn nicht in einem starren Rahmen gefangen. Dein Charakter passt sich weiterhin an, während du fortwährend auf die Erfahrungen, deine Brain-Tattoos, die unaufhörlich auf dich eingeklöppelt werden, in der ein oder anderen Form reagierst.

Damit Erfahrungen eine längerfristige Bedeutung haben können, musst du dich an sie erinnern. Das Wesen deiner Einzigartigkeit liegt also zu einem nicht geringen Teil darin, woran du dich erinnern kannst.

Du bist, was du denkst. Deine Brain-Tattoos sind das Produkt deiner Vergangenheit.

Zu einem riesengroßen Anteil schreibt und malt deine Umwelt aber auch ungefragt in deinem Gehirn herum. Zu deinem Trost gibt es jedoch noch eine letzte kleine, aber durchaus mächtige Bastion innerhalb deiner Schädelplatten. Dein freier Wille. Dort kannst du dir deine Brain-Tattoos selbst stechen und übermalen, covern lassen.

»*... und fand mich gleichsam gezwungen, es selbst zu übernehmen, mich zu leiten.*« René Descartes, franz. Philosoph[2]

DAS BRAIN-TATTOO-TRAKTAT

Meine Wahrnehmung an vorderster sozialer Front verpflichtet mich zu diesem Werk. Es ist Krieg, und meine Waffe ist das Wort. Leben ist Kommunikation und Interaktion, ein wechselseitiges Wirken zwischen mindestens zwei Beteiligten. Kommunikation ist das niemals einseitig wirkende Medium, mit dem wir uns gegenseitig die Gehirne zutätowieren. Kommunikation hinterlässt immer irgendwelche Brain-Tattoos. Es gibt daher immer einen Brain-Tattoo-Artist auf der einen und eine gehirntechnische Leinwand auf der anderen Seite. Momentan tätowiere ich dich in einer hoffentlich solch deutlichen Sprache, dass selbst der größte, bereits geistig beerdigte Ignorant Bock drauf bekommt, endlich seinen Schinken aus dem Moderloch der Verrottung herauszuhieven und sich gegenüber dem Leben verantwortlich zu zeigen.

Die täglichen Herausforderungen deines Lebens und die Hammerschläge des Schicksals führen dazu, dass du reifst und dein Leben an Form und Gestalt gewinnt. Es ist unmöglich, dich nicht zu entwickeln. Dazu ist die permanente Entwicklung deiner Persönlichkeit fundamental. Die evolutionäre, laufende Anpassung deiner individuellen Eigenschaften an die äußeren Bedingungen der Umwelt ist Pflichtprogramm.

Du bist Darsteller und Regisseur deines eigenen Filmes, an dem du ständig weiterdrehst.

Der Kern des Selbstbeschisses meiner höchstpersönlichen Lebenserfahrung ist die Tatsache, dass unsere Schaltzentralen heutzutage mit allem möglichen Dreck volltätowiert sind. Unsere Gehirne aber sind die Basis und die Grundlage alles menschlichen Handelns. Je nachdem, wie abartig oder edel tätowiert sie sind, zeigt sich, bildlich gesehen, auch unsere persönliche menschliche Note.

Meine Fragen, die sich nun an dich richten sind folgende: Willst du damit enden, weiterhin dein Leben lang mit deinen alten Brain-Tattoos aus der Vergangenheit herumzulaufen, die dich deiner Freiheit berauben? Bist du bereit, dich mit einem Cover-up für ein bunteres, selbstgestaltetes, und somit zufriedeneres, selbstwirksameres Leben zu befassen? Kannst du dir vorstellen, wie richtig geil es sein könnte, dich der Welt – nach diesem Prozess des bewussten, kreativen und professionellen Cover-ups in der Freidenker-Brain-Tattoo-Vollzugsanstalt des Heavy Metal Coach – mit einem neuen, ausdrucksstarken, aufpolierten und selbstbewussten ICH zu präsentieren? Kannst du dir vorstellen, wie gnadenlos befreiend es wäre, wenn du damit abschließen könntest, dein vergangenes Brandmarken hinter Rechtfertigungen und Entschuldigungen verstecken zu müssen? Oder auch wie es wäre, wenn du deiner ursprünglichen Bestimmung wieder folgen könntest, nämlich der, dazu zu stehen, wer du wirklich bist? Wie gesagt, Spaß machen wird das keinen, der Prozess ist schmerzhaft, und Betäubungsmittel gibt's keine!

Du hast die Wahl, es ist dein Body, dein Brain, dein Leben!

Wenn du diese fünf Fragen nun mit einem einigermaßen überzeugten »Ja« beantworten kannst, dann lass uns jetzt die weiteren Prozesse deines ganz persönlichen Cover-up-Brain-Tattooings klarstellen:

Erst einmal bringen wir mächtig Aufruhr und Aufregung in die Schwabbelmasse hinter deinen Augen. Dazu fordere ich deine derzeit noch in den Tiefen deines pechschwarzen gedanklichen Einheitsbreis verborgenen Brain-Tattoos heraus, sich zu zeigen. Buchstäblich gesehen bringen wir die gequirlte Scheiße zum Kochen.

Mit einem Hochleistungslaser bewaffnet schauen wir gemeinsam hinter den Dreck vom Dreck deiner aktuellen Gedankenbilder und beginnen ganz sachte damit, deine alten, hinderlichen und verratzten Pigmentierungen zu zerstören. Wir penetrieren und malträtieren deine in sich verlaufenen, unklaren, planlos angelegten Farben-Traktate so lange, bis sie wie Luftballone zerplatzen. So lange, bis du sie locker-lässig durch deine hauseigene Fäkalienentsorgungsanstalt auskacken wirst.

Bei diesem Prozess zur Vorbereitung zu deinem Brain-Tattoo-Cover-up bestellen wir gewissermaßen, wie der Bauer sein Feld, deinen persönlichen Synapsen-Acker und schaffen dadurch die Grundfläche für neue, richtig coole und bunte Brain-Tattoos.

Deine hartnäckigsten und Laser-resistentesten Schandflecke übermalen wir mit Tonnen hochdeckender weißer Farbe.

Die ganze Prozedur dieses Brain-Tattoo-Martyriums zu verkraften, benötigt Zeit. Das heißt, dass es, bei dem vielfältigen alten Dreck und Ballast, den du in deinen Gehirnwindungen mit dir herumträgst, nicht bei einer einmaligen Brain-Tattoo-Sitzung bleiben wird und kann. Immer und immer wieder, bis es passt, werden wir in die alten Wunden der Zeit stechen. Wir begeben uns dabei bildlich gesprochen in das Auge des Orkans deiner Wirklichkeit. In dieser Stille dringen wir gemeinsam zu deinem nackten und unbeschriebenen »Ich« vor. Zum Kern deiner Persönlichkeit.

Im Laufe des bereinigenden Arbeitsprozesses, auf der fragmental überarbeiteten, weißen Leinwand deines Gehirnes, erhältst du die Chance, dir ein neues Abbild deines Selbst zu entwerfen. Ob du es dann auch real draufnageln lässt, bleibt dir freigestellt. Die Entscheidung trifft nur einer – DU. Aber:

Ink by Ink – step by step –
Erst einmal kommt der schmerzhafte Prozess!

»Getadelt wird, wer Schmerzen kennt,
vom Feuer das die Haut verbrennt. (...)
Geadelt ist, wer Schmerzen kennt,
vom Feuer, das in Lust verbrennt. (...)
Gefährlich ist, wer Schmerzen kennt,
vom Feuer das den Geist verbrennt. (...)
Gefährlich das gebrannte Kind,
mit Feuer, das vom Leben trennt. (...)«
Rammstein, *Feuer frei*[3]

Mit Brain-Tattoos öffnen wir keine Türen, nein,
wir treten sie lieber ein!

DER BRAIN-TATTOO-SKANDAL

Auch auf die Gefahr hin, mich im Folgenden wie ein Spät-68er-Retroidealist oder eine gegen den Kapitalismus wetternde Jammertriene anzuhören, bin ich der Meinung, dass es um unsere humanoide Daseinsberechtigung auf diesem Planeten schon bald ziemlich übel bestellt sein wird! Das Maß ist voll, die Axt am Baum! Was ich sehe, sind heruntergekommene Seelen, die nie aufhören zu klagen. Bierbäuche, vollgefressene Mastsäue, verwöhnte Gören und Angsthasen, die immerfort Spott und Neid auf den Zungen tragen. Für sie ist der Klatsch die Luft, die sie atmen. Hirnlose Zombies, die kaum etwas von dem verstehen, was sie da so selbstsicher daherquatschen bzw. nachquatschen. Gezüchtete, konsumorientierte Massenmutationen, die sich selbst nicht mehr begreifen. Kaum jemand sucht mehr nach sich selbst und hinterfragt seine eigenen ab- und angelegten Brain-Tattoos.

Mit den Jahren wird mir zunehmend bewusster, wie stark die Identifikation mit materiellen Dingen in unserer Gesellschaft ist. Alle sind nur noch das, was sie kaufen können. Dumme Konsumenten. Die Kassen werden immer voller, die Köpfe immer leerer. Die daraus resultierende Unzufriedenheit drängt uns zwanghaft immer noch mehr zum Konsum. Also kaufen wir Dinge, die wir nicht brauchen, mit Geld, das wir nicht haben. Wir machen Kaufhäuser zu unseren Tempeln. Alle wollen irgendwie immer mehr, als sie haben oder benötigen – nach dem Motto: den Nachtisch zuerst.

Die Tragik dieser Welt, die wir natürlich auch selbst erschaffen haben, ist es, dass die Demokratie, in der wir leben, von Politikern zerredet wird und wahrscheinlich eh schon tot ist. Eigentlich werden wir von den Banken und vom Finanzsystem regiert.

Irgendwann aber müsste doch auch der letzte erfolgreiche Jäger und Sammler kapieren, dass Status, Erfolg, Macht, Geld oder Anerkennung letztlich für den Arsch sind. Spätestens dann, wenn man sich einmal daran gewöhnt hat, stellt man fest, dass es diese Dinge dann eigentlich gar nicht gibt. – Sie haben keinen Geschmack.

Vieles im Leben kannst du dir halt nun mal nicht kaufen. Ich frage mich selbst, was macht einen Menschen dann aus, wenn diese Dinge es eben nicht sind? Also glaube ich, dass es die Versprechen und Brain-Tattoos sind, die du dir selbst gibst. So bin ich, und das ist es, was ich glaube. Und das geht eben nur, wenn man damit aufhört, sich über Dinge zu identifizieren.

**Wir können nur das verlieren, was wir haben,
nicht aber das, was wir sind.**

Solange allerdings noch genügend Krümel vom Tisch fallen, stellt kaum einer Fragen. Man ordnet sich unter, passt sich an, schmeichelt den Vorgesetzten oder Überlegenen, und jeder möchte den besten Platz am Futtertrog. Nur die Rechnung will keiner bezahlen. Und: Man wird verdammt gut darin, sich selbst und andere zu bescheißen, wenn man das Gefühl hat, mit dem Rücken zur Wand zu stehen – take care!

BRAIN-TATTOO-SESSION #4

Wer alles tätowiert in deinem Gehirn herum? Wer entscheidet darüber, was und welche Informationen in deinem Gehirn verewigt werden und was nicht? Isst du etwa einen faulen Apfel? Bestimmt nicht! Wie ist es um deine geistige Nahrung bestimmt? Womit fütterst du dein Hirn? Schreib es auf! Welche(s) Bild(er) hast du im Kopf?

DAS BRAIN-TATTOO-DESASTER

Kain erschlug seinen Bruder Abel aus Neid wegen seiner bevorzugten Stellung beim Gottesopfer. Um nicht als Brudermörder selbst erschlagen zu werden, machte Gott ein Zeichen an Kain, dass ihn niemand erschlüge, der ihn fände, und um ihm eine Chance für ein gewaltfreies Leben zu geben. Bibel (1 Moses 4, 1-16)

Dieser Text ist aus dem Alten Testament der Bibel und steht so ziemlich am Anfang vom Buch der Bücher. Keine Sorge, ich fange jetzt nicht bei der allseits bekannten Story von Kain und Abel an. Das würde bei der Auseinandersetzung mit unseren implantierten Brain-Tattoos zu weit führen. Wobei bei diesem Ur-Tattoo des Kainsmals die Essenz der Spaltung zweier Brüder schon damals bezeichnend für die weitere Entwicklung der Menschheit werden würde. Was genau wurde Kain überhaupt ins Gehirn eintätowiert, dass er seinen eigenen Bruder erschlagen hatte, und von wem? Wozu sind wir Menschen überhaupt fähig, wenn unsere Gehirne nur noch mit dreckiger dunkler Brühe besudelt sind? Und wer vergibt wem welche Schandtaten und Verbrechen?

In unserer heutigen sogenannten (noch) zivilisierten Welt werden Menschen zwar nur selten öffentlich erschlagen, aber weltweit kommt dies durchaus täglich vor. In unserem westlichen Kulturkreis aber haben sich die vielfältigsten verabscheuenswerten gesellschaftlichen Formen der Menschenzähmung und -vernichtung etabliert, mit denen die Leute reihenweise plattgemacht werden. Wie sieht es beispielsweise mit Lügen, Betrügen, Bestechen, Korrumpieren, Manipulieren, Verleumden oder mit geschürtem Hass, gesätem Neid, schwachsinniger Anerkennung, falschem Stolz, inszeniertem Terror usw. aus? Die Waffe ist das Wort!

Das Kainsmal tragen wir auf die eine oder andere Art alle selbst quer über die Stirn tätowiert, oder nicht? »Wer frei von Sünde ist, der werfe den ersten Stein.« Das kennst du, oder? Mir scheint, dass es ein Zeichen unserer heuchlerischen und oberflächlichen Zeit geworden ist, dass das Kainsmal als Freibrief für sämtliche Schandtaten der Menschen in Anspruch genommen wird. Dieses Ur-Tattoo ist aber auch der Stempel, den wir anderen aufdrücken, um sie zu stigmatisieren oder sie auf das festzunageln, was wir uns als Bild von ihnen gemacht haben. So ist es beispielsweise nicht verwunderlich, wenn jene Nation, welche in der Geschichte der Menschheit auf ewig das Kainszeichen von Hiroshima und Nagasaki trägt, versucht, sich hinter moralischen Superlativen und heuchlerischem, perfekt inszeniertem Geschwafel zu vernebeln. God bless you!

»Ich verlor vor Kurzem meine Heiterkeit – warum, weiß ich nicht – gab alle gewohnten Übungen auf und, wahrhaftig, es steht so schlimm um meine Stimmung, dass dieser stattliche Bau, die Erde, mir vorkommt, als wär's ein wüstes Felsenriff. Dieser herrliche Baldachin, die Luft, seht ihr, diese stolze Wölbung, dies majestätische Dach, ausgelegt mit goldenen Lichtern – Ach, mir erscheint's als der trübe Dunsthauch verpesteten Auswurfs. Was für ein Meisterwerk ist der Mensch! Wie edel an Vernunft, wie unbegrenzt in seinen Fähigkeiten; in Gestalt und Bewegung, wie bedeutsam und wunderbar; im Handeln wie ein Engel, im Verstehen wie ein Gott; die

Zierde der Welt, das Ziel der Schöpfung! Und doch, was gilt sie mir, diese Quintessenz von Staub? Ich habe keine Freude an den Menschen - …«

William Shakespeare, *Hamlet*[4]

BRAIN-TATTOO-GUNS

Der Politiker auf dem Podium: »Es braucht nun den festen politischen Willen, dieses Thema vertieft zu betrachten.« Der Manager vor den Medien: »Wir haben die geeigneten Maßnahmen eingeleitet, doch für die Gesundung unserer Firma werden noch schmerzhafte Prozesse notwendig werden.« Der Kollege in der Kantine: »Grundsätzlich gefällt mir dein Entwurf ganz gut. Da hast du dir ja wirklich viel Mühe gegeben, aber irgendwie brauchen wir das anders. Also wie genau, das weiß ich auch nicht so recht, aber versuch es doch nochmals – irgendwie anders halt.«

Wenn ich so eine gequirlte Scheiße wie diese hier von auf Sozialkompetenz geschulten und getrimmten sogenannten Kommunikationsexperten höre, dann erfüllt mich das mit Wut, Zorn und Hass. Es macht mich tierisch aggressiv. In mir tobt mein Drache Junior, meine Gefühlswelt. Haltloses, nichtssagendes Geschwafel, welches ich nicht mehr tolerieren, also nicht mehr ertragen kann! Von diesem Pseudogelaber, wie ich es in Tausenden von Lehrbüchern und in der Fachliteratur lese, auf Schulungen und Trainings immer wieder erfahre und in den Medien erlebe, kann sich doch kein Schwein etwas kaufen. Da werden als Informationen getarnte verwässerte Brain-Tattoo-Farben verwendet, die zwar Narben der Verzweiflung und Hilflosigkeit hinterlassen, aber auf jeden Fall kein geiles Tattoo auf unsere Hirne zaubern.

Warum spricht hier keiner mehr die unverblümte Wahrheit aus? Was ich höre sind Absichtserklärungen und Ausweichmanöver, Verlautbarungen, Verklausulierungen und jede Menge Allgemeinplätze ohne Inhalt und Bedeutung. Die Menschen glauben, damit weniger anzuecken. Damit werden keine nachhaltigen Spuren hinterlassen!

Die Rädelsführer der Macht beispielsweise meinen, mit diesem oberflächlichen Geseiher schon vorab mögliche Angriffe abfedern zu können. Das ist Feigheit vor dem Feind. Als gut dressierte und mächtig übersensible, stets an der »political correctness« orientierte-Deutsche bilden wir uns ein, der andere vertrage das offene Wort nicht. Es wird sich vor klaren Formulierungen gescheut. Kritik wird nur angedeutet und gefürchtet wie das Weihwasser vom Teufel. Jede noch so hirn- und haltlose Aussage wird ungefragt geschluckt und brav in sich hineingefressen, anstelle mal das Maul aufzumachen.

Oder was sind das hier für Warmduscher-Phrasen: Jemand, der dir sagen will, was ihm auf den Zeiger geht, was ihn ankotzt, der schwächt seine Aussage vorsichtshalber mit Sätzen wie »Ich würde meinen, dass« oder »Wenn ich mir die Bemerkung erlauben dürfte« ab. Man hofft damit, dem anderen nicht auf die Füße zu treten und sich dabei weniger unbeliebt zu machen. FUCK – du kannst es eh nicht allen recht machen! Solch ein Geschwalle ist Duckmäusertum in Vollendung und sagt in deiner Selbstoffenbarung viel mehr über dich selbst aus, als wenn du Tacheles gesprochen hättest. Wer in seinen Aussagen schwammig ist, verletzt mehr als jener, der von Anfang an eine direkte und klare Sprache wählt. Was sollen die anderen bei diesem Gewäsch von dir jetzt denken? Und was denkst du jetzt über dich selbst? Bedenke, du bist, was du denkst!

An deiner Denke orientiert sich dein Handeln!

Ja, es braucht Mut, um Klartext zu reden. Mut deshalb, weil klare Aussagen ehrliche Aussagen sind. Kein Grund also, einen Maulkorb anzulegen und Beißhemmungen zu entwickeln. Fehl am Platz ist die Angst davor, sich mit einem offenen Wort Feinde zu schaffen oder den anderen mit Kritik oder schlechten News fertigzumachen. Gerade bei schwierigen Themen ist es wichtig, schon im ersten Satz auf den Punkt zu kommen, anstatt sich der unangenehmen Wahrheit in Serpentinen zu nähern.

Was ist zum Beispiel, wenn ein Chef einem Mitarbeiter kündigen muss und dieser dies im ganzen Gespräch nicht direkt anspricht? Der Mitarbeiter realisiert erst danach, dass er soeben den Job verloren hat, und entwickelt verständlicherweise eine Riesenwut auf seinen Chef. Hätte der Chef im ersten Satz gesagt: »Ich muss Ihnen kündigen«, hätten die Karten auf dem Tisch gelegen, und der Mitarbeiter hätte die Möglichkeit gehabt, gezielt nachzufragen. So aber hat der Vorgesetzte ein offenes Gespräch verhindert. Und dies nur, um sich in seiner feigen und ach so diplomatischen Art vor der unangenehmen Situation zu drücken.

Unklare Kommunikation schürt geradezu den Hass!

BRAIN-TATTOO-SESSION #5

Was schiebst du für einen Film? Stell dir vor, du befindest dich in einem Raum, den du ein Leben lang nicht verlassen kannst. Dieser Raum ist dein Gehirn. In diesem Raum siehst du einen Film. Einen Film über deine Realität. Dieser Film ist dein Film. Eine inszenierte Abfolge deiner Brain-Tattoos. Die Frage ist, wer das Drehbuch dazu schreibt. Ist deine erlebte Realität eine Illusion oder eine durch dein Gehirn geschaffene Simulation? Die Realität ist im Augenblick das, was du hier im Moment wahrnimmst, und das, worauf sich die meisten derer, die das wahrnehmen, geeinigt haben. Die »Welt« ist aber nicht das, was du zu sehen glaubst. Bilder, Geruch, Geschmack usw. – dein Gehirn nimmt Informationen über die Sinnesorgane auf, verknüpft sie mit deinen vergangenen Lebenserfahrungen und Einstellungen und interpretiert sie so, wie es im Moment passt. So erlebst du, wie jeder andere auch, deine eigene Welt. Selbst für deine Gefühlswelt ist dein Gehirn verantwortlich. Kann es also sein, dass dein Gehirn das Bild –

also deinen Masterflash deiner Welt – selbst zusammensetzt und seinen eigenen Film schreibt? Wie ist es um deine kommunikativen Fähigkeiten bestellt? Du kannst dich nicht aus der Verantwortung für dein Tun stehlen, indem du allein dem Schicksal oder den anderen die Schuld für dein Versagen und deine Lebensmisere gibst. Filterst du deine Informationen? Wer hat die Macht? Denke mal darüber nach und notiere deine Erkenntnisse zum Thema Drehbuchautor des eigenen Lebens. Welche(s) Bild(er) hast du im Kopf?

Du bist nicht nur verantwortlich für das, was du tust, sondern auch für das, was du nicht tust.

LOST IN SPACE

Die folgenden Anspielungen auf deine von anderen eingenagelten Brain-Tattoos richten sich nicht gegen dich als Person. Diese Texte richten sich gegen deinen teils unwissenden, teils hirnlos daher- und nachgequatschten Output. Erst wenn du weißt und dir klar wird, in welchem übergeordneten Rahmen du dich bewegst, wirst du erkennen, wer du bist und auch wer oder was dich zu dem gemacht hat, der du zu sein glaubst.

Es ist kein Wunder, dass viel zu viele Menschen den Blick für das Wesentliche in ihrem Leben verloren oder verdrängt haben. In einer Zeit, die von Fanatismus (in welcher Form auch immer), Oberflächlichkeit, Be- statt Entschleunigung, Machthunger, Profitgier und nicht zuletzt von narzisstischen Egotrips Einzelner geprägt ist, die jegliches Gefühl von Ethik und Mitgefühl vermissen lassen, erscheint es nicht verwunderlich, wenn psychische Belastungsstörungen, Süchte und

Schlimmeres auf der Tagesordnung der Menschen stehen. Auf Deutsch: Die Menschen knallen reihenweise durch.

Nicht wenige haben sich mittlerweile auf der Suche nach einem glücklichen und zufriedenen Leben verlaufen, verirrt und sind daher meilenweit von ihrem wahren Selbst entfernt. Orientierungslos suchen sie nach Antworten im »Außen«, das ihnen fiktive Sicherheiten und Erfüllung verspricht. Wohl wissend, dass sie sich dabei auf ein perverses Psychospiel einlassen, das sie immer weiter von sich selbst abkoppelt, klammern sie sich an vorgegaukelten Realitäten fest. Ungefiltert schlucken sie fast alles, was man ihnen zum geistigen Fraß vorwirft und rotzfrech in den Schädel nagelt.

Desillusion, Resignation, Lethargie, Wut und Angst bestimmen schließlich den Lebensalltag. Aus reinem Selbstschutz haben sie sich irgendwie mit ihren Lebensumständen arrangiert: Sie reagieren und funktionieren statt zu agieren. Sie lassen sich manipulieren, schlimmstenfalls sogar entwerten oder entmündigen, und nennen es schließlich ihr Schicksal. Kraftlos haben sie ihre Waffen niedergelegt und lassen sich fortan von einer Gesellschaft leben, die offensichtlich robuste, stromlinienförmige, loyale, formbare »Jasager« – die die Zukunft unserer vermeintlichen Vorzeigerepublik sichern – mehr zu schätzen scheint als sensible, harmoniebedürftige, individuelle und selbstbestimmte Menschen, die dem vorherrschenden Wertesystem mit ihren fragwürdigen Inhalten eher skeptisch gegenüber stehen und ihm die Stirn bieten.

Dein Leben wird seines Sinnes beraubt:

- wenn du damit aufhörst, deine und andere Verhaltensweisen zu hinterfragen,
- wenn du damit aufhörst, nach der Wahrheit zu suchen,
- wenn du damit aufhörst, selbst Verantwortung zu übernehmen,
- wenn du damit aufhörst zu vergeben,
- wenn du damit aufhörst, wach zu bleiben,
- wenn du damit aufhörst, Empathie zu empfinden,
- wenn du damit aufhörst hinzuhören,
- wenn du damit aufhörst hinzusehen,
- wenn du damit aufhörst (nach-) zu denken,

- wenn du damit aufhörst zu vertrauen,
- wenn du damit aufhörst zu träumen,
- wenn du damit aufhörst, dich selbst in allen Lebenslagen auszuhalten,
- wenn du damit aufhörst, für dein Leben zu kämpfen, also für dich einzustehen,
- wenn du kapitulierst und dein eigenes Leben an andere abgibst.

SANITARIUM – BURN OUT & FUCK OFF

Neulich zu Besuch in der Klapse: Hier sieht's genauso aus, wie ich es kenne und man sich eine Psychiatrie halt so vorstellt. Graue, niedrige Gänge, ein Mann, der im versifften Trainingsanzug den alten Flipperautomaten auslacht. Eine alte Frau sitzt auf dem Boden und spielt gelangweilt an ihren Thrombose-Strapsen. Es gibt einen Gemeinschaftsraum, in dem Gesellschaftsspiele ausliegen. Auf einem steht »Wer am besten spinnt, gewinnt«. Wenn dem wenigstens so wäre, aber die meisten schauen einfach nur total verpeilt und leer vor sich hin dösend, fleißig und rhythmisch den Oberkörper vor und zurück schwingend ins Nirgendwo.

Ich besuche meinen Freund Hagen, der seit einigen Wochen hier in stationärer Behandlung untergebracht ist. Irgendwie wirkt er fehl am Platz. Frisch rasiert, coole Klamotten. Er freut sich, mich zu sehen.

»Käse- oder Apfelkuchen?«, frage ich ihn in der Cafeteria. Er guckt lange grenzdebil ins Leere. Das muss er sich von anderen Patienten abgeschaut haben. »Keine Ahnung«, sagt er schließlich, »ich kann mich so schlecht entscheiden. Das ist ganz typisch für Borderliner.« Ich sage: »Apfel oder Käse, mach hinne jetzt!« Er sagt: »Mein Therapeut sagt, ich soll mir Zeit für Entscheidungen nehmen.« So stehen wir sehr lange und sehr ratlos vor dem Kuchenbuffet. Ich spüre die in mir aufkeimende Unruhe, stehe kurz vor einem »Rappel«. Als man ihm noch nicht gesagt hatte, dass er Probleme mit Entscheidungen hatte, hatte er auch noch keine Probleme mit Entscheidungen. Im richtigen Leben hätte er sich zur Not und ohne zu fragen gleich beide Kuchenstücke und zusätzlich eine Torte Schwarzwälder aufgeladen.

Aber die Krankheit gibt Sicherheit, macht unangreifbar und immun gegen Vorwürfe. Wer der angestrebten Diagnose nicht vollständig entspricht, passt sich ihr eben ein bisschen an. Hagen hat jetzt halt Entscheidungsschwierigkeiten. Ich verkneife es mir stark, ihn nicht anzumachen, dass mir sein affektiertes Zögern tierisch auf den Sack geht. Er ist krank. Ich muss verstehen!

Und ich verstehe tatsächlich. Die Krankheit befreit Hagen aus dem Rennen, in dem sich der Rest von uns befindet. Hagen hat sich ausgeklinkt. Er steht gerade nicht unter dem Druck, sein Projekt beenden zu müssen, zu akquirieren, generell glücklich zu sein. Hagen darf entspannt 20 Minuten über Apfel- oder Käsekuchen nachdenken, und keiner verübelt es ihm. Seine Diagnose ist für mich gleichzusetzen mit dem gelben Zettel vom Arzt, mit dem ich mich einst – wegen des vergangenen, stressigen Wochenendes – ab und zu mal drei Tage zu Hause vor der Kiste erholen konnte und den andern den Stinkefinger zeigte. Hagen darf ablosen und Milchschnitte essen. Wenn er will, auch eine Schwarzwälder Kirschtorte.

Hagen ist nicht der Erste aus meinem Umfeld, der eine Runde aussetzt. Ich werfe ihm nicht vor, mir etwas vorzuspielen. Es geht ihm tatsächlich sehr schlecht. Er spielt niemandem was vor. Ich sehe aber, dass er jetzt eine offizielle Berechtigung für sein Hadern und Scheitern hat. Ohne Diagnose ist man nur ein Versager oder stinkfaul. Dabei geht es doch vielen, vielleicht sogar den meisten nicht gut. Trotzdem gilt wie eh und je: Glück ist normal, Unglück ist krank. Wenn man sagt, es gehe einem nicht gut, wird man gleich gefragt: »Warum?« Geht es einem gut, fragt keiner, warum zur Hölle man eigentlich so glücklich ist, wo doch woanders Menschen verhungern.

Wer krank ist, muss nur überleben, wer gesund ist, muss leben. Und Leben macht krank. Es soll sogar tödlich sein.

Mindestens die Hälfte meiner Bekannten hat in ihrem Leben schon eine psychische Erkrankung diagnostiziert bekommen. Einige waren in stationärer Behandlung, die meisten kennen den Unterschied zwischen kognitiver Verhaltenstherapie und Psychoanalyse. Heute werden psychische Krankheiten nicht mehr stigmatisiert. Es ist besser geworden, oder schlimmer, je nachdem, wie man es sieht, denn: Psychische Probleme sind so normal geworden wie Magen-Darm-Infekte. Und nur, weil man noch keine Diagnose erhalten hat, bezeugt das keine geistige Gesundheit. Am Ende sind es ja doch immer nur die netten Nachbarn, die kleine Kinder in ihrem Keller einbetonieren.

Wir laufen durch den Park vor der Klinik, Hagen hält sein Gesicht in die Sonne. »Und nach der Klinik? Willst du wieder als Ingenieur arbeiten?« – »Ich weiß nicht. Ich weiß wenig. Und ich glaube, ich muss gerade auch nichts wissen. Rainer«, er schaut mich böse an, »ich kann so etwas schlecht entscheiden. Ich zwinge mich gerade zu gar nichts. Dass ich den Job nicht mehr gebacken bekommen habe, ist ein Symptom meiner Krankheit. Ich kann da nichts für. Ich muss mich erst mal um mich selbst kümmern.« Um uns selbst kümmern, glücklich werden. Diese Brain-Tattoos scheinen die einzigen Pflichten, die wir, privilegiert und mitteleuropäisch, mit auf den Weg bekommen haben. Wir sollen uns selbst verwirklichen, wir sollen glücklich werden. Wie wir wollen!

Wie? Wir? Wollen?

Depression, Borderline, ADHS, Burn-out und Fuck-off entschuldigen uns, wenn wir das mit dem Glücklichsein mal nicht ganz so gut hinkriegen. Denn natürlich ist glücklich werden vielleicht das Schwachsinnigste, nach dem man streben kann. Vielleicht sogar der größte Fehler überhaupt? Welcher vernünftige Mensch ist nicht von Grund auf unglücklich? Absagen sind normal. Langeweile, Müdigkeit, Verzweiflung sind normal. Unglück ist normal. Der Himmel ist grau. Eltern sterben.

Einen Job zu haben heißt nur, dass man ihn noch verlieren wird. Für Beziehungspartner gilt das Gleiche.

Und natürlich kann man sich fragen: Welcher vernünftige Mensch ist nicht von Grund auf unglücklich? Man könnte die Frage aber auch umdrehen: Welcher vernünftige Mensch nimmt an, dass Zufriedenheit der Normalzustand ist? Dass das Nichtglücklichsein eine Diagnose sein könnte? Zielt nicht all das Diagnostizieren darauf ab, einen Idealzustand als Normalzustand zu etablieren?

Wir geben unserem Unvermögen, einem Idealbild zu entsprechen, also einen Namen. Wir können unser Unglück googeln, Symptome bei Wikipedia nachschlagen, die natürlich alle, alle, alle, alle, alle auf uns zutreffen. Chronische Müdigkeit? Ja! Entscheidungsschwierigkeiten? Aber natürlich! Längere, trübselige Verstimmung? Hell, yes! Treffer – versenkt – Venlafaxin!

Die Diagnose klammert einen Teil der Persönlichkeit aus, nennt ihn Krankheit und erklärt ihn zum Feind. Plötzlich ist etwas da, was bekämpft und gezähmt werden muss. Man ist nicht mehr wütend, sondern cholerisch, hat kein unstetes Gemüt, sondern eine bipolare Störung. Plötzlich ist da ein Name für all das Unangenehme. Eine Entschuldigung für falsches Verhalten, eine Erklärung für jedes berufliche oder private Hadern. Eine neue Komfortzone ist aus einer irritierenden Annahme heraus geboren, in der du dich verstecken und ausklinken kannst.

Der Maßstab für mentale Gesundheit ist ein besonders zwielichtiger Typ, der pfeifend Wäsche aufhängt, ohne zu murren 40 Stunden arbeitet und niedliche Kinder hat, die gerne Klavier spielen. Er zahlt gewissenhaft Steuern, dafür denkt er nicht so oft an den Tod. In seine Google-Leiste tippt er »Bauanleitung Kinderschaukel«, nicht »Kann man gleichzeitig Aids und Krebs haben?«. Das soll normal sein. Das ist das Ziel. Wer nicht wenigstens ein bisschen zufrieden ist, ist krank. So ist das halt.

Dabei steht der Normalzustand mit all seiner guten Laune mittlerweile ziemlich allein auf weiter Flur. 40 Prozent aller Menschen in Deutschland erkranken mindestens einmal in ihrem Leben psychisch. Psychische Erkrankungen sind zweithäufigster Grund für Arbeitsunfähigkeit.

All das Leid ist nachvollziehbar. Wer nicht depressiv ist, muss blind sein, wer kein Burn-out hat, hat nie für etwas gebrannt, wer nicht chronisch gestresst ist, verschließt seine Augen vor einer Welt, die immer schneller und immer unverständlicher wird. Das Hinterherhecheln kostet Kraft. Ab und zu ist die eben aufgebraucht. Dann trinkt man zu viel, schläft zu wenig, streitet sich mit Leuten im Internet. Irgendwann, nach der Bachblütentherapie, geht es weiter. Dann folgt die Katharsis, man arbeitet an sich, schluckt dieses Mal fleißig Globuli, ein, zwei Klinikaufenthalte, drei, vier Therapien, und irgendwann geht es eben weiter, weil es weitergehen muss.

Diese beschriebenen Brain-Tattoos gehen von dem kolossalen Irrtum aus, dass es unnormal, ja krank sei, sein Leben nicht in ordentliche Bahnen zu lenken. Man denkt nicht, dass Monogamie schwierig ist, sondern man ist bindungsgestört. Man nimmt nicht an, dass Karrieremachen ein saublöder Wunsch ist, sondern man selbst nur zu schwach. Den Fehler sucht man stets bei sich selbst, deckt ihn auf, korrigiert und optimiert sich weiter. Und obwohl die Idee, sich aus solchen Krisen frei zu strampeln, richtig sein mag, ist die Bezeichnung Krankheit eine falsche, weil dieser dubiose, uns durch die Werbung der Mainstream-Medien als Bildnis ins Hirn genagelte Normalo-Typ eine Farce ist. Weil ständiges Glück eine Lüge ist und dessen Abwesenheit eben keine Krankheit. Im Gegenteil: Krank ist es anzunehmen, dass der Ausnahmezustand, in dem wirklich alles sehr okay ist und das Leben dahinfließt wie ein meditierender Gebirgsbach, die Regel sei. Alles andere braucht einen Namen, einen Stempel und natürlich eine Therapie.

Die tatsächlich Glücklichen solltest du dir skeptisch ansehen und fragen, was bei denen eigentlich schiefläuft. Am besten unterstellt man diesen Geblendeten eine Manie, dann wissen sie, wie sich das anfühlt mit so einer Diagnose.

Während unseres Spaziergangs zitiert Hagen den Wikipedia-Eintrag seiner Borderline-Diagnose: »Fehlen eines klaren Ich-Identitätsgefühls, chronische Gefühle von Leere und Langeweile.«

Früher hat er Charles Bukowski und Ernest Hemingway zitiert.

BRAIN-TATTOO-SESSION #6

Was gilt es, an deinen Brain-Tattoos zu verändern? Welche realistischen Sichtweisen hast du auf das Leben? Welche Einstellung hast du zum Leben, und wie gehst du damit um? Woher hast du diese Einstellungen? Wo und wie hast du sie gelernt? Wenn du heute einen Wunsch beim Brain-Tattoo-Gott frei hättest, wer wärest du dann? Was würdest du dir an Bildern ins Hirn nageln lassen? Schreib es auf! Was siehst du?

PSYCHO DAD

Nachdem ich 1997 im Trockendock angekommen war, war ich erschüttert von einem nüchternen und glasklaren Blick auf mich und die Welt. Was folgte, waren annähernd acht Jahre voller psychischer Entzugssymptomatik, Lethargie und Depression. Bei der Frage, was ich hier überhaupt für einen Film schiebe, hatte ich zwar nie wirklich die Angst vorm Sterben, eher die Angst davor, nicht gelebt zu haben, bzw. von anderen gelebt zu werden. Auch hatte ich die Schnauze gestrichen voll davon, vor dem wahren Leben davonzulaufen. Davor, mich vor der bösen Welt zu verkriechen und alle viere von mir zu strecken. Das ging gar nicht und käme mir in meiner Eigenschaft als »Don Krawallo« und Krieger in der Schlacht des Lebens einfach nur wie Feigheit vor dem Feinde vor. Ich war mächtig von Verzweiflung getrieben.

Heute weiß ich, dass eine heile und auf hochglanzpolierte Oberfläche des idealen menschlichen Brain-Tattoos schon immer mein Problem gewesen war. Mein Bauchgefühl sagte mir von jeher, dass es dieses mustergültige Bildnis des guten deutschen Bürgers einfach nicht geben konnte. Jeder, der mich vom Gegenteil überzeugen wollte, machte mich einfach nur tierisch aggressiv.

Nach der ganzen erlebten Scheiße meiner einstigen Lebensodyssee fragte ich mich, wie das mit dem Leben denn nun gehen solle. Ich begann, mich auf mein wahres Selbst zu besinnen. Ich begann damit, mein Hirn von dem ganzen eintätowierten Dreck anderer zu befreien, schmerzhaft die Farbenbrühe abzuhobeln, rauszuätzen und wegzulasern. Fuck, war das schmerzhaft!

Einerseits träumte ich bei meinen geplanten neuen und selbst kreierten Brain-Tattoos von einem vorgefertigten idyllischen Familienleben mit Hund, einer mich von Herzen liebenden Frau, einer lebhaften Horde junger Menschenkinder, dem Bike fürs Wochenende, und dem üblichen Pipapo. Andererseits und in zunehmendem Maße waren die Bilder, die beim Ausmerzen der ersten Schichten meiner alten Brain-Tattoos nach und nach zum Vorschein kamen, nicht so wirklich prickelnd und ließen mich immer wieder schmerzhaft an meiner Vision scheitern.

Unter Druck gesetzt vom bürgerlich »vernünftigen« Brain-Tattoo des Normalen und von dem, was man zu tun und zu lassen hat, suchte ich nach einer Art Instanz, die mir die Erlaubnis für meine eigene Geschichte erteilte. Ich hatte absolut keinen Plan davon, wie dieser aussehen konnte, aber wollte es mit aller Gewalt herausfinden.

In dieser Zeit meines Lebens hatte ich durchaus Zweifel darüber, wer denn nun einen an der Klatsche hatte, die anderen oder ich. Ich entdeckte die Psychologie und auch die Philosophie für mich. Die Psychologen beschrieben und bestätigten mich in meiner Annahme, dass es allgemeine Probleme in der menschlichen Entwicklung geben kann und dass individuelle Lösungen unter verschiedenen jeweils biografischen, gesellschaftlich, kulturellen Bedingungen zu suchen wären.

Na also, ich hatte einen Verbündeten für meine Lebensfragen gefunden. Dabei erfuhr ich in der sogenannten Tiefenpsychologie so einiges über unterbewusste Zusammenhänge und auch darüber, wie Brain-Tattoos überhaupt entstehen. Das fand ich irgendwie viel cooler, als mich an der bürgerlichen Oberflächenpflege und Verhüllungsästhetik, die mir da von den verschiedensten Instanzen der Menschenmacher versucht wurde vorzugaukeln, zu orientieren.

Sigmund Freud, Carl Gustav Jung und Alfred Adler waren meine echten Heroes. In der Psychologie fand ich eine Autorität, die mir nicht vorgaukelte, dass das Leben einfach und geradlinig sei.

Fragen zu stellen und Probleme zu haben gilt innerhalb der Psychologie nämlich als normal! Man konnte sie beschreiben, betrachten, verstehen, und wenn es gut lief, irgendwann sogar lösen. Dann würden neue kommen. Diese Einschätzung, dass Konflikte zum Leben gehören und sogar einen Teil des individuellen Lernprozesses darstellen, wirkte auf mich wie eine Entlastung. Nicht dass sich meine Situation dadurch drastisch verbesserte, dennoch bot sie mir zunächst eine neue Perspektive.

Ausgehend von dem – zuweilen berechtigten – Verdacht, Psychologen und Coaches hätten die Psychologie besonders nötig, weil sie meist selbst mächtig einen an der Klatsche haben, begegnete ich ihnen schon immer mit gemischten und auch echt aggressiven Gefühlen. Das hängt mit ziemlicher Wahrscheinlichkeit auch damit zusammen, dass mein Alter Ego, mein Drache Junior, stets Krawall macht, wenn irgendjemand versucht, meine wahren niederen Absichten infrage zu stellen. Kennst du das auch?

BRAIN-TATTOO-SESSION #7

Wie geht es dir, wenn jemand deine Absichten infrage stellt? Wie reagierst du, wenn jemand das Weltbild deiner Brain-Tattoos hinterfragt? Wann und wie schnell lässt du deine Rollladen runter, verbarrikadierst dich, startest den Gegenangriff? Was meinst du, woran das liegt? Mit wem hat das etwas zu tun? Schreib auf – welches Bild siehst du?

Immer wieder bekomme ich, teils ironisch, teils befangen, zu hören: »Muss ich mich jetzt vor dir in Acht nehmen?« Nein, das muss niemand, denn die Bedenken und Ängste haben letztlich immer mit den Menschen selbst zu tun. Ich habe dabei das Gefühl, dass die Leute sehr stark der Stabilität der eigenen Fassade ihres eigenen Drehbuches misstrauen. Offenbar gehen sie davon aus, Psychologen und Coaches wären interessiert und auch ohne Weiteres in der Lage, einen anderen Menschen zu scannen und zu durchschauen. Als wollte und könnte ich sehen, was sie selbst nicht zeigen möchten. Unsicherheiten, Ungereimtheiten und wunde Punkte, die sie angreifbar machen könnten. Psychologie schüchtert ein und fasziniert. Man erwartet, dass derjenige, der sich gründlich mit ihr befasst, besser in der Lage ist, anderen auf die Schliche zu kommen.

Die Persönlichkeit eines Menschen zu begutachten, ist mit erheblichem methodischen Aufwand und oftmals sehr schwer lösbaren Fragen verbunden. So soll die Psychologie zum Beispiel dabei helfen einzuschätzen, für welche Fortbildung oder für welchen Beruf jemand geeignet ist, welche Fähigkeiten in ihm schlummern, woran es liegt, dass diese nicht zum Zuge kommen, und wie man helfen kann, dass sie sich doch entfalten. In anderen Fällen sollen die Psychologen herausfinden, ob ein Zeuge mit seiner Aussage vor Gericht glaubwürdig ist. Oder es geht um die Frage der Straffähigkeit. Lässt sich denn wirklich begründet voraussagen, ob der Delinquent ähnliche Taten wiederholen wird oder ob es eine einmalige Entgleisung war? Wie jemand beschaffen ist, was ihn beunruhigt, was er wirklich will und kann und empfindet, das liegt nicht offen zu Tage. Wir sind uns zuweilen ja selbst fremd, oder? Ohne es selbst recht zu wissen, spielen wir Rollen und inszenieren unseren Umgang wie Schauspieler, die wahrgenommen werden wollen und auf Applaus hoffen. Aber woran man tatsächlich mit uns dran ist, das kann ein anderer nicht ohne Weiteres sehen. Es gehört zur Alltagserfahrung, dass Menschen – besonders Politiker – die Maskerade lieben. Hinter der Fassade verbirgt sich sehr oft etwas ganz anderes, als wir real zu sehen glauben.

Das Leben ist eine Bühne!

BRAIN-TATTOO-SKRIPT #1

Bei diesen Brain-Tattoo-Skripts wird deine Kreativität und visuelle Vorstellungskraft gefordert und gefördert. Jetzt geht es darum, deine vergangenen Brain-Tattoo-Sessions in einem weiteren Bildnis/Skript zusammenzufassen. Lies dir dazu deine Antworten aus den vergangenen Brain-Tattoo-Sessions noch einmal durch und sieh dir deine skizzierten Bilder an. Stell dir hierzu folgende Fragen:

Wer bist du – was willst du – wofür stehst du – was »zeichnet« dich aus? Welches Bild hast du im Moment von dir selbst? Welches Bild haben andere von dir? Welche ganz spontan aus dir selbst heraus geborene Tätowiervorlage würde deiner Persönlichkeit die ganz besondere persönliche Note verleihen? Welches Motiv/Zeichen/Symbol/Bild genau würde dir an welcher Körperstelle in welchem Stil, mit welchen Farben belegt, in welcher Größe gut »zu Gesicht stehen«?

Zum Beispiel die graue Maus oder der starke Löwe; der Fels in der Brandung oder die Fahne im Wind; der dunkle Nachthimmel oder der Sonnenaufgang; der Maserati oder die Ente; Joker oder Krieger; hässlich oder schön; traditionell, klassisch, abstrakt, surrealistisch, old-school oder neumodisch; der ruhige See oder das Großstadtgetto; Mary Poppins oder Freddy Krüger, Himmel oder Hölle, Comedy oder Science-Fiction usw.

Alternativ, und wenn du dich bis hierher mit diesem imaginären Thema des Brain-Tattooings noch nicht wirklich anfreunden konntest: Welches symbolische Bild würdest du jetzt, im Moment, deiner Persönlichkeit zuschreiben?

Zum Beispiel Status und Machtsybole; Kunstwerke; Persönlichkeiten; bildlich ausgedrückte persönliche Eigenschaften; Wünsche, Neigungen, Träume usw.

Grenzgenial wäre es, wenn du das Bild, das deine Seele im Moment sieht, aufmalst oder skizzierst. Alternativ kannst du dich natürlich gerne bei z.B. Google Bilder, Instagram, ...? inspirieren lassen. Skizziere das Bild, drucke es aus, nagle es dir über deinen Schreibtisch und harre der Dinge, die da in diesem Buch noch kommen werden :-)

BRAIN TATTOO PUSHERS FOR PERSONAL HEROES

- Du lernst, zu dir selbst zu stehen.
- Du belohnst dich selbst.
- Du verwirklichst dich selbst.
- Du hältst schöne Erinnerungen auf dir fest.
- Du lernst, eine Entscheidung zu treffen.
- Du wirst nicht nackt begraben.
- Du siehst selbst in Schwarz gekleidet noch bunt aus.
- Du musst deine Tattoos mit niemandem teilen.
- Du machst mit jedem Tattoo eine neue Erfahrung.
- Du drückst mit deinen Tattoos deine Überzeugungen aus.
- Du lernst zu vertrauen.
- Dein Penner-Look sieht aus wie Absicht.
- Tattoos beenden dein Dasein als graue Maus.

BRAIN TATTOO-MASTERS

In den folgenden Texten zeige ich dir Brain-Tattoo-Vorlagen, die du möglicherweise ziemlich abtörnend finden wirst. Aber auch solche, für die es sich zu leben lohnt, für die es sich zu kämpfen lohnt. Flashs, mit denen du dich möglicherweise identifizieren wirst, und Flashs, die dir das Gefühl von Freiheit, Macht und Selbstbestimmung verleihen werden.

Wir blicken über den Tellerrand, über die Outlines deiner gewohnten Gedankenbilder hinaus. Wir schauen hinter die Fassaden des globalen Miteinanders. Wir blicken auf die Brain-Tattoos deiner Brain-Tattoo-Masters. Bei dieser Bewusstwerdung kann es durchaus sein, dass dir erst einmal ziemlich schwindelig wird. Aber das macht nichts, denn außerhalb deiner gefälligen Sicherheitszone gilt eh immer der Reiz einer gewissen stressbedingten Achtsamkeit. Diese durch leichte Überbelastung deiner Hirnfrequenz gezielt verursachten Adrenalin-, Endorphin- und Dopaminausschüttungen sollen weitere Klarheit in dir schaffen. Es werden die Fragen geklärt werden, wer dir was und warum ins Gehirn genagelt hat. Und auch, wer bei deinem Brain-Tattooing – neben dir selbst – sonst noch alles mitmischt. Wer die Tattoo-Vorlagen gestaltet, die Tattoo-Farben anrührt, die Tattoo-Maschinen herstellt und auch, wer die Nadeln lötet.

HUNTER OR THE HUNTED

Once upon a time …

Lass uns mal ganz sachte ein Bild darüber machen, wie die ersten sogenannten Zivilisationen überhaupt entstanden sind. Die frühesten herrschenden Regierungen und Reiche waren in Wirklichkeit, ganz krass ausgedrückt, eine herrschende Klasse von skrupellosen Verbrechern. Sie waren nichts anderes als menschenverachtende Sklavenjäger. Das waren Typen, die schon damals begriffen hatten, dass Menschen mehr produzieren können, als sie verbrauchen. Diese Schergen schnallten sehr schnell, dass es sich lohnt, Menschen zu jagen, zu fangen, zu zähmen, zu domestizieren, also zu erziehen und letztlich zu besitzen. Die frühsten ägyptischen und chinesischen Reiche waren nichts anderes als Menschenfarmen, in denen Sklaven gejagt, gefangen, gezüchtet und gefügig gemacht wurden. Die damals noch »wilden« Menschen wurden gewaltsam und gegen ihren Willen, genauso wie Nutzvieh, zum Besitztum irgendwelcher cleverer, krimineller und machtgeiler Geschäftemacher erklärt.

Diese selbst ernannten »Allväter des Menschenfleisches« hatten aber auch erkannt, dass, wenn das Menschenvieh in sehr engen Ställen gehalten wird, es sich verletzen und krank, also arbeitsunfähig oder schwach werden wird. Deshalb gaben sie ihnen im Laufe der Geschichte mehr Raum. Nicht weil sie ihre Leibeigenen befreien wollten, sondern weil sie die Produktivität steigern und die Kosten verringern wollten. Diese nächste Etappe der »Frei«-Landhaltung war aber nicht gleichzusetzen mit einer Freiheit, die dem Bild eines Adlers im Himmel gleicht!

Es ist jetzt immens wichtig, dass du verstehst, was dein Lebenskosmos wirklich ist. Wenn du auf eine Karte der Welt schaust, dann schaust du nicht auf Länder, sondern auf Menschenfarmen. Je nachdem, auf welcher Farm du lebst, werden dir gewisse Freiheiten gewährt, wie z.B. begrenzter Besitz von Eigentum, Bewegungsfreiheit, Versammlungsfreiheit, freie Berufswahl usw. Nicht weil deine Regierung diese Rechte aus Prinzip bejaht, sondern weil Freilandhaltung viel billiger und produktiver ist als knallharte Sklavenhaltung. Ein Leibeigener ist nämlich am strebsamsten, wenn er glaubt, dass er frei ist. Die Herren hindern ihn auch nicht daran, von der Farm zu fliehen. Du bist sogar »frei« zu gehen. Die Illusion der Mobilität bleibt erhalten. Das Menschenvieh hat auf einigen Farmen sogar die Wahlfreiheit, zwischen den Großgrundbesitzern, die ihm präsentiert werden, zu entscheiden. Niemals wird ihm zur Wahl gestellt, die Farm zu schließen und wirklich frei wie der Wind zu sein.

Freiheit ist eine Illusion.

Denk mal nach: Können wir wirklich das tun, was wir wollen? Die meisten von uns wachen Tag für Tag an dem gleichen Ort auf. Eingesperrt in irgendwelchen Häusern oder kleinen Wohnblocks, die wir meisten nur dann verlassen, wenn wir arbeiten gehen, um uns das zu leisten, worin wir uns dann wieder einsperren. Das Ganze nur, weil selbst das Nötigste, was wir zum Leben brauchen, schon bevor wir geboren waren, verteilt war. Nahrung, Wasser, Grund und Boden. Die grundlegenden Dinge, die wir zum »Leben« brauchen, gehörten schon irgendwelchen Lobbyisten, die schon lange, bevor du richtig denken konntest, über deinen »Anteil« entschieden haben. Versuche dir einfach mal als freier Mensch Wasser, Nahrung Grund und Boden auf diesem Planeten zu suchen, der noch niemandem gehört. Das schaffst du nicht!

DER BRAIN-TATTOO-ZIRKUS

Wie überhaupt kann es unter diesem illusorischen Deckmantel der demokratischen Freiheit gelingen, dass einige wenige Sklaventreiber die Massen zu Gefügigkeit und eifriger Betriebsamkeit motivieren? Wie gelingt es ihnen, sich von ihren Untertanen bestenfalls sogar noch verehren, huldigen und anbeten zu lassen? »Eigentlich« ist die Antwort total simpel. In der gesamten Geschichte der »Pächter des Menschenfleisches« ging es, wie beim Ur-Tattoo von Kain bereits beschrieben, stets um eine grundsätzliche Spaltung der Menschheit untereinander. Der Schlüssel zur Macht heißt: »divide et impera« – »Teile und herrsche«.

Dazu haben sich in der Geschichte der Humanoiden solche Dinge wie Religion, Patriotismus, Rasse, Reichtum, Klasse, Labels und jede andere Form der willkürlichen separatistischen Erkennungszeichen bestens bewährt. Aus vielerlei Motivation heraus, die wir in den weiteren Texten noch betrachten werden, wird uns Menschen sehr oft ungefragt eine gedankliche Richtung, eine Strömung, ein Lager, ein Nationalstolz, die Ansicht über Gut und Böse, oder was auch immer, eintätowiert. Dies ist eine ausgezeichnete Strategie, bei der man ein Volk in verschiedene ethnische Unter-Gruppen und soziale Schichten aufspaltet. Daraus entsteht deine Gesinnung. Menschen mit verschiedener und abweichender Gesinnung werden somit von ganz alleine aufeinandergehetzt oder auseinandergetrieben.

Wir werden darauf trainiert, individuelle Unterschiede hervorzuheben. Du schaust jemanden an, und es heißt: schlauer, dümmer, älter, jünger, ärmer, reicher. Wir machen all diese Unterscheidungen, um die Leute in Kategorien einteilen zu können und sie dann dementsprechend zu behandeln. Wir betrachten die anderen Menschen als von uns getrennt.

Wir nehmen nur das wahr, was uns von anderen Menschen unterscheidet.

Spürst du langsam, was und wie ich denke? Genau, denn ein durch verschiedene Interessen geprägtes, in sich uneiniges Volk ist leichter zu besiegen, zu bescheißen und auch leichter zu führen, als wenn die Herrschenden einer einheitlichen und klaren Wand von Interessensgemeinschaften gegenüberstehen würden. Diese Formen der Trennung und auch der Hetze dienten stets dazu, eine kontrollierbare Bevölkerung zu erzeugen, die in den Händen von wenigen vollkommen verformbar ist. Wenn zwei sich streiten, freut sich der Dritte.

Dieses – von wem auch immer – inszenierte Szenario führt meist zum Sieg auf der einen oder zur Niederlage auf der anderen Seite. Also zu Gewinn oder Verlust. Meist will der Verlierer sich nach einer Niederlage rächen und verlangt Genugtuung. Oder er begehrt das, was der andere hat, also das, was er selbst nicht hat. Der Gewinner andererseits verteidigt sein Hab und Gut auf Biegen und Brechen. Somit entstehen Angebot und Nachfrage. Angebot und Nachfrage beschreiben die klassische Definition eines geschaffenen Marktes. Es gibt einen Hochzeits-Markt, Waffen-Markt, Floh-Markt, Auto-Markt, Welt-Markt, Börsen-Markt, Arbeits-Markt, Drogen-Markt usw. Dabei liegt es in der Natur des Menschen, dass jeder den besten Platz am Futtertrog ergattern möchte. Der Überlebenstrieb ist aktiviert. Konkurrenz belebt das Geschäft. Alles, was zählt, ist, was du hast, und nicht, wer du bist. Eine der dramatischsten Erfahrungen ist es, mit einer Person zusammen zu sein, um dann plötzlich zu erkennen, wie sehr sie dir gleicht und dass sie im Ursprung nicht anders ist als du. Plötzlich erlebst du, dass das Wesentliche in ihr und dir in der Tat ein und dasselbe ist.

Du verstehst, dass es grundsätzlich überhaupt kein »anders« gibt. Ich wurde nicht als Rainer Biesinger, sondern schlichtweg als Mensch geboren. Ich lernte, wer ich bin, wer ich zu sein habe, ob ich gut bin oder böse, fügsam oder auch nicht sein sollte. All das ist angelernt und in meine Synapsen eintätowiert worden. Ich bin das Ergebnis meiner Brain-Tattoos. Erschreckend, aber wahr!

Das Motto »Fressen oder gefressen werden« ist im derzeitigen Raubtierkapitalismus unserer zivilisierten Welt Antrieb und Devise zugleich.

Macht-Erhaltung und Status um jeden Preis sind angesagt. Gepaart mit der menschlichen Verlustangst, der Sucht nach Sicherheit und Anerkennung, sind dies die mächtigen Brain-Tattoos, die dein Denken und Handeln bestimmen. Definiert wird das Ganze größtenteils durch das zur Verfügung stehende Tauschmittel namens Geld. Geld ist, was gilt. Aber das wusstest du ja bereits noch aus der Ver-Bildungsanstalt Schule, oder? Du erinnerst dich?

WORK HARD, PLAY HARD?!

Und genau für das, was gilt und uns somit Geltung verschafft, um Geld zu verdienen, gehen wir arbeiten. Um uns frei zu fühlen, müssen wir unsere Arbeitskraft verkaufen. Wir müssen nicht, es steht uns ja frei. Meist aber wollen wir zu den Guten, den Erfolgreichen und den Gewinnern gehören. Wir wollen fressen und nicht gefressen werden.

Der elementare Unterschied zwischen Mensch und Tier ist es, dass kein Tier »arbeitet«. Auch nicht die viel zitierten Ameisen und Bienen. Arbeit wird als Notwendigkeit angesehen, oder als notwendiges Übel verstanden. Notwendigkeit mag ja echt hinhauen, da es darum geht, eine »Not abzuwenden«.

Der Mensch aber ist das einzige Wesen auf diesem geilen Planeten, das Not leidet (vor allem durch sich selbst). Und das alles trotz höchster beispielloser Geschäftigkeit. Spätestens hier wird – am Ergebnis einer kranken, gespaltenen und kriegerischen Gesellschaft gemessen – klar, wie schwachsinnig und ineffizient das durch die Menschen propagierte »Prinzip der Arbeit« in seiner Eigenschaft als eines der vermeintlich kolossalsten Brain-Tattoos überhaupt zu werten ist.

Nur wenn ich mehr will, als ich brauche, artet das in Arbeit aus. Oder auch wenn andere meinen, mehr zu brauchen als nötig, und es sich dann einfach nehmen, sodass mir etwas fehlt! Dann, wenn ich in Folge der Gier anderer einen deutlichen Mehraufwand betreiben muss, um ein vorher simples Bedürfnis befriedigen zu können, artet es in Arbeit aus.

Die Tatsache, dass zum Beispiel die Touristen in Tunesien (selbst erlebt) im Robinson-Club (was für eine geschmacklose Namensgebung!) im höchsten Luxus schwelgen und die örtlichen Brunnen vereinnahmen, damit sie stundenlang duschen können und neben dem Meer ein Süßwasserbecken zum Planschen haben, spricht Bände. Dann nämlich, wenn links davon die einheimischen Kinder täglich und mit lausigen Wasserkübeln bewaffnet, in der prallen Sonne das überlebenswichtige Wasser schleppen müssen. 20 Kilometer hin und 20 Kilometer zurück. Damit die Familie das notwendige »freie« Lebenselixier zur Verfügung hat. Oder der Victoriasee in Kenia, wo sich die Seeanwohner einst bequem und völlig ausreichend selbst versorgen konnten. Jetzt, nach der Ankunft der Eroberer dieses Paradises, ist der (Stau-)See nicht nur ökologisch im Arsch, sondern hier rottet die vormals für sich selbst agierende Bevölkerung nun in der Industrieabhängigkeit der westlichen Kapitalisten unter wahrhaft höllischen Lebensbedingungen vor sich hin.

Wer etwas gerne tut und sich dazu berufen fühlt, oder wer es für seine eigene Entwicklung oder die von anderen für wichtig hält, der »arbeitet« nicht, der »wirkt«! »Arbeit« impliziert nämlich ein »Sich-verkaufen-Müssen« gegen Geld. – Genauso wie viele der einstigen Fischerinnen vom Viktoriasee jetzt als billige Prostituierte herhalten müssen. »Geld« schließt die Abhängigkeit des »Sich-verkaufen-Müssenden« von denjenigen, die es entweder haben oder eben erzeugen, mit ein. »Abhängigkeit« ist das Gegenteil von »Freiheit« und zudem ein medizinischer Krankheitsstatus. Bei den alten Römern und Griechen gehörten die »Arbeiter«, also diejenigen, die einer Tätigkeit nachgingen, zu den untersten sozialen Schichten. »Arbeitslosigkeit« war ein prestigeträchtiger Zustand.

Kann es sein, dass der Mensch von Beginn seines Lebens an darauf fixiert ist zu glauben, dass die Welt, in der er lebt, eine absolute materielle Realität darstellt? Dass er unter massiver Einwirkung dieser Konditionierung erwachsen wird und sein gesamtes Leben unter diesem einen Brain-Tattoo aufgebaut ist, nämlich dass sich wirklich alles um die Kohle dreht? Dass die oberste Lebensmotivation die unablässige Jagd auf den schnöden Mammon ist? Dass der Mensch nur durch siffige, mattschwarz gestrichene Brain-Tattoos und massive Medienmanipulierung kontrolliert und unbemerkt zu einem konsumierenden, ferngesteuerten Arbeitstier missbraucht wird, dem man das Kommerzklistier schon meilenweit den Arsch hochgejagt hat? Dass er zu einem willenlosen und abhängigen Stück Vieh mutiert ist, das verlernt hat, bzw. es nie gelernt hat, eigenständig zu denken? Unfähig, sich persönlich frei zu entfalten?

BRAIN-TATTOO-SESSION #8

Auszug aus dem Dialog zwischen Morpheus und Neo im Film *Matrix:*

»Kann es sein, dass die Matrix allgegenwärtig ist? Du siehst sie, wenn du aus dem Fenster guckst oder den Fernseher anmachst. Es ist eine Scheinwelt, die man dir vorgaukelt, um dich von der Wahrheit abzulenken.«

»Von welcher Wahrheit?«

»Dass du ein Sklave bist. Du wurdest wie alle in die Sklaverei geboren und lebst in einem Gefängnis, das du weder anfassen noch riechen kannst.«

»Die Matrix ist ein System, Neo, es ist unser Feind. Was siehst du wenn du drin bist? Geschäftsleute, Lehrer, Anwälte, Zimmerleute, genau die Menschen, die wir retten wollen. Diese Menschen sind noch Teil des Systems ... das macht sie zu Feinden. Du musst sehen, die meisten sind noch nicht so weit, sich aus der Matrix abzukoppeln. Viele sind angepasst, so hoffnungslos vom System abhängig ... dass sie alles tun, um es zu schützen.«[5]

Wie geht es dir bei diesen Gedanken? Was denkst du jetzt? Was fühlst du? Wie geht es dir generell mit meinen Sichtweisen und Provokationen (Herausforderungen)? Was siehst du?

DIE BRAIN-TATTOO-SHOW

Wenn diese Form der Leibeigenschaft von damals heute in modifizierter Form tatsächlich noch immer so stattfinden sollte, dann müssen wir uns fragen: Wozu das alles? Welche tiefer liegenden Absichten und Interessen werden damit verfolgt? Und auch, wer genau sind die Macher und Spielführer hinter den Kulissen? Wie ist es überhaupt möglich, sich knechtende Untertanen zu erschaffen? Wie kann es sein, dass eigenständig denkende Menschen und Individuen sich sogar freiwillig versklaven und fernsteuern lassen? Lass uns dieses System, das uns unterdrückt, manipuliert, sozial lähmt und daran hindert zu gedeihen, mal genauer unter die Lupe nehmen. Wie funktioniert die Welt, wie wir sie kennen, die Welt, die uns als normales und nicht abänderbares Leben verkauft wird? Dazu schauen wir uns zunächst einmal unsere Brain-Tattoo-Artists und Brain-Tattoo-Masters an.

Als die ersten Menschen reich genug waren, um eine kriminelle Vereinigung zu bilden und damit andere auszubeuten, war die heutige Vorstellung von einem Staat geboren. Ein Staat ist die Weiterentwicklung einer solchen Bande (Band, Verbund, Bündnis). In den Indoktrinationspferchen zur Aufzucht von Arbeitstieren werden die Hirne der Protagonisten zwangstätowiert. Das nennt man Erziehung und geschieht mit Hilfe von Informationen. Diejenigen Informationen, die schon sehr früh in die unbefleckten Kinderhirne eingenagelt werden, nisten sich besonders intensiv und langhaltig ein. Die Art und Weise des Brain-Tattooings hängt von dem gewünschten Brain-Tattoo-Masterflash des zu entstehenden Menschenproduktes bzw. Menschenbildes ab. Brain-Tattoo-Masters, also Stellen, die Informationen vermitteln, sind Schulen, Familie, Kino, Fernsehen, Kirche, Radio, Zeitung, Bücher, Internet, Freunde, Politik, Feinde usw.

Die in unserem Gehirn eintätowierten Informationen formen unsere Überzeugungen, die wiederum unsere Handlungen bestimmen.

Unsere Brain-Tattoo-Artists, also unsere Erzieher, streiten nicht ab, dass der Staat in der Vergangenheit stets das Mittel einer Minderheit zur Unterdrückung der Bevölkerung war. Die europäischen Nationen beispielsweise waren vor dem Ersten Weltkrieg noch Ausbeutergesellschaften ersten Grades. Wirf einfach mal einen dezenten Blick in die Geschichte. Wie du inzwischen ja weißt, sind wir das Produkt unserer Vergangenheit.

Diejenigen, die über die uns zur Verfügung stehenden Informationen, also Tattoo-Farben, bestimmen, entscheiden darüber, welche Fähigkeiten und Interessen wir ausbilden. Ein entscheidender Bestandteil deiner sogenannten Internalen Kontrollüberzeugung, also deiner Handlungssteuerung, ist die Annahme, du würdest dein Handeln selbst und frei bestimmen. Je mehr du glaubst, ein autonomer Herr über deine Handlungen zu sein, und dir einen »freien Willen« ein-Bild-est, desto mehr bist du überzeugt von dem, was du tust, oder? Dann stehst du hinter deiner Handlungsweise.

Derjenige, der sich des ihm vorenthaltenen Wissens nicht bewusst ist, kann seine eigenen Interessen doch auch gar nicht erkennen, oder? Du kannst dir nichts wünschen, von dem du noch nie etwas gehört hast. Unsere Einflussnahme auf die Art der uns zur Verfügung stehenden Tattoo-Farben, die uns beflecken, ist begrenzt. Wir können keine Informationen anfordern, von denen wir nicht wissen, dass es sie gibt bzw. dass sie uns fehlen. Manche Informationen sind im Dunkeln verborgen. Sie werden geheim gehalten.

Der Spruch, »dass du weißt, was du tust«, bedeutet in der Regel, dass du die Gründe hinter deinen Handlungen begreifst und die Folgen vorhersiehst, oder? Je mehr du allerdings agierst, ohne die Gründe, die Voraussetzungen und das Ergebnis deiner Handlungen zu kennen, bzw. zu durchschauen, desto mehr wirst du zum instrumentalisierten Handlanger anderer und degenerierst zwangsläufig zum abgezockten Schuldsklaven.

Ist es nicht eine sehr gefährliche Angewohnheit, den Informationen der Brain-Tattoo-Masters bedingungslos zu glauben und ihnen blind zu vertrauen? Glauben und Vertrauen sind jedoch grundlegende Voraussetzungen für ein funktionierendes System der Bereicherung einiger weniger. Exemplarisch sei der Religionsunterricht genannt, der sich bestens dazu bewährt hat, uns diese Angewohnheiten als mächtig fette Balken in die Hirnwindungen zu stechen. Diejenigen, die am wenigsten mit uns zusammenleben, fordern täglich das meiste Vertrauen von uns ein. Denk mal darüber nach! Glauben und Vertrauen werden überall als notwendige Tugenden dargestellt. Ist es für unser buntes Leben nicht katastrophal zu glauben, dass die begrenzte Palette der Tattoo-Farben, die wir in den Brain-Tattoo-Studios des Lebens eingetrichtert bekommen, tatsächlich auch unsere grundlegenden Bedürfnisse abdecken könnten?

Mit dem Versprechen alleine, dass man uns nicht bescheißt, dürfen wir uns nicht zufrieden geben. Das hat man bereits mehreren Generationen vor uns vorgegaukelt, und wir alle wurden über kurz oder lang von einigen wenigen irgendwie abgezogen. Schau dir die Geschichte an!

Wir müssen sicher sein, durch Erziehung und externes Brain-Tattooing nicht betrogen zu werden.

Dennoch, und trotz der Tatsache, dass der globale Handel und seine Folgen unser Leben bestimmen, und letztlich der Richtigkeit, dass Geld die Welt regiert, werden wir in der Schule nicht darüber unterrichtet, wie die Wirtschaft wirklich funktioniert. Die Ignoranz der Lehrer bezüglich finanzieller Themen ist fast gleichzusetzen mit der daraus resultierenden Unwissenheit der Schüler.

Das Wesen des Handels ist es, dass der Händler stets mehr erhält als das, was er hergibt. Ganz einfach! Es geht immer um Gewinnmaximierung. Und jede Form von Reichtum ist umgesetzte Macht. Geld ist nicht gleich Geld. 1.000 Euros eines Arbeiters werden verbraucht. 1.000 Euronen eines Unternehmers aber werden angesetzt oder in Eigentum investiert. Ob du ausgebeutet wirst oder nicht ist unabhängig davon, wie du darüber denkst. Es hängt nur davon ab, ob du verpflichtet oder gezwungen wirst, andere Leute reich zu machen.

Schau dir dazu doch einfach mal das Handelsgesetzbuch (HGB) an. Darin steht im übertragenen Sinne: Wer ein Gewerbe anmeldet, der hat damit eine Gewinnerzielungsabsicht zu verfolgen. Wenn du keine Gewinne erzielst, unterstellt dir das Finanzamt Liebhaberei und entzieht dir die Erlaubnis. Es geht beim Handel also nicht nur darum, dich selbst zu bereichern, sondern auch darum, Steuereinnahmen fürs Finanzamt, also für den Staat, zu erwirtschaften. Geld muss fließen. Damit durch die vielfältigsten Steuereinnahmen unter anderem auch die Staatsschulden an die Banken getilgt werden können! Dämmert's? Was ist wohl aus den einstigen Sklaventreibern von früher geworden?

Jeder, der sich loyales, gefügiges, williges und zartes Menschenfleisch züchtet, schafft sich Verbündete. Er stellt sich ehrbare, aber mit geistigem Dreck zugemüllte und konsumabhängige Eltern her, die den naiven und unbeschriebenen Kinderhirnen erzählen, sie sollen nicht lügen, obwohl sie selbst ihr ganzes Leben lang belogen werden. Es ist schwer zu sagen, bis zu welchem Grad der Unterricht, besonders in den Pflichtfächern der Ver-Bild-ungsanstalten des Staates, die Herstellung von Irrsinn am Fließband ist. Zum Homo idioticus maximus!

Wenn du dir zu den massiven Brain-Tattoos der Schule, der Politik, der Wirtschaft und der ihnen angeschlossenen, uns ganz offensichtlich gesellschaftlich spaltenden, Massenmedienorgane keine Filter und Abwehrmechanismen einbaust, dann werden deine Gedanken weiterhin deine Feinde sein. Oder aber du hältst in den gesellschaftlichen Brain-Tattoo-Studios einfach weiterhin gedankenlos den Arsch, ähmmm das Hirn hin. Um dir das letzte verbleibende jungfräuliche Stück Schwabbelmasse aus dem Schädel herausficken bzw. es beflecken zu lassen. Du hast die freie Wahl, oder?

BRAIN-TATTOO-SESSION #9

Was macht diese vergangene Brain-Tattoo-Show mit dir? Desillusion? Welche Mechanismen und Strategien nutzt du persönlich, um mit unangenehmen Erkenntnissen und Situationen umzugehen? Was lernst du, und wo und wann wirst du, wenn du das Gefühl hast, abgezogen und missbraucht zu werden, aktiv? Wo hast du aufgegeben und dich mit den Umständen arrangiert? Wo hast du kapituliert? Und wo noch nicht? Wie ist es um deinen freien Willen bestimmt? Schreib deine Antworten und Gedanken dazu auf und male doch mal ein Bild :-)

DAS BRAIN-TATTOO-MASSAKER

Was lernen unsere Kids denn vorrangig in den Absurditäten der Lehranstalten unseres Ver-»Bild«ungssystems? Wie werden die Gehirne dort tätowiert? Der real existierende Irrsinn der »Pädagog-Idiotie« äußert sich vor allem im lausigen Zwang zur Lernbulimie, der in den Brain-Tattoo-Studios namens »Schule« brav und artig gepflegt wird. Die Schutzbefohlenen werden darauf trainiert, in möglichst kurzer Zeit möglichst viel totes Wissen in sich hineinzufressen, um es zum Zeitpunkt der Prüfung im Deal gegen Noten und Karrierechancen wieder fristgerecht auszukotzen. Zwangsmotiviert lernen sie dabei, dass Bildung keinen Eigenwert besitzt, sondern allenfalls einen Tauschwert gegen irgendwelche Zensuren hat. Orientierung für die Messlatte der Intelligenz gibt bezeichnenderweise die PISA-Studie vom Schiefen Turm. Der ironischerweise aber nur noch steht, weil er massiv gestützt wird.

Dass bei dieser Form der Brain-Tattoo-Fress-Brech-Sucht in den Hirnen der Kids nichts anderes mehr als ein mit Billigtinte verblasstes Knast-Tattoo kleben bleibt, verwundert nicht. Ebenso wenig muss es uns erstaunen, dass das Interesse an schulischen Lerninhalten völlig den Bach runtergeht, wenn die Schüler den Tauschwert in der Bildung überhaupt nicht erkennen können. Heißt: Dieses den Kids ins Hirn genagelte Bildnis von Lernen und Zukunft sieht einfach scheiße aus, hinterlässt nur Baustellen und ergibt kein wirklich cooles und erstrebenswertes Stillleben für ein erfülltes Dasein. Nein, eher vererbt es in den naiven, noch teilweise unbefleckten Kinderhirnen ein gefühltes Desaster aus Orientierungs- und Perspektivlosigkeit. Auf ganz elegante und hinterfotzige Art und Weise werden die jungen Menschen dabei des Zugangs zu ihrer eigenen Persönlichkeit beraubt. Sie werden mit Unterstützung des gesellschaftlichen Gruppenzwangs gebrochen und zum konsumorientierten und kaufsüchtigen, kleingeistigen Lackaffen erzogen.

Diejenigen, die dann angeben: »Wenn ich groß bin, werde ich Hartz IV«, haben in Bezug auf ihre sozialen Aufstiegsmöglichkeiten schon so weit resigniert, dass sie das Brain-Tattoo-Studio »Schule« nur noch einen feuchten Dreck interessiert. Entweder ertragen sie die Schmerzen nicht mehr, oder sie sehen keinen Sinn mehr darin, ein fremdes in ihr Hirn gebranntes Bild zum einheitlichen Farbenmatsch ohne Wiedererkennungswert vervollständigen zu lassen. Oder sie sehen einfach nur noch schwarz. Das Drama unseres Bildungssystems ist leicht auszumachen. Das Abenteuer Wissen wird den Kindern meist auf derart stinklangweilige Weise serviert, dass sie schon nach kurzer Zeit genau diese Eigenschaft verlieren müssen, die sie von Natur aus so sehr zum Lernen befähigt. Die Neugierde! Hat das vielleicht sogar System?

Nur sehr wenige dieser Brain-Tattoo-Artists namens Pädagogen verstehen es, ihre Schüler für die Inhalte zu begeistern, die sie vermitteln.

Ohne Begeisterung wird Lernen zu einer geistlosen Aneignung entfremdeten Wissens.

Es heißt, du sollst für das Leben und nicht für die Schule lernen. Faktisch ist es aber meist umgekehrt. Schüler lernen für Prüfungen. Vieles, was die Kids in diesen Brain-Tattoo-Studios eingenagelt bekommen, hat für sie selbst, für ihr Leben, für ihr Weltverständnis meist so viel Bedeutung wie der viel zitierte umgefallene Reissack in China. Kurz nach dem Prüfungstermin verläuft die Billigtinte im Matsch der anderen Siffbrühen und gerät auch gleich wieder in Vergessenheit. Dirt by Dirt!

Eine Demokratie, so habe ich das jedenfalls mal gelernt, lebt in der Regel von der Mündigkeit der Bürger. Aber ist das überhaupt gewollt? Beim Verlassen der Lehranstalten sind die Hirne unserer Kids großflächig mit verratzten, schwarzen und ohne jeglichen erkennbaren Zusammenhang eingehämmerten Hirnfraßbildern vollgenagelt.

Wer ausgerechnet an Bildung spart, beweist damit nur den bemerkenswerten Grad seiner eigenen Verblödung!

Ein zentraler Mangel unseres Bildungssystems darf in diesem Zusammenhang nicht unerwähnt bleiben. Noch immer steht das stupide Erlernen von Einzelfakten im Vordergrund. Das ist Patchwork-Brain-Tattooing. Eine Ansammlung von wild durcheinandergewürfelten farblosen Krakeleien ohne Struktur und Plan. Doch wo sind die Farben, die klaren Outlines und die Schattierungen, die dem ganzen Brain-Tattoo seinen Ausdruck, seine persönliche Note, seine Einzigartigkeit verleihen? Den Schülern werden unzählige Mengen von Einzelfakten eingetrichtert. Bei der entscheidenden Aufgabe aber, diese komplexen Zusammenhänge um sie herum auch nur ungefähr zu erfassen und die isolierten Fakten untereinander in Beziehung zu setzen, erhalten sie kaum Orientierung,

Ein Tattoo muss an den Körper des Trägers angepasst sein, es muss fließen. Gutes Brain-Tattooing bedeutet also, sich der Zusammenhänge bewusst zu werden und sich die fließenden Übergänge zwischen den vielfältigen Motiven und Bildern zu erarbeiten. Das Problem heute besteht nicht darin, Zugang zu detailliertem Faktenwissen zu erhalten. Das ist nur zwei, drei Klicks im Netz entfernt.

Die Herausforderung unserer Zeit ist, in dem Meer von Informationen nicht abzusaufen.

Wenn Schüler mit fragmentiertem Wissen vollgestopft werden, als gelte es, sie auf ein erfolgreiches Abschneiden bei *Wer wird Millionär* vorzubereiten, hat dies mit Bildung nichts zu tun! Schließlich könnte mithilfe von Wikipedia beinahe jeder Pannenkopf die Millionenfrage beantworten. Cooles Brain-Tattooing äußert sich vielmehr darin, dass du in der Lage bist, dir aus dem riesigen weltweiten Wissensschatz die richtigen problemrelevanten Informationen herauszuziehen.

Da das Bildungssystem an dieser wichtigen Aufgabe scheitert, sehen viele Schüler und Studenten den Wald vor lauter Bäumen nicht mehr. Sie verstehen weder, in welcher Beziehung die Inhalte eines Faches zueinander stehen, noch begreifen sie, was diese Inhalte für die Inhalte anderer Fächer und vor allem auch für das eigene Leben bedeuten oder/

und damit zu tun haben. Für die Lernmotivation ist dies nicht gerade förderlich. Gleich zu Beginn einer schulischen Brain-Tattoo-Session müsste herausgestellt werden, warum es sich lohnt, sich mit diesem Thema zu beschäftigen. Sollte es nicht gelingen, die Relevanz eines Themas aufzuzeigen, so ist dies ein sicheres Zeichen dafür, dass es nicht in den Unterricht gehört. Allenfalls könnte es in einem Spezialkurs behandelt werden, an dem nur diejenigen teilnehmen, die sich dafür begeistern können, und diejenigen, die da wirklich Bock drauf haben.

Rückt man den Sinn des Brain-Tattooings auf diese Weise ins Zentrum des Lernens, dann verändert sich doch logischerweise auch das Verhältnis von Tätowierer und menschlicher Leinwand. Denn die Tätowierer können nicht mehr erwarten, dass die Hirn-Tätowierten sich allen Scheiß einnageln lassen, den man ihnen anbietet. Dass sie alles bedingungslos schlucken, was ihnen vorsetzt wird. Die Brain-Tattoo-Masters müssten sich an den individuellen Bedürfnissen der Lernenden orientieren.

Die Tätowierten ihrerseits sind aufgefordert, nicht nur nachzubeten, was man ihnen eingenagelt hat, sondern selbst darüber nachzudenken, inwiefern das, was sie da lernen, relevant für ihr eigenes Leben ist. Und auch ob die Tattoo-Farben tatsächlich einer kritischen Prüfung beim Brain-Tattoo-TÜV standhalten. Im Idealfall werden somit die Lehrenden auch zu Lernenden und die Tätowierten zu Tätowierern. Die autoritäre Einbahnstraßenkommunikation der Bildung verwandelt sich dann zwangsläufig in einen Lerndialog, von dem beide Seiten nur profitieren können. Mein Vorschlag zum Brain-Tattoo-Bildungskonzept läuft auf eine Umkehrung der Konditionierung zur Denkverblödung hinaus.

Die zentralen Leitsätze zur pädagogischen Anleitung zur Denkstärke lauten im Übrigen: »Schere dich um Argumente und gehe den Dingen auf den Grund. Sei ein Narr, der gegen die Absurditäten und Absolutheit des Systems aufbegehrt. Sei kein Narr, der der dummen Horde folgt. Passe dich den harschen Gepflogenheiten nicht an, wenn sie himmelschreiend blöde sind, sondern frage nach dem Sinn des Ganzen.«[6]

Du entscheidest, wie dein Gehirn tätowiert wird, kein anderer!

Bedenke, dass dein Leben – wie du spätestens jetzt begriffen haben solltest – in einem fortwährenden Brain-Tattoo-Studio abläuft. Du bist heute kein naiver unbefleckter Schüler mehr, sondern ein freier eigenständig denkender, erwachsener Mensch.

BRAIN-TATTOO-SESSION #10

Bedeutet lernen für dich Sonnenschein oder Dunkelheit? Welche Erinnerungen hast du an die Lehrer und Lerninhalte deiner Schulzeit? Wie ist es heute um dein Interesse und deine Neugierde an Bildung bestimmt? Was wäre deine erste Amtshandlung, wenn du Bildungsminister wärest? Wen siehst du, wenn du an einen gebildeten Menschen denkst? Was zeichnet diesen Menschen aus? Was willst du in diesem Leben noch lernen? Welches Bild siehst du?

BRAIN TATTOO INSANITY

Woran liegt es überhaupt, dass das Lehrpersonal in der Regel so kläglich an der Aufgabe scheitert, die Lernenden zu begeistern?

Erstens: Viele Lehrerinnen und Lehrer haben ihre eigenen Brain-Tattoos selbst auf entfremdete Weise erworben. Sie sind weder von den Inhalten ihres Fachs begeistert noch von der Möglichkeit, sie an junge Menschen weiterzugeben dürfen.

Zweitens: In der pädagogischen Ausbildung, insbesondere für die weiterführenden Schulen, wird noch immer der Irrglaube gelehrt, es ginge darum, Fächer statt Menschen zu unterrichten. Ein guter, begeisternder Unterricht aber muss sich sowohl an den Inhalten als auch an den individuellen Stärken und Schwächen, Talenten, Neigungen und Abneigungen der Schülerinnen und Schüler orientieren. Starre Standardisierungen, die alle Lernenden durch denselben Dreck und Einheitsbrei ziehen, sind pädagogisch in höchstem Maße absurd, denn sie zerstören genau die kreativen Potenziale, die eigentlich gefördert werden müssten.

Drittens: Unsere Bildungsinstitutionen vom Kindergarten bis zur Hochschule sind in der Regel finanziell so schlecht ausgestattet, dass ein individuelles Lernen gar nicht möglich ist.

Was wollen wir mit systematisch gezüchteten Fachidioten ohne eigene Persönlichkeit anfangen?

Und woran scheitert jetzt die ganze Chose wirklich? Was wäre, wenn die kulturelle Matrix neu konfiguriert werden würde? Hätte dies womöglich weitreichende soziale, politische und ökonomische Konsequenzen? Wer hat welche Interessen an der Volksverblödung, bzw. warum werden Menschen zu denkfaulen, kleingeistigen Fachidioten ohne eigenständige Persönlichkeit gezüchtet? Für wen würde ein solcher Reset eine ernst zu nehmende und bedrohliche Gefahr darstellen?

Schau mal: Wer bereits von Kindesbeinen an gelernt hat, Vorgegebenes kritisch zu hinterfragen, anstelle es im Austausch gegen Noten einfach nur unreflektiert nachzuquatschen, der wird sich von religiotischen, okologiotischen und okonomiotischen Hirngespinsten nicht so schnell infizieren und anfixen lassen. Er wird weder dem alten Gerücht von Jüngsten Gericht auf den Leim gehen, noch wird er sich dazu drängen lassen, Geräte zu entwickeln, die nach Ablauf der Garantiezeit auf merkwürdige Weise funktionsunfähig werden. Oder Finanzwerkzeuge gestalten, die Menschen in den finanziellen Ruin stürzen. Und selbstverständlich wird er auch keine Politiker wählen, von denen er erwarten muss, dass sie diese ganze kranke Scheiße auch noch unterstützen.

Viele meiner Freunde und Kunden sind Unternehmer, die sagen: »Rainer, ich kriege keine vernünftigen Jugendlichen mehr zum Ausbilden. Was da kommt, das kann gerade mal seinen Namen schreiben.« Sitzenbleiben geht nicht mehr. Es wird jeder mitgezogen! Am Ende bekommt ein jeder stinkfaule Knallkopf, der die Zeit einfach nur ausgehalten hat, dann doch ein Abschlusszeugnis. Das kann er sich aufs Klo hängen oder damit aufs Amt gehen und Hartz IV beantragen. Dann ist das Leben vorbei, bevor es überhaupt angefangen hat. Kann es sein, dass sich unsere Gesellschaft diesen Bodensatz konformer Gummibärchen im Prinzip selbst züchtet?

BRAIN-TATTOO-SESSION #11

Welches Bild hast du von der heutigen Jugend? Wie ist diese Jugend unterwegs, und was kannst und willst du von ihr lernen? Was fällt dir spontan dazu ein, wenn du deine eigene Leibesfrucht betrachtest? Was hat die Sicht auf die heutige Jugend mit dir selbst zu tun? Welches Bild schwingt bei diesen Gedanken im Hintergrund mit?

TRASH TV GMBH & CO. KG

In der Schule wurden, bildhaft gesehen, also die Konturen und fetten schwarzen Outlines für den Brain-Tattoo-Masterflash deines Lebens gestochen. Dort ist unter anderem der Rahmen dafür präpariert worden, was du zu denken hast. Worüber denkst du jeden Tag nach? Denkst du überhaupt noch nach, oder ist dein Hirn inzwischen mit so viel undurchdringbar vernarbter Fläche besudelt, dass letztlich nur noch die Anwendung eines Hochleistungslasers in der Lage wäre, die vielfältigen Pigmentschichten aus geistigem Dreck zerplatzen zu lassen?

Ein wirklich bewusster exemplarischer Blick in die Massenmedien reicht aus, um zu erkennen, was dir in Form von ungefragten Brain-Tattoos täglich für eine gequirlte Scheiße serviert wird. Völlig unzensiert werden selbst schon die Hirne unserer Jüngsten weichgespült.

Mich wundert es nicht, dass manche Kids der ernsthaften Überzeugung unterliegen, dass Kühe lila sind.

Eine Art Medien-Führungsgesellschaft, die dafür sorgt, dass eigenständige Recherche, sauberes und neutrales Nachdenken über Ereignisse sowie eine genaue Darstellung geschichtlicher, politischer, soziologischer, wirtschaftlicher, usw. Hintergründe und Zusammenhänge gefördert wird, ist offensichtlich nicht gewollt.

Kann es vielleicht sein, dass du überhaupt nicht eigenständig nachdenken sollst, damit du irgendwelchen Leuten bestmöglich erst gar nicht in die Quere kommst? Wenn du dieses Gefühl haben solltest, dann wird es höchste Zeit, aus deinem unwissenden und naiven Dornröschenschlaf aufzuwachen, um zu verstehen, dass es Leute gibt, die dein Leben bestimmen, und dass dir das selbst überhaupt nicht klar ist. Geschweige denn, dass du davon Kenntnis besitzt.

Überleg mal, kannst du genau sagen, welcher hochtoxische Gedankenmüll dir von so manchem Fernsehsender oder anderen Medien als die ultimative Wahrheit verkauft wird? Kann es sein, dass die einzige Wahrheit, die du zurzeit kennst, die Wahrheit aus der Glotze ist? Selbst wenn du dich hier nicht persönlich angesprochen fühlst, dann sei dir bitte darüber im Klaren, dass es der Masse der Bevölkerung zunehmend so ergeht. Heute existiert schon eine ganze Generation von Menschen, die nie etwas anderes kennengelernt hat als das, was nicht aus dieser Kiste kommt.

Für viel zu viele Menschen sind die Wahrheiten der Massenmedien das Evangelium, die Bibel, die Kabbala, der Koran, die höchste Macht Gottes auf Erden zugleich.

Mir scheint, die Massenmedien sind die letzte Offenbarung, die Menschen und Regierungen krönen und stürzen können. Das ist eine mächtige Propagandamaschinerie, die mit voller Bewusstheit und Berechnung mit der gigantischen Macht des Gruppenzwangs und stetiger Hetze spielt. Die »Zu«-schauer sitzen Tag für Tag und Nacht für Nacht vor diesem Ding. Alle Altersklassen, Hautfarben, Konfessionen. Alles, was die Menschen kennen, sind diese Typen aus der Kiste, die dir das erzählen, was du hören willst. Es geht um Quoten für Idioten, verstehe das bitte! Wie wäre es zur Abwechslung mal mit »Hin«-schauen?

Auch ich stand schon des Öfteren vor der Kamera und bilde mir ein, sehr gut zu wissen, wie die Regisseure und Produzenten ticken, bzw. wie da etwas inszeniert, also in Szene gesetzt wird. Die Verantwortlichen sprechen sehr gerne, um möglichst viele Zuschauer erreichen zu können, von der so genannten »Fallhöhe«. Dabei werden die Bilder mit emotionaler Musik unterlegt, durch suggestive O-Töne und schnelle Kameraschnitte und -schwenks werden in dir Gefühle geschürt, die dein inneres Kind, deinen Drachen Junior, deine Emotionalität in Bewegung und Wallung bringen sollen. Du wirst aus der Vernunft heraus- und rein in eine Scheinwelt gerissen. Du fängst damit an, diese aufgebaute Illusion zu glauben. Die Menschen denken, das Fernsehen wäre die Realität und das eigene Leben sei irreal. Sie machen, was immer die Kiste sagt. Sie ziehen sich so an. Sie essen das, was da vorgegeben wird. Sie erziehen sogar ihre Kinder nach den in den Serien und Dokus vorgegeben Inhalten. Die Werbung zwischendurch ist dann sponsored by Hundefutter, Sextoys für frustrierte Eltern und pädagogisch wertvollem Spielzeug für den nächsten angesetzten Windelträger. Das ist Massenidiotie für Wahnsinnige!

Nein, ich meine nicht nur das Privatfernsehen. Mach deine Augen auch mal in den zwangsfinanzierten Propagandakanälen auf. Beispielsweise um 20:00 Uhr zur täglichen Hauptdepressionszeit der *Tagesschau*. Was du siehst sind Terror, Bomben, Finanz-Trallala, Wettervorhersage. Stichwort Desensibilisierung. Kaum einer interessiert sich wirklich mehr dafür, bzw. hinterfragt die Zusammenhänge des eloquenten Kommentators, wenn ein schreckliches Attentat geschehen ist. Aber wenn unsere Berühmtheiten schwanger werden oder ein Fußballspiel läuft, da wird schonungslos und offensiv analysiert und recherchiert, wie es dazu kommen konnte. Traurig.

Ich stelle mir die Frage, was ein Albert Einstein wohl dazu sagen würde, wenn er mit dem heutigen multimedialen Schwachsinn der Unterhaltungsindustrie konfrontiert worden wäre? Wie sollte er seinen damaligen Spruch »Zwei Dinge sind unendlich, das Universum und die menschliche Dummheit, aber bei dem Universum bin ich mir noch nicht ganz sicher« noch toppen wollen? Wie wären seine Statements zum Frühstücksfernsehen, dem *Dschungelcamp* und *Deutschland sucht den Superstar* ausgefallen? Stell dir diesen Albert doch mal als Promigast bei *Explosiv* vor. Geht gar nicht!

Die medienverantwortlichen Propagandaministerien der Neuzeit gehen davon aus, dass man das Publikum heute nur unterhält, wenn man das Niveau unten hält

Und die Realität gibt ihnen damit sogar recht. Je schwachsinniger das Format, desto höher die Einschaltquoten, je dummbratziger die Sendung, desto fetter das Grinsen der verantwortlichen Redakteure. Kein Wunder also, dass wir Tag für Tag und Nacht für Nacht den ganzen abgefuckten Schwachsinn mundgerecht vorgekaut und serviert bekommen.

Talkformate, in denen viel gelabert, aber wenig gesagt wird. Gescriptete Reality-Soaps (mit Drehbuch inszenierte Geschichten aus dem »wahren Leben«) mit sogenannten Prominenten, die keine Sau kennt und die du auch gar nicht kennen lernen möchtest. Comedysendungen ohne Humor, Informationssendungen ohne jeglichen Informationswert und Quizsendungen, die gänzlich für talentfreie Knallköpfe ohne Stammhirn ausgelegt sind. Wenn du diesen Idiotentanz, ohne intellektuell völlig zu degenerieren, lebend überstanden hast, dann wird dir spätestens von den lustigen Mutanten der Volksmusik oder ihren Nachfahren vom Ballermann 6 der letzte Funken Denkvermögen aus den Hirnwindungen geprügelt.

Mir fehlen die Worte, wie ich das Ergebnis dieser Pannenkopfschmiede benennen möchte. Homo Korsakow vielleicht? Harald Juhnke hatte im Endstadium seines jahrzehntelangen Alkoholmissbrauches das Korsakow-Syndrom. Da ist nur noch Matsch im Hirn der mündigen TV-Protagonisten. Total krank!

Obwohl das Angebot an weltweitem Wissen heute nur noch einen Mausklick entfernt ist, sind Millionen Menschen derart geistig retardiert, dass es mir bei genauerer Betrachtung dieser intellektuellen Entwicklung selber bald den Vogel raushaut. Irgendwelche Ansprüche, dieser unfassbar perversen Volksverblödung entgegenzuwirken, kann ich kaum erkennen! Aber woher sollten solche Ambitionen auch kommen?

Scheinbar befindet sich ein Großteil der zivilisierten Welt wieder im geistigen Neandertal. Aufrechtgänger mit unsagbarem Einheitsbrei in der Birne, die bis heute nicht geschnallt haben, dass »Bild«-ung ein existenzieller Wert ist, aus dem selbst heraus es sich schon lohnt, tiefere Einsichten und Erkenntnisse in das Leben, das Universum und auch den ganzen Rest der Welt zu gewinnen. Das höchste erstrebenswerte Ziel so mancher unserer Sprösslinge scheint es zu sein, einen Modelvertrag bei Heidi oder einen Plattenvertrag beim Bohlen zu bekommen. Diese Ignoranz schreit gen Himmel und haut gleichzeitig dem Fass den Boden raus! Ein explodierendes Fass voller gequirlter Scheiße! Traurigerweise ist die erforderliche Saat des Wertes grundlegender Einsichten in das magische Theater des Lebens nur bei sehr wenigen Menschen angesetzt. Und stringent abnehmend!

Die Nullbotschaften unserer Medien, mit ihren ach so investigativ recherchierten Brain-Tattoos zur gesellschaftlichen Meinungsmache und Propaganda über richtig oder falsch, sind vergleichsweise Tattoo-Studios aus der Steinzeit oder dem Zombieland. Das gleicht einer Zeit, als der frühzeitliche Cro-Magnon-Mensch noch mit einem kohle- und dreckverschmierten, parodonten Mammutzahnstocher schwarzen Ruß in die Haut des Ötzi eingehämmert hatte. Medien sind Brain-Tattoo-Demons erster Güte. Sie nehmen massiven Einfluss auf unsere Gehirne und malen ihre Freddy-Krüger- und Rosamunde-Pilcher-Pics direkt und ungefragt in unsere Schädel.

An dieser Stelle möchte ich dir jetzt zumindest mal meinen ganzen Respekt ausdrücken. Dafür, dass du im Moment nicht vorm Fernseher sitzt und dir den Schund aus der Glotze reinziehst. Würden sich noch viel weniger Menschen diesen Müll reinziehen, den sie dort produzieren, dann hätten die Verantwortlichen ein echtes Problem. Wenn du also diesen geistigen Dreck nicht fressen würdest, den sie dir vorsetzen, dann gäbe es den ganzen Scheiß gar nicht! Logisch, oder?

Sei mal ehrlich. Fühlst du dich in deiner Denke nicht manchmal zu klein, zu machtlos, zu fett, zu unbeliebt? Als ob du vergessen würdest, wer du bist, als ob du es zulässt, dass man dich manipuliert? Das Letzte, was die Macher hinter den Kulissen wollen, ist eine selbstbewusste und informierte Öffentlichkeit, die in der Lage ist, kritisch zu denken. Sie verfolgen das Ziel, dich möglichst naiv und abgelenkt zu halten. Und sie machen einen verdammt guten Job dabei. Wirst du deine Augen schließen und wegsehen?

Wenn die Welt nur noch aus Halbwahrheiten und Lügen besteht, dann wird die Wahrheit das Einzige sein, was niemand mehr glaubt.

BRAIN-TATTOO-SESSION #12

Zu welchem Zweck konsumierst du die Massenmedien? Wie oft knallst dich einfach nur so vor die Kiste? Warum? Wie realistisch hinterfragst du die vorgegebenen Inhalte? Wie viele Stunden am Tag lässt du dir dein zartes Schädelchen durch toxische Brain-Tattoos mit verunreinigten und stumpfen 12-Zoll-Nägeln penetrieren und infizieren? Schreib deine Antworten auf! Welche Bilder siehst du jetzt, wenn du die Augen schließt?

DIE BRAIN-TATTOO-ATTACKE

Die Absicht ist inzwischen klar, oder? Geld muss fließen, wir sollen kaufen, am besten jeden Tag. Und wenn wir kein Geld haben, ist das auch kein Problem. Alles auf Rate. Kaufen und brav Kinder machen, die auch wiederum kaufen. Die Werbeindustrien ficken uns mit ihren maßgeschneiderten Botschaften rund um die Uhr, von allen Seiten und auf jedem Kanal. Jede Minute, jede Sekunde, milliardenfach.

Bist du auch so ein armes Opfer, das sich beinahe alles Gebündelte, Unnütze, Ausgekotzte und immer wieder bunter und neuer Verpackte andrehen lässt? Oder sagst du jetzt vielleicht: »Hey Alter, ich lass mich doch nicht manipulieren, ich würde das doch sofort merken!«

Du denkst vielleicht, dass sich nur solche Menschen manipulieren lassen, die es vielleicht nie gelernt haben, etwas zu hinterfragen? Menschen, deren einzige Norm das Niveau der Trash-Medien ist? Menschen, die Kochverhalten und Kindererziehung bei *Big Brother*, den *Trovatos*, dem *Bachelor* und bei der *Super Nanny* gelernt haben. Unmündige Menschen, die diesen erbärmlichen Schrott, dieses inszenierte Schmierentheater für die Massen, für das einzig wahre Leben halten?

Okay, es gibt sie tatsächlich, eine zunehmende Gruppe von Menschen, die einfach alles, was ihnen die Glotze sagt, glauben; – überredet! Wobei das streng genommen aber noch nicht unter die Kategorie »Manipulation« fällt, sondern einfach nur unter »Naivität«. Dieser Gruppe von Menschen könnte man im TV auch erzählen, dass die Bananen auf dem Mond krumm gebogen werden. Sie würden dem, allein deshalb, weil es jemand im TV sagt, zustimmen. Um sich aber besser vor Manipulation schützen zu können, wären ein paar bestimmte Dinge interessant zu wissen:

Da gibt es beispielsweise aussagekräftige, echt banale Tests zum Thema Gruppendynamik und Gruppenzwang, bei denen einer mehrköpfigen Gruppe verschiedene, einfache visuelle Aufgaben vorgeführt wurden. Bis auf den zu manipulierenden Protagonisten waren die anderen Gruppenmitglieder eingeweihte Schauspieler, die mit voller Absicht die falschen Antworten gaben. Bereits nach kurzer Zeit schloss sich der verzweifelte Kandidat trotz tiefer innerer Überzeugung, die richtigen Antworten gegeben zu haben, dennoch bewusst den falschen Antworten der Schauspieler an. Warum ist das so, warum macht er das? Hat er sich etwa gegen seinen Willen beeinflussen und somit manipulieren lassen? Seine Überzeugungen verraten?

Ja, das hat er! Seit Jahrtausenden ist ein tief verwurzeltes Grundbedürfnis nach Anerkennung und Dazugehörigkeit in uns vorhanden. Ein Großteil der Menschen hat den Wunsch, nicht gravierend anders sein zu wollen als »die Masse«. Menschen wollen nicht alleine dastehen. Weshalb ist das so?

Ganz abgesehen von der prähistorischen Story und der damit verbundenen Angst, ganz alleine gegen den Säbelzahntiger kämpfen zu müssen, passen wir uns der Gruppe an. Seit jeher suchen wir in Gruppen Schutz und Sicherheit. Deshalb haben wir uns zu Rudeltieren, also zu sozialen Wesen, entwickelt. Uns ist wichtig, was die Leute um uns herum denken. Schließlich wollen wir anerkannt und nicht ausgegrenzt werden. Wir wollen auch nicht als Unruhestifter gelten. Selbst wenn wir den anderen Gruppenmitgliedern nicht glauben, schließen wir uns ihnen dennoch an. Geht's noch? Ich dachte, wir sind alle selbstbestimmte Individualisten! Wenn du dich also fragst, warum Menschen so viel mit sich machen lassen, ohne endlich zu sagen: »Hey Alter – jetzt reicht's aber«, dann hat das mit mehreren Faktoren zu tun.

An erster Stelle steht tatsächlich die Angst, man könnte unangenehm auffallen. Die Sorge, was deine Familie, was deine Nachbarn, was deine Arbeitskollegen über dich denken könnten, ist dir wichtig? Denn wie du weißt, tun Menschen eben aus dieser Angst heraus auch Dinge, die sehr oft völlig unlogisch sind. Deshalb trauen sich auch nur wenige, einen einmal von der Mehrheit akzeptierten Konsens anzuzweifeln. Und sei es noch so offensichtlich, dass die Story gnadenlos gen Himmel stinkt und etwas daran nicht stimmen kann. Jetzt könntest du es dir ja einfach machen und das sagen, was viele sagen: nämlich dass ein Großteil der Bevölkerung einfach zu ignorant oder zu dumm ist. Aber ist das wirklich so? Nicht unbedingt, das kann auch ganz andere Gründe haben.

Dazu mal Folgendes: Jeder Mensch hat ein bestimmtes Weltbild eingenagelt. So ein geordneter Blick auf die Welt gibt den meisten Menschen vor allem eines, nämlich das Gefühl von Sicherheit. Zum Beispiel sind gemäß westlichem Weltbild die USA die Guten – völlig egal was sie tun.

Okay, und jetzt überleg einfach mal, was passiert, wenn da einer vorbeikommt und sagt: »Hey, das meiste ist ganz anders, der Großteil deines bisherigen Weltbildes und deine vom Mainstream übernommene Einteilung in Gut und Böse ist in vielen Bereichen völlig falsch!« Also, was glaubst du, was passiert, wenn du einem Menschen, der seit Jahrzehnten von der Richtigkeit seines Weltbildes überzeugt ist, erzählst, dass sein gewohnter Blick auf die Welt total verschoben ist? Denkst du, er wird happy darüber sein, dass du ihn jetzt mit deiner Wahrheit überschüttest? Oder wird er nicht eher erst mal in Abwehr gehen und die Rollladen herunterlassen? Weil ihm das, was du sagst, Angst machen muss! Denn wenn du recht hättest, würde er sich eingestehen müssen, dass er jahrelang Lügen geglaubt hat. Und er würde ab sofort eine ganz andere Sichtweise haben als die meisten seiner Freunde, seiner Arbeitskollegen, seiner Bekannten, seiner Familie. Dabei riskiert er vielleicht sogar, sich als Spinner bezeichnen lassen zu müssen. Und die bei Weitem gravierendste Veränderung dabei wäre, dass er ein angenehmes sicher geglaubtes Weltbild verliert, welches er gegen, aus seinem Blickwinkel betrachtet, nichts Gutes eintauscht.

Die Wahrheit fühlt sich nicht unbedingt immer besser an als eine Lüge.

SYMPATHY FOR THE DEVIL?

Ist es also vielleicht die eigene Angst, mit der sich viele selbst auf der von der Gemeinschaft gewünschten Linie halten? Ein bisschen Terror-Mache und Gesetze werden widerstandslos durchgewunken. Ein paar »Bürger« werden aufsässig und beschweren sich – kein Problem –, lasst sie uns in den Medien lächerlich machen, dann gibt's schon keine Nachahmer mehr, denn niemand will zu denen gehören, über die man lacht. Wie jetzt, es gibt immer noch Leute, die eigenständig denken? Dann lass uns das Ganze jetzt einmal langsam angehen.

Was macht ein Frosch, wenn du ihn in ein Gefäß mit heißem Wasser setzt? Logisch, der springt sofort wieder raus – tut ja auch weh! Setzt du ihn aber ins kalte Wasser, bleibt er sitzen. Wenn du jetzt die Temperatur ganz langsam erhöhst, merkt der Frosch das gar nicht. Und wenn das Wasser kocht, ist der Frosch schon tot.

Fortgeschrittene Gesellschaften haben ein ähnliches Reaktionsvermögen wie ein Frosch im heißen Wasser. Gewöhnt man sie langsam an sich verändernde Umstände, dann merken sie davon nicht viel. Stichwort: Vorratsdatenspeicherung, Kameraüberwachung auf öffentlichen Plätzen usw. Die Masse der Bevölkerung reagiert genauso wie ein Frosch im langsam heißer werdenden Wasser. Allerdings funktioniert das nicht bei allen Menschen so zuverlässig wie bei einem Frosch. Denn der Mensch ist kein Kaltblüter, sondern ein emotionales und, zumindest vereinzelt noch auftretendes, sich jedoch in einer auffällig abwärts bewegenden Spirale hin zu einer aussterbenden Spezies bewegendes, eigenständig denkendes Wesen.

Daher wird die Bevölkerung noch mit zusätzlichen Maßnahmen bearbeitet. z.B. mit De-Sensibilisierung. Diese Methode funktioniert so, dass man dafür sorgt, dass der Mensch gefühlsmäßig abstumpft. Bombardiere ihn täglich im TV mit sinnloser Gewalt, Krimis, *Tagesschau*, *Tatort* usw. Sorge sogar zu Weihnachten mit Filmen wie *Stirb langsam*, *Alien* und dem *Terminator* für eine gewisse unterschwellige Grundaggression. Die dann irgendwann als normal angesehen wird und die Menschen eben unempfindlich für äußere Aggression wie zum

Beispiel gegen die Staatsgewalt in Form des Finanzamtes oder der Behördenwillkür macht.

Eine weitere Methode ist, dafür zu sorgen, dass der Mensch sich mit komplettem Schwachsinn ablenkt und diesen Rotz alsbald für völlig normale und reale Freizeitbeschäftigung hält. Du fragst nach dem Sinn des Lebens oder wer dich kontrolliert; ist doch völlig egal, spiel einfach mit Luftballons, hey, und denk nicht kritisch; sieh einfach Erwachsenen zu, wie sie mit Luftballons spielen; – das ist cool! Denn es ist doch viel interessanter herauszufinden, ob eine halb nackte Frau auch auf High Heels in der Lage ist, Luftballons zu fangen, als sich tiefere Einblicke in die Machenschaften der Regierenden zu verschaffen, oder?

Noch eine Methode ist es, die Menschen mit Sex, ob in Musik-Videos, der Werbung, in Filmen, oder TV-Serien, zu überfrachten. Damit fängt man am besten schon bei den ganz Kleinen an. Wie beispielsweise mit Lady-Gaga- oder Rihanna-Barbie-Puppen für Kids ab drei Jahren. Und diese »Vor«-Bilder werden von den Kids dann zufällig beim Betrachten von *Wetten, dass ..?* gesehen, wie sie sich lasziv und exzessiv inszeniert, von irgendwelchen gelockten Sixpack-tragenden Super-Latinos kunstvoll drapiert Show-poppen lassen. Scheint die reale Welt zu sein!? Alter Spalter, mach einfach mal die Augen auf. Das nenne ich perverse »Kinderhirn-Fickerei de luxe«, die schon fast nach Selbstjustiz brüllt!

Was soll damit erreicht werden? Ein Bereich unseres Gehirns ist das sogenannte Reptilienhirn. In diesem entwicklungsgeschichtlich ältesten Bereich unseres Gehirns werden automatisch alle instinktiven Abläufe organisiert. Dinge wie unser »Überlebens-Verhalten«, der Flucht- und Kampf-Reflex, Hunger, Sexualität, Immunsystem, Atmung, Herzschlag usw. Wenn man aber diesen Bereich des Reptilienhirns ständig überreizt und permanent, gnadenlos mit Sex, Gewalt usw. zutätowiert, dann lässt das die Menschen irgendwann in einem mächtig lethargischen Dämmerschlaf versinken, der dem Zustand der massiven Egalität und Abgestumpftheit eines total zugeknallten Prinzen Valium gleicht. De-Sensibilisierung!

Und natürlich kommt erschwerend hinzu, dass, wenn der Mensch sich vor lauter unbefriedigter Notgeilheit beim zeitgleichen frustmäßigen Fast-Food-Pizza-Fressen vor der Glotze abgelenkt, er sich nicht mit wirklich wichtigen und relevanten Dingen beschäftigen muss. Die Menschen sind auf der permanent angefixten Jagd nach dem schnöden Mammon eingezwängt in das starre Korsett des täglichen Roboten-Gehens. Der Gedanke, dass die Gesellschaft auch anders sein könnte, wird ihnen somit systematisch ausgetrieben.

Vor sogenannten Mächtigen müsste eigentlich niemand Angst haben, denn das sind nur ein paar wenige, im Verhältnis zur Gesamtbevölkerung. Wohl aber vor deren »Erfüllungsgehilfen«, und das sind WIR, beziehungsweise die Bevölkerung, die aufgrund Manipulation und Angst so gut wie ALLES macht, was man ihr sagt.

Anmerkung: Dass Journalisten keineswegs objektiv und kritisch berichten, bzw. objektiv berichten dürfen, ist doch auch klar. Ein wichtiger Punkt der Pressefreiheit, der in Deutschland fast nie zur Sprache kommt, ist die innere Pressefreiheit in den Redaktionen. Es ist nicht so, dass, wenn der Redakteur oder der Reporter, der eine Sache recherchiert hat, und etwas für richtig oder falsch erkannt hat, das dann auch automatisch so im Blatt erscheint. Sehr häufig kommt es vor, dass ein Journalist, der hervorragende Arbeit macht, der erstklassig schreibt und recherchiert, nicht das schreiben darf und kann, was eigentlich der Wahrheit entspricht. Es ist also völlig weltfremd anzunehmen, dass wir eine freie Presse hätten!

Medien sind von der Wirtschaft und Industrie gesponserte Unternehmen, deren Job die Meinungsmache ist! Unternehmen verfolgen stets eine Gewinnerzielungsabsicht!

Ach ja, da sind ja noch die nicht instrumentalisierten Sippschaften der öffentlich-rechtlichen Medienanstalten mit ihren unabhängigen Verwaltungsräten, die aus Politikern bestehen. Die Mitglieder der Verwaltungsräte sind Getreue der Parteien! Die Politik regiert in die Medien hinein! Das ist ein wahnsinniges Konstrukt und eine vollkommen unmögliche Situation, dass die Politik – über die berichtet werden soll – bestimmen kann, wer über sie berichtet. Was früher in den Hinterzimmern ausgekaspert wurde, wird heute ohne Umschweife durch die Medien gejagt und öffentlich gefordert. Die Medien spielen auf der Bedeutungsskala der Politik doch gar keine Rolle mehr. Die Pressefreiheit ist eine vernachlässigbare Größe geworden.

BRAIN-TATTOO-SESSION #13

Are you brainfucked? Yes or no? Wie fühlt es sich an, das zu erkennen? Bist du eigentlich sicher, auf der »richtigen« Seite zu stehen? Woran machst du das in deiner Denke fest? Was wäre, wenn die Demokratie, in der wir leben, gar nicht mehr existiert? Und die Republik eben zu jenem Bösen geworden ist, das du von Herzen bekämpfen wolltest und solltest? Welches Bild, welche Farben, welche Symbolik siehst du?

HOMO BRAINFUCKED?

Wie also schützt du dich nun vor den ganzen Attacken und Gedankenmassakern auf dein zartes Schädelchen? Und woran erkennst du diese?

Im Grunde ist es ganz einfach: Stärke dein Denkvermögen und trainiere deine Synapsen, sodass du logische und offensichtliche Widersprüche als solche erkennst. Tätowiere dein Gehirn selbst. Durch Training wird dein Realitätssinn geschärft, sodass du dich nicht mehr aus der Wirklichkeit fortlügen kannst und dich aus deinem Selbstbeschiss befreist.

Sorge dafür, dass dein Rückgrat stabilisiert wird, sodass du nicht schon beim kleinsten Anzeichen von Widerstand deine Fähigkeit zum aufrechten Gang verlierst.

Würden die Menschen damit beginnen, diese drei einfachen Punkte zu leben, wäre es um die Macht der Doofen, der Engstirnigen, der Ewiggestrigen bald geschehen. Ist es nicht eine grandiose Illusion von mir zu glauben, dass sich die Menschheit von dieser grandiosen Illusion befreien könnte?

Denkvermögen, Realitätssinn, Rückgrat der Menschen stärken? Wie realistisch ist das? Ist die Stimme der Vernunft nicht viel zu schwach, als dass sie sich gegen all das Marktgeschrei, all das Glockengeläute, all das Politikergezänk, all die Muezzinrufe der Mahner und Warner durchsetzen könnte? Sigmund Freud gab einst zu bedenken: »Die Stimme des Intellekts ist leise, aber sie ruht nicht, ehe sie sich Gehör verschafft hat. Am Ende, nach unzählig oft wiederholten Abweisungen, findet sie es doch.« Diese Aussage ist einer der wenigen Punkte, denen zufolge man für die Zukunft der Menschheit optimistisch sein darf.

Wenn mich nicht alles täuscht, dann dürften wir in heutiger Hinsicht sogar noch etwas optimistischer sein als beispielsweise in den 1930erJahren. Immerhin können heute, dank des Internets, auch solche Meinungen kommuniziert werden, die früher vom politischen Establishment rigoros unterdrückt worden wären. Dass das Fallen der Kommunikationsbarrieren weitreichende Folgen hat, ist offensichtlich. An allen Ecken und Kanten des globalen Systems formieren sich Widerstandsbewegungen.

Die Hüter der etablierten Ordnung sitzen längst nicht mehr so fest in ihren Sätteln wie in vergangenen Zeiten.

STRAIGHT AHEAD!

Politik gehörte viele Jahre definitiv nicht zu meinen »besonderen Interessen«! Klar, die Nachrichten hatte ich mir gelegentlich angesehen, und wenn es sich ergeben hatte, war auch mal eine politische Talkshow dran. Hin und wieder lag der *SPIEGEL*, der *Stern*, die *ZEIT* oder sonst auch irgendeine Zeitung irgendwo herum. Aus heutiger Sicht aber würde ich sagen, dass ich bis dahin nicht die geringste Ahnung hatte! Damit will ich natürlich keinesfalls suggerieren, dass ich mittlerweile den »Ober-Plan« hätte, aber meine Range hat sich zwangsläufig erweitert. Das Erschreckende dabei ist, wenn mich damals jemand nach meiner politischen Meinung gefragt hätte, dann hätte ich vermutlich sogar eine gehabt! Und zwar basierend auf dem, was mich die Nachrichten, die von Wirtschaft und Politik gesponserten Käseblätter und die Polit-Talkshows hatten wissen lassen. Zum Glück hatte mich nie jemand gefragt!

Was aber hat denn nun mein politisches Interesse aktiviert? Im September des Jahres 2001 war ich zum Ende meiner Depression in einer stationären Reha in Wilhelmsdorf bei Ravensburg zu Gast. Dieser letzte und das Fass wirklich zum Überlaufen bringende Aufenthalt in einer staatlichen Brain-Tattoo-Anstalt war, wie in *The Fire of Change* beschrieben, mein Break-even, die knallharte Verantwortung für mein Leben zu übernehmen und damit zu beginnen, meinen eigenen Weg zu gehen.

An diesem 11. September 2001 jedenfalls kam ich recht entspannt vom meditativen Action-Painting zurück auf mein Zimmer und freute mich darauf, ein dezentes Mittagsschläfchen zu machen. Der Anschlag auf das World Trade Center wurde im TV gezeigt. Kriegszustand im kleinen depressiven Rainer. Meine innere Entspannung war schlagartig dahin. Alle Lampen auf Rot! Adrenalinausschüttung hoch zehn! Mein erster spontaner Gedanke war, dass dieser Horror ganz klar von den Amis selbst inszeniert worden sein müsse!?

Als ich mir bei meinem Therapeuten ein Sedativum abholen wollte, war seine Antwort auf meinen massiven Erregungszustand diese hier: »Ja ne Biesinger, ist klar – du bist und bleibst eben eine schizoide Persönlichkeit; fang endlich damit an, dir deinen Geisteszustand einzugestehen und ordne dein Weltbild.« Tatsächlich hatte ich zum damaligen Zeitpunkt wirklich genug mit mir und meinem Seelenheil zu tun. Also befasste ich mich als williger, aber dennoch kurz vorm Durchdrehen stehender Patient weiter mit mir selbst und blendete diesen vermeintlich geisteskranken Input erst einmal aus. Ich verdrängte die Wahrnehmung der weiteren Berichterstattungen in den Medien und ging sämtlichen Diskussionen zu diesem Thema aus dem Weg. Ich erkannte, dass mir dieses Shock-Treatment-Brain-Tattoo des 9/11-Anschlages mitsamt all seinen damit verbundenen verwerflichen Energien nicht guttat. Also verkroch ich mich weiter in meine eigene Welt der schützenden Käseglocke und schirmte mich zunächst konsequent von der Außenwelt ab.

BRAIN-TATTOO-SESSION #14

»Geht mich nichts an!«, »Davon will ich nichts wissen!« Kennst du solch ein Verhalten, eine Strategie im Umgang mit Unangenehmem auch? Wobei lässt du die Rollläden runter? Wann und bei welcher Gelegenheit machst du zu? Was bringt dir das? Wie ist es in derartigen Momenten um die von Sigmund Freud erwähnte Stimme deines Intellekts bestimmt? Wo ist deine dich schützende Käseglocke? Wann und wie kannst du dich zurückziehen und ganz alleine du selbst sein? Vergiss nicht, deine Gedanken zu notieren. Welches Bild gibt es dazu?

Irgendwann später kamen öffentliche Berichte und Reportagen ans Licht, die den Anschlag zu 9/11 tatsächlich infrage stellten. In meinem zarten Schädel konnte ich die gegensätzlichen und widersprüchlichen Berichterstattungen nicht schlüssig sortieren. Ich begann damit, zu denken und mir die eine oder andere Frage zu stellen. Als in diesen Dokus weiterhin versucht wurde, sogenannte Verschwörungstheoretiker mit vermeintlich beiläufigen Bemerkungen lächerlich zu machen, wurde ich immer wachsamer und auch neugieriger. Aussagen wie z.B. »Vielleicht glauben diese 9/11-Verschwörungstheoretiker ja auch an UFOs« irritierten mich doch sehr. Warum wurde hier so massiv suggeriert, dass es sich bei 9/11-Skeptikern nur um eine Bande kompletter Vollidioten handeln könne? Ich wollte Genaueres wissen, ging ins Netz und fing an, mich in die verschiedensten Berichterstattungen einzulesen und mir Videos anzusehen. In der ersten Zeit konnte ich gar nicht aufhören damit. Wann immer ich Zeit hatte, versuchte ich, die Plausibilität der Argumente nachzuvollziehen und nachzuprüfen. Viele, auch hochkarätige, Statements waren einfach nur daneben, widersprüchlich und konfus. Das machte mich wütend und verunsicherte mich und mein inzwischen recht stabiles Weltbild erneut. Ich war massiv verwirrt, schockiert, mächtig perplex, und es kam mir vor, durch die Politik und ihre angeschlossenen Medienorgane komplett verarscht zu werden.

Und natürlich hörte das mit Nachforschungen rund um 9/11 nicht auf. Im Gegenteil, das war erst der Anfang meiner Suche nach der Wahrheit. Ich hatte meiner Family, meinen Bekannten und Freunden, also allen, die es hören wollten, und auch denen, die noch gar nicht wussten, dass sie es hören wollten, von 9/11 und auch den mir weiter bekannt gewordenen, vergangenen diversen und eindeutig nachgewiesenen Politverbrechen und den sogenannten »Inside Jobs« so mancher Regierung erzählt. Ich konnte es gar nicht für mich behalten. Ich drohte zu zerplatzen, ich hatte Angst, dass es mich innerlich zerreißt. Ich tobte und brauchte ein Ventil! Ich begann zu schreiben. Die Brain-Tattoos der Recherche mussten wieder raus aus meinem Hirn. Sie mussten separat strukturiert, sortiert und neu skizziert werden! Zum damaligen Zeitpunkt war ich so geflasht und außer mir vor Wut, dass ich mich auch aus Angst heraus haarscharf in die Selbstaufgabe der nächsten Depression schaukelte.

Nie wieder, das hatte ich mir einst geschworen, will ich mich von irgendeiner Abhängigkeit ficken lassen. Auch nicht von einem Arschloch namens Angst.

Und schon gar nicht von der damit verbundenen Abhängigkeit von Menschen, Organisationen, Institutionen und Regierungen, die stets meinen zu wissen, was das Beste für mich sei. Meine gefühlte Hilflosigkeit konnte also nur durch neue und »richtige« Brain-Tattoos ausgehebelt werden. Da ich sowieso als »nicht therapierbar« galt, war weiterer Seelenschmerz vorprogrammiert.

Einerseits bestätigten mich meine Nachforschungen in der Tatsache, an erster Stelle auf mich selbst zu achten und nach mir selbst schauen zu müssen. Andererseits aber recherchierte ich unbeirrt weiter. Ich wollte die übergeordneten, komplexen Zusammenhänge des globalen Wahnsinns weiter verstehen können. Ich musste es tun. Für mich! Ich wollte meinem imaginären Feind tief ins Auge blicken und ihn kennenlernen! Als Krieger in der Schlacht des Lebens will ich wissen, wo mein Feind seine Achillesferse hat und wo er zur Not auch verwundbar ist.

Das Ergebnis meiner Recherchen führte dazu, dass ich mittlerweile so gut wie alles hinterfrage. Die mir zur Verfügung gestellten Brain-Tattoo-Farben lasse ich stets durch die hauseigene Institution meines Brain-Tattoo-TÜVs überprüfen. Bevor ich mir diese Pigmente ins Hirn implantieren lasse. Um mich selbst zu schützen.

»Wie bitte?« Irgendein Diktator soll mal wieder als besonders grausam auffallen!? »Aha!« Na dann will ich doch erst einmal schauen, welche Bodenschätze dort vorkommen oder für wen dieses Land gerade strategisch besonders günstig liegt. Oder wie war das mit den Massenvernichtungswaffen, die der Irak angeblich gehabt haben soll? Ach, der angebliche Hauptangriffsgrund gegen den Irak war eine Lüge? Und auch die Story mit den Irakern, die die Babys angeblich aus den Brutkästen auf den Boden geschmissen haben sollen, war inszeniertes Theater, um die Amis in Kriegslaune gegen den Irak zu bringen. Und was? Auch die Gründe, die zur NATO-Beteiligung im Kosovo geführt hatten, waren nachweislich gefakt. Das gezeigte Massaker an der Zivilbevölkerung wurde als Lüge identifiziert. Ich hatte es mehr und mehr satt, ständig angelogen zu werden. Sie logen bei 9/11, bei Kennedy, in Bezug auf Vietnam, Korea, den Irak, Syrien, Libyen, Ukraine, sie lügen und lügen.

Wie war das 1933, als Adolf Hitler den Reichstag in Brand stecken ließ? So was nennt man eine False-Flag-Attacke. Der Ausdruck »falsche Flagge« ist ein nachrichtendienstlicher, politischer und militärischer Begriff, der ursprünglich aus der Seefahrt stammt. Er bezeichnet eine verdeckte Operation, die meist von Militärs oder Geheimdiensten durchgeführt wird. Er dient zur Verschleierung der Identität und der Absichten des tatsächlichen Urhebers und wird meist irgendwelchen Dritten zugeschrieben. Durch False-Flag-Operationen wurden in der Geschichte nachweislich Kriegstreiberei, inszenierter Terrorismus, Destabilisierung ganzer Nationen, Diskreditierung ganzer Volksgruppen und vieles mehr begründet.

Adolf Hitlers Ansage nach dem Reichstagsbrand: *»Es gibt jetzt kein Erbarmen; wer sich uns in den Weg stellt, wird niedergemacht. Das deutsche Volk wird für Milde kein Verständnis haben. Jeder kommunistische Funktionär wird erschossen, wo er angetroffen wird. Die kommunistischen Abgeordneten müssen noch in dieser Nacht aufgehängt werden. Alles ist festzusetzen, was mit den Kommunisten im Bunde steht. Auch gegen Sozialdemokraten und Reichsbanner gibt es jetzt keine Schonung mehr.«*[7]

Wenn du nicht mehr weißt, wie die Geschichte weiterging, erkundige dich!

»In der Politik geschieht nichts zufällig! Wenn etwas geschieht, kann man sicher sein, dass es auf diese Weise geplant war!«[8] Frank Delano Roosevelt, US-Präsident

»Das Illegale tun wir sofort. Das Verfassungswidrige dauert etwas länger.« Henry Kissinger, Friedensnobelpreisträger, US-Präsidentenberater, Ex-Außenminister [9]

Wie ist es generell um dein Geschichtswissen bestellt?

PORN FREE

Die Freiheit merkt man leider erst dann, wenn sie weg ist. Sie ist wahnsinnig fragil! Wenn du siehst, wie andere Menschen leben, solltest du dir deine Freiheiten mal ganz schnell klarmachen! Dazu musst du erst gar nicht bis Pakistan oder Afghanistan oder Tadschikistan, Usbekistan, Kasachstan, Kurdistan, Iran, Irak, Syrien, Katar Jemen, Saudi-Arabien, Indien, Bangladesch, China, Malaysia, Philippinen, Mali, Mauretanien, Kongo, Sierra Leone, Libyen, Ägypten, oder … Amerika gehen. Dazu reicht es schon in Deutschland, nach Griechenland oder Spanien zu schauen. Da springen die Menschen wegen ihrer Hypotheken aus dem Fenster oder verkaufen für die Freiheit ihre Nieren.

Diese Aufzählung der globalen Hexenkessel ließe sich sicherlich problemlos fortführen. Doch bereits diese »kleine« Liste zeigt für mich die neue Qualität des Weltgeschehens, mit der wir es zu tun haben. Und sag jetzt bitte nicht: »Kriege hat es schon immer gegeben!« Nein, mein Freund, es ist nicht normal, sich stets die Schädel einzuschlagen!

Kann es sein, dass das Prinzip der Weltpolitik wie folgt lautet? Würfle alle Völker, Ethnien, Religionen und Kulturen durcheinander. Zerstöre, wenn nötig mit Gewalt, alle gemeinschaftlichen Strukturen. So lange, bis am Ende keiner mehr weiß, wo er herkommt, wer er ist und wo er hingehört. Zermürbe die Menschen bis sie nicht mehr wissen, was hinten und vorne ist, und zwinge sie dann in die Knie. So lange, bis sie dir in allem zustimmen, was du von ihnen verlangst? So lange, bis die Menschen freiwillig die letzte Bastion der Freiheit und Souveränität aufgeben? Kann ein solcher Plan aufgehen? Ich denke, das tut er bereits.

Zum Beispiel sind all der Zorn, all die Wutausbrüche verängstigter europäischer Bürger gegenüber Flüchtlingen aktuell in gewisser Weise nachvollziehbar, aber es trifft die Falschen. Es kann mir keiner erzählen, dass diese Ereignisse nicht schon seit Langem vorhersehbar waren. Also sind sie doch zwangsläufig gewollt und gesteuert, oder? Während die Ärmsten der Armen versuchen, etwas vom schwindenden Wohlstand des europäischen Mittelstandes abzubekommen, reiben sich die reichsten zehn Prozent auf Erden die Hände. Mit Hilfe der Politik und Notenbanken werden sie tagtäglich reicher.

Ich wünschte, wir würden nach dem Verursacherprinzip handeln. Doch das setzt den Mut und den Sachverstand eines jeden Einzelnen voraus. Die meisten Menschen jedoch scheuen das Risiko und dreschen lieber auf Schwächere als auf Stärkere ein.

Was ist der Mensch doch für eine armselige und feige Kreatur!

In diesem Sinne wird die Presse also weiter »kritisch«, aber »politisch korrekt« über die Flüchtlingsströme berichten, über brennende Asylantenheime und untragbare Zustände. Es werden weiter Zehntausende Flüchtlinge im Mittelmeer ertrinken, und das tolerante weltoffene europäische Bildungsbürgertum wird in sozialen Netzwerken seine Bestürzung darüber zum Ausdruck bringen. Ein paar Rechtsradikale werden die Sündenböcke sein. Politiker werden weiter überrascht und sehr besorgt tun und mit dem Thema weiter Stimmung in Bierzelten machen, um von ihren eigenen Versäumnissen oder Verbrechen abzulenken.

Mit stoischer Gelassenheit sitzt der brave deutsche Michel vor seinem Fernseher und lässt sich von zwangsfinanzierten öffentlich-rechtlichen Nachrichten berieseln und die Welt erklären. Ab und zu blitzt auch dort Unangenehmes auf, das aber sofort schön in Rosa verpackt als nicht so wichtig oder gar schlimm und Furcht einflößend dargestellt wird. »Wir schaffen das!« Denn zum Glück gibt's ja die Fußballbundesliga, die einem das wohlverdiente Wochenende versüßt.

Die Leute glauben diese Wahrheiten und lassen sich diese Brain-Tattoos ungefiltert in die Birne nageln. Sie glauben auch, dass Haribo Kinder froh macht. Haribo macht die Haribo-Verkäufer froh! Der Zitronenfalter faltet Zitronen, die CDU ist christlich, Frauen sind gleichberechtigt, die Erde ist eine Scheibe, Wirtschaftswachstum schafft

Arbeitsplätze, die Sklaverei ist abgeschafft, Campino ist ein Punk, und Lee Harvey Oswald hat Kennedy erschossen. Aus drei Richtungen in sechs Sekunden. Wahrscheinlich war Lee Harvey gedopt, so schnell, wie der laufen konnte. Der schnellste Läufer seiner Generation. Wenn rauskommt, dass Oswald gedopt war, wird der Kennedy-Mord annulliert. Aber das darf ja nicht rauskommen; erst 2038 glaube ich.

Und wir hier stellen uns die bange Frage, ob Stefan Raab jemals wieder in der Kiste zu sehen ist. Noch nie war die Menschheit zwischen Genf und Stockholm so sicher und satt wie heute. Und wir sind mitten drin. Besser kann es doch nicht mehr werden, oder? In den letzten drei Generationen haben wir wie die Heuschrecken alles abgegrast was geht. Wir haben es gehabt.

Unsere Großeltern haben noch gefroren, unsere Enkel werden wieder frieren. Kannst du dir vorstellen, was dann hier los ist?

TURN THE PAGE

Was hältst du zur Abwechslung mal hiervon: »Die blöden Banker, Politiker, Journalisten! Immer die ›da oben‹. Denen ›da oben‹ muss man doch mal den Spiegel vorhalten.« Denen »da oben«!? Hat das nicht so etwas Vordemokratisches an sich? – Alter, diese Denke kommt doch noch aus der Feudalzeit! Ich finde solche Vorwürfe ziemlich billig. Das macht jeder Stammtisch ab 0,5 Promille im Turm, und das kostet ja auch so gut wie nichts. Wäre es vielleicht eine Alternative, uns endlich mal selbst den Spiegel vorzuhalten? Dann ist Bewegung drin, und dann tut sich was, glaub mir!

Wir sind doch der Souverän. Wieso eigentlich entmachten wir uns andauernd selbst, indem wir unsere Macht an die »da oben« abgeben?

Her mit der Selbstermächtigung! Wir haben es doch in der Hand. Lieber wird sich in eine ohnmächtige Opferrolle verkrochen, und alle sind sich einig darüber, dass die »da oben« doch so scheiße sind.

Wem nützt das? Wo ist unser Anteil an der Misere? Der kommt mir immer zu kurz. Was die »da oben« falsch machen ist ja wohl hinlänglich bekannt. Das steht ja auch jeden Tag in knapp 18.000 Tageszeitungen, Revolverblättern und Gazetten. Was wir selbst aber jeden Tag so verkacken, das steht in keiner Zeitung. In der Regel haben wir doch auch unsere Anteile an dem Ganzen. Ich meine, dass uns die »da oben« verarschen, das ist bekannt, seit Gutenberg den Buchdruck erfunden hat. Den übrigens gar nicht Gutenberg erfunden hat, sondern die Chinesen 600 Jahre zuvor. Letztlich geht es doch nicht wirklich um die Informationen an sich. Aber um was dann? Was steckt dahinter?

Heutzutage kann sich jeder Siebtklässler jeden Heckler-Krauss-Maffei-Wegmann-Koch-Skandal mit Schießgewehren zusammengoogeln. Mit 25 Mausklicks hast du jeden Goldmann-Sachs-Skandal durchschaut. Das ist jetzt auch gar nicht relevant, das kennt und weiß jetzt jeder. Aber was ist mit uns? Wir haben doch gesehen, wie 2008 nach der Lehman-Brothers-Pleite der Alan Greenspan, der Papst der Neoliberalen, wie so ein Schuljunge vor dem Senatsausschuss gesessen hat. Mit knallroten Ohren hat er sich in Grund und Boden geschämt und sich so getäuscht. Wir haben doch alle gesehen, dass das Ganze von hinten bis vorne total eine gnadenlos abgefuckte Nummer war. Hat sich unser Verhalten an der Börse seitdem geändert? Welche Konsequenzen wurden daraus wirklich gezogen?

Kann es sein, dass wir überhaupt nicht dazu bereit sind, unseren vollgefressenen Wohlstandsarsch auch nur einen Millimeter aus unserer sogenannten bequemen Komfortzone namens Furzmulde herauszubewegen? Neulich habe ich eine Talkshow gesehen, bei der einer dieser Talkgäste folgende Frage stellte: »Wie wollen wir denn die Zukunft nun besser machen? Und fangen Sie jetzt bitte bloß nicht damit an, dass wir Biolebensmittel kaufen und auf McDonald's verzichten sollen!«

Wieso denn nicht? Wie und wo sollen wir sonst anfangen? Immer gleich den großen Bogen denken, aber keine Bereitschaft, die kleinen Trippelschritte am Anfang zu machen. Was wollen wir denn? Wasch mir den Pelz, aber mach mich nicht nass? Das kann nicht mehr lange funktionieren! Immer ist jemand schuld! Die Ackermänner? Ja, dass die mit einem Mausklick Milliarden vernichten können, ist klar. Klar ist aber auch, dass wir diejenigen Parteien, die die Börsenumsatzsteuern einführen wollten, auch nicht wählen wollten, oder? Wir sind es doch, die die Macht haben, oder?

Immer ist jemand schuld. Wir machen uns das sehr einfach! Wie wäre es mit Erwachsenwerden?

Die Merkel ist an allem schuld, Seit zehn Jahren lese ich nun all diesen Schwachsinn in den Zeitungen. Die Merkel ist schuld an unserer Lähmung, an unserer Lethargie und auch daran, dass wir so a-politisch sind. Die muss ja mächtige Zauberkräfte haben, die Frau Merkel. Das ist ja ungeheuerlich. Was stellen wir uns damit für ein erschütterndes Armutszeugnis aus? Was sind wir eigentlich für Weicheier, wenn wir uns von einer Frau Merkel lähmen lassen können? Langsam glaube ich, dass die Leute in Deutschland vom Grundsatz her enttäuschte Demokraten sind. Im Grunde ihres Herzens sind sie doch Royalisten, die wie im Mittelalter geführt werden wollen und sich einen König wünschen, damit sie ihn andererseits für unfähig erklären können.

Was ist das, was da läuft, eigentlich für ein fucking Obrigkeitsding? Oder besser gesagt, für ein Untertanending? Die Frau Merkel ist schuld daran, dass wir bei Amazon einkaufen und bei Starbucks Kaffee saufen? Und daran, dass wir alle zwei Jahre das neue Samsung-Giga-Dingsbums-Galaxy kaufen? Und dass wir für 19,95 Euro dreimal im Jahr durch Europa jetten? Die Merkel ist auch schuld daran, dass wir nicht mehr zur Wahl gehen? Bei mir hat die Zauberkraft der Frau seltsamerweise nie gewirkt, ich gehe trotzdem weiter zur Wahl.

»Ja, da kann man heute doch nicht mehr unterscheiden, bei so einer Wahl.« – »Früher da gab es Strauß und Wehner.« – »Da gab es Schwarz und Weiß, Hell und Dunkel, Falsch und Richtig, Wir und Die«. Aber diese Zeit ist halt nun mal vorbei! Falls du es noch immer nicht geschnallt haben solltest, wir leben inzwischen im Jahr 2016 A.D. Wenn du dich mal wieder in der glorreichen Vergangenheit suhlst, dann schau zwischendurch einfach mal auf deinen Kalender, das holt dich sehr schnell wieder auf den Teppich des Hier und Jetzt zurück. Seit Willy Brandt und Helmut Schmidt haben sich tatsächlich so einige Parameter des weltweiten Brain-Tattooings verändert. Wie sieht's mit deinen Brain-Tattoos aus? Sind diese überhaupt aktuell? Bist du noch dran, an der Nadel?

Versuche heute mal einen Jogginganzug, einen Dildo oder einen DVD-Player zu kaufen, der nicht aus einem elenden Polizeistaat kommt, mit dem wir ansonsten am besten nichts zu tun haben wollen. Jetzt wundert man sich über den »Clash of Cultures«. Wie wäre es zur Abwechslung mal damit, bei dir anzufangen und auf die frei Haus gelieferten koreanischen Masturbatoren und Sextoys zu verzichten? Es gibt auch deutsche Qualitätsprodukte.

Die Merkel alleine dafür verantwortlich zu machen, dass du so träge bist, wäre ja noch schöner. Wir wären viel aktiver, wenn wir eine aktivere Kanzlerin hätten. Aber so – no way! Glaubst du eigentlich den ganzen Scheiß, den du dir da ständig ins Ohr blasen lässt, selbst?

Einmal im Monat ziehst du dir eine Jammertalkshow über Amazon, Starbucks und Apple rein. Du erkennst, dass es genau diese Schweinesysteme sind, die die Natur und die Menschen ausbeuten, kaum Steuern bezahlen und dadurch unsere Einzelhändler und Buchhändler plattmachen! Dann kauf nicht mehr bei Amazon! Lass es halt! Dann kommen aber sofort die Untertanen aus dem Gehölz und schreien: »Das nützt aber nichts, weil man zuerst das Kartellgesetz ändern müsste.« Natürlich wäre das sehr wünschenswert, aber so wie ich uns kenne, kann das mindestens noch drei Legislaturperioden dauern, bis wir die Leute wählen, die das ändern wollen.

Bis dahin kannst du doch trotzdem schon mal aktiv werden, oder? Wer von diesen unglaubwürdigen und teils unwissenden Jammerlappen dieser Untertanendenkkultur nicht einmal das macht, für den kann ich kein Mitleid aufbringen. »Und die ganzen Lkw-Staus mittlerweile – rund um die Uhr, immer und überall sind diese Lkw-Staus ja ein echter Wahnsinn.« Ja, weil die deine Zalando-Treter zigmal durch die Gegend karren, du Spacko! Wir selbst sind doch der Stau, oder? Haben die das in Leipzig ’89 nicht gerufen?

In der Buchhandlung meines Vertrauens ist auf der Kundentoilette ein Aufkleber zu sehen, auf dem steht: »Dies ist eine Toilette für unsere Kunden – Kunden von Amazon gehen bitte bei Amazon auf die Toilette«.

MENTAL REVOLUTION

Wenn du mit all dem, was hier so abgeht, nicht einverstanden bist, dann gibt es in dieser Gesellschaftsform ein Füllhorn von diskreditierenden Begriffen wie Gutmensch, Moralapostel, Heulsuse oder Pazifist etc. Frage dich doch mal selbst, ob denn die ganzen Spät-68er Kampfbegriffe überhaupt noch adäquat sind. Bei dem ganzen inszenierten Theater um uns herum geht es doch schon längst nicht mehr um Moral. Früher war Moral noch wichtig, da gab es die Moralapostel, die Pastoren usw., die dir gesagt haben, dass der Sex vor der Ehe dich im Pflegefeuer schmoren lassen wird. Damals waren diese Brain-Tattoos vielleicht noch irgendwie begründet, aber darum geht’s doch heute gar nicht mehr.

Dieser Begriff diesen alten Denkens von Moral ist aber noch immer so stark in die Hirne der »mündigen« Bürger genagelt, dass die »Obrigkeit« sie liebend gerne zu ihrem eigenen Vorteil für die Durchsetzung ihrer eigenen Spielchen verwendet. Moral kommt fast immer von oben. Hier hast du die zehn Verbote, ein Päckchen Schuld und Sünde dazu, und Strafe und verkehrt. Jetzt fühl dich scheiße, und so weiter. Aber das ist das alte Brain-Tattooing!

Religion und Moral galten Hunderte von Jahren nur dem einen Zweck. Nämlich dem, die Selbsterfahrung des Menschen zu verhindern.

Moral ist zu einfach, zu läppisch und keineswegs mehr zeitgemäß. Spätestens seit Freud oder Voltaire und Lessing ist doch nicht mehr Moral das Ding. Im Leben geht es um Verantwortung, um Selbstverantwortung! Und das ist ungleich schwerer, da musst du nämlich etwas in die Waagschale werfen. Bei der Moral hältst du dich an Regeln, die uralt sind. Vieles ist ja auch ganz gut daran, aber letztlich ist und bleibt Moral ein Obrigkeitsding!

DESPERADOS ON THE RUN

Was hinterlassen wir unseren Kindern in 30 oder 40 Jahren? Hier habt ihr einen Wüstenplaneten und einen Tätowiererwitz – schaut mal, was ihr daraus macht, ihr Arschgeigen. Wir sind dann mal weg.

Mehr fällt uns nicht dazu ein? Die angehenden globalen Kollateralschäden sind alle bekannt und bleiben ganz offensichtlich völlig folgenlos. Schließlich wollen wir ja auch noch Kinder kriegen, in den Urlaub fliegen und grillen. Während wir mit unseren Kindern grillen, grillen wir ihnen ihre Zukunft weg! »Guck mal hier, Kleiner, das ist deine Zukunft, die wir hier gerade verbraten! Darf es noch etwas Senf sein?«

Erklären wir unseren Kindern, dass weltweit jeder dritte Liter Wasser für die Massentierhaltung draufgeht? Erklären wir ihnen, dass für ein Kilo Rindfleisch 15.000 Liter Trinkwasser benötigt werden? Sagen wir das unseren Kids?

Schauen wir uns jetzt auch noch die nächsten 30 Jahre verzweifelte Milchbauern an? Seit ich Kind war, sehe ich verzweifelte Milchbauern, die ihre Milch wegkippen. Wollen wir uns die nächsten 30 Jahre auch noch die ebenso verzweifelten Geflügelzüchter, die verzweifelten Schweinezüchter anschauen? Die verzweifelten Tiere? Alle bedauern sich gegenseitig, und mir stellt sich die Frage, wie lange wir uns noch bedauern wollen, bevor wir einen Cut machen. Wann befreien wir diese Milch, diese Schweine, diese Geflügelbauern endlich von der Massentierhaltung? Wie wollen wir es machen?

Auch die zwischen der Fleischlobby und der Pharmaindustrie eingekeilten Politiker sind verzweifelt. Die Pharmaindustrie produziert verzweifelt multiresistente Keime und ruiniert damit das Trinkwasser. Der Regenwald wird abgeholzt und zu landwirtschaftlichen Nutzflächen saniert, damit die gierigen Leute, die das Fleisch dauernd und rund um die Uhr wie das Wasser aus dem Wasserhahn haben wollen, auch bedient werden können. Auf der anderen Seite hört man die Wissenschaftler sagen, dass wir in dieser Form aufhören müssen, Fleisch zu essen und Tiere zu halten. Alle sind verzweifelt. Wollen wir jetzt gemeinsam weiter verzweifelt bleiben?

Jeden Tag wird Regenwald mit einer vergleichbaren Fläche von Köln vernichtet. Man hört dann immer: Ein Hektar Regenwald hat mehr Lebensarten als der gesamte europäische Kontinent. Wir wissen, was bei der Vernichtung daranhängt. Warum bestürzt uns das nicht?

Die Natur und somit unsere Existenzgrundlage zu schützen, müsste unser tägliches Morgen- und Abendgebet sein. Und dann kommt lange nichts. Erst dann kommen Kriege und Flüchtlinge, Bankendingsbums und alles Weitere. Was gerade alles abläuft, ist nichts gegen das, was uns gerade die Biosphäre auseinanderbricht.

Das alles zu erkennen, ist gar nicht so schwer. Vorausgesetzt, du schaust auch mal über die Outlines deiner eigenen Brain-Tattoos hinaus. Oder du nimmst den Laser oder die Salzsäure und zerstörst erst mal dieses Nach-mir-die-Sintflut-Brain-Tattoo!

Der Tag wird kommen, dass irgendjemand das ganze Treiben verbietet. Die halbe Weltkugel ist fertig, und irgendwann, vielleicht in 20 Jahren, wird die UNO über Reuters oder DPA so einen Ticker rausgeben: +++ Liebe Leute, ab nächstem Ersten – Fleisch und Fisch sind aus +++ Das wird irgendwann kommen, da bin ich mir sicher! Weil wir es freiwillig nicht machen. Vorher passiert nichts.

Schon Jacques Cousteau und Heinz Sielmann haben uns vor 40 Jahren gezeigt, dass die Schleppnetzfischerei die Weltmeere abfuckt. Die Meere sind kaputt, die Urwälder platt. Oder erst wenn irgendein Minister aufgrund multiresistenter Keime zwei seiner Enkel verliert, dann ist der Aufschrei groß. Und dann muss man genau, wie aktuell bei den Flüchtlingen, Knall auf Fall und Hals über Kopf etwas zusammennieten, bzw. etwas verbieten. Das Brain-Tattoo »Lebe im Hier und Jetzt« ist ja schön und recht, aber manchmal auch von jetzt auf nachher zu denken und damit seine persönliche Range ein klein wenig zu erweitern, kann meines Erachtens echt nichts schaden. Zum Schluss wird das Fleisch wie Drogen auf dem Schwarzmarkt nur noch unter dem Tisch vertickt. Al Capone der Schlächter ist wieder »on the run«. Anders scheint es nicht zu funktionieren.

Erst müssen die Kindergärten durch multiresistente Keime aussterben.

Also lass uns weiterhin ins Schwimmbad gehen und dann den Bademeister anfurzen, weil das Wasser nass ist. Ja ne, ist klar!

BRAIN-TATTOO-SESSION #15

Wie verzweifelt und mutlos bist du? Hast du Kinder? Wo und wann genau beginnst du damit ein Zeichen für eine bessere Welt zu setzen? Wie soll dieses Zeichen aussehen?

NOTHING TO LOSE?!

Ich habe gerade wirklich das Gefühl, lauthals schreien zu müssen, um all die Toten aufzuwecken. Grundsätzlich will ich mit diesem Buch keinen Appell schreiben oder gar weitere Ängste schüren. Meine Intention ist es, dir deine eigenen Gedankenbilder klarzumachen und gemeinsam mit dir Wege und Möglichkeiten zu schaffen, deine Brain-Tattoos optimal zu überarbeiten. Wenn du das willst. Um erst einmal eine gemeinsame Basis zu ebnen, muss ich dich herausfordern und zum eigenständigen Nachdenken anregen. Dazu gehört auch Unangenehmes und vor allem das Bewusstmachen der Lage, in der wir uns befinden.

Natürlich ist mir vollkommen klar, dass ich davon schreibe, dass der große Knall eher früher als später kommen wird. Bei kritischer Betrachtung muss ich mir daher vielleicht auch den Vorwurf gefallen lassen, zu pessimistisch, zu kritisch, vielleicht sogar zu »verschwörerisch« zu sein. Jedoch um etwas ändern zu können, muss erst jedem Einzelnen bewusst sein, wie ernst es inzwischen ist. Es nützt nichts, wenn wir uns in den alternativen Medien, in Blogs oder Foren, Facebook und Konsorten die Fehler zuschreiben, uns gegenseitig aufhetzen und spalten lassen oder auch uns permanent der Falschannahmen bezichtigen lassen.

Ich will, dass du hinter die (Schein-)Fassaden und die Kraft der öffentlichen Meinung blickst und erkennst, dass unsere bekannte Welt vor dem Abgrund steht. Vor einem Paradigmenwechsel ungeahnten Ausmaßes. Und wenn wir nicht gemeinsam etwas dagegen tun und dagegen aufstehen, dann werden wir alle alles verlieren.

»Die Freiheit des Menschen liegt nicht darin, dass er tun kann, was er will, sondern dass er nicht tun muss, was er nicht will.«[10]
Jean-Jacques Rousseau, franz. Schriftsteller und Philosoph

Noch mal: Ich bin kein vom Staat oder sonst irgendeiner stets ihre eigenen Interessen wahrenden, abgefuckten Institution oder Organisation beauftragter Berichterstatter, Propagandist, Volksverhetzer oder politisch, religiös, oder was weiß ich was immer meinen Gegnern und Feinden einfällt, motivierter Geschichtenschreiber. Auch bin ich heute kein pubertierender, ausschließlich gegen den Kapitalismus und seine ihm angeschlossenen Sippschaften wetternder unbedachter Punk mehr. Ich gehe heute mit offenem Geist durch die Welt, mein Hirn rattert, und ich muss das hier schreiben; – so ist das nun einmal. Ich weiß, was Abhängigkeiten, mentale Versklavung und auch das Fehlen des Geburtsrechts der Selbstbestimmung aus einem Menschen machen kann.

Ich weiß, was ich erlebt habe. Glasklar habe ich stets vor Augen, wozu ich selbst in der Lage war und wäre. Und auch wozu andere Menschen in der Lage sind!

Mag sein, dass sich hier so mancher in seinem Habitus angepisst fühlende Kandidat aus den Reihen der Politik, Wirtschaft, des Staatsapparates, der Banken oder wem auch immer von mir und meinen Aussagen an die Wand gestellt fühlt, mich anklagt, verleumdet, denunziert oder was weiß ich was. Da sind bekannterweise ja auch sehr kreative und einfallsreiche, vermeintlich hochrangige Leute dabei. Menschen, die zu allem bereit sind, wenn es um die Besitzstandwahrung ihrer eigenen Interessen geht. Schergen, die vor nichts zurückschrecken. Dieses Spiel bin ich bereit zu spielen, alles gut!

Damit wir tiefer in die jeweilige Materie hinter deinen aktuellen Knast-Brain-Tattoos eindringen können, ist es wichtig, dass wir uns darüber unterhalten und einiges thematisieren, was allgemein so abgeht. Dabei geht es nicht um Richtig oder Falsch. Das wäre zu einfach. Ich will, dass du dir dein eigenes Bild machst und zu einem möglichst konstruktiven Dialog mit dir selbst imstande sein wirst. Ich vertrete die felsenfeste Meinung, dass es besser ist, eine Halbwahrheit zu vertreten und das Maul aufzumachen, auch mit und bei nicht immer zweifelsfrei nachvollziehbaren, »richtigen« und »politisch korrekten« Inhalten, als stillschweigend alles zu schlucken, was uns als die ultimative Wahrheit verkauft wird. Dieses aktive Vorgehen empfinde ich irgendwie geradliniger und geeigneter, als sich hinter offensichtlichem und zum Himmel schreiendem, haltlosem Lügengewäsch und propagandistisch angehauchtem, volksverblödendem, manipulativem Geseiher zu verstecken. Du bist, was du denkst!

Die Informationen sind da. Wer sehen will, wird sehen. Fange an, eigenständig zu denken, und hinterfrage deine Wahrheiten! Sind dies wirklich deine Wahrheiten?

NO MERCY

Denk mal zurück ins Jahr 1932 in Deutschland. Wenn ich dir damals gesagt hätte, dass in den nächsten zehn Jahren Millionen von Menschen im Rahmen eines Genozids ausgerottet werden würden, hättest du wahrscheinlich gesagt, jetzt hat's dem Biesinger vollends den Vogel rausgehauen. Du hättest mich an den Pranger gestellt und für gnadenlos verrückt erklärt. Vielleicht sogar gekillt?!

Wenn du nicht aufpasst, dann lässt dich so manch ein dreckiges, hässliches und unter versifften Bedingungen eingenageltes Knast-Brain-Tattoo sehr schnell zu einem hirnlosen Waschlappen verkommen. Zu einem lebendigen Zombie, dem man das Gehirn so flach gefeilt hat, dass er sich auf keine geistige Höhe mehr begeben kann. Es ist unglaublich, inwieweit sich so manche Zeitgenossen gegenseitig an Duckmäusertum, Faulheit und Selbstzufriedenheit übertreffen. Außer Kaugummi in der Birne kommt da sehr oft nicht wirklich viel rüber. Ja, ich habe sogar das Gefühl, dass viel zu viele Menschen ihre persönliche Zufriedenheit darauf beschränken, wenn sie nur ihr tägliches Fressen auf dem Tisch und ein Dach überm Kopf haben. Darauf, wenn ihnen keiner auf die Eier geht, und sie im Internet rumpöbeln können. Ich erlebe eine degenerierte Bande von weichgespülten Konformisten, denen sonntags einkaufen wichtiger ist als politische Bildung und der Anspruch, ihr Gehirn mit positivem Input zu füttern, sich zu bilden und zu lernen.

Ich sehe kleingeistige Marionetten, die sich zeitweise aufspielen, als bräche der dritte Weltkrieg aus, die aber, wenn's darauf ankommt, am Ende alle zu Hause bleiben und sich die Decke über die Ohren ziehen.

Die angekündigte Revolution fällt wegen mangelnder Beteiligung aus. Genauso wie die Zukunft, die ebenfalls wegen mangelnder Beteiligung ausfällt.

Auf die Politiker wird dabei in den sozialen Netzwerken und am Stammtisch besonders gerne eingeschlagen. Besser noch, die haben es tatsächlich geschafft, dass sie aufgrund der Politikverdrossenheit gar nicht mehr ernst genommen werden und man sie einfach machen lässt. Hast du aufgegeben? Die haben es geschafft, sich selbst einen Freibrief auszustellen – hammerhart! Total grotesk zum Beispiel war die Bürgertagswahl 2015 in Bremen, bei der nicht einmal 50 Prozent zur Urne gingen. Das heißt, dass sich 50 Prozent bereits vom System verabschiedet haben! Warum sollte ich dahin gehen? Irgendwelche Idioten wählen?

Wenn in der Zeit, in der ich politisch gebildet wurde, in den 70er- und 80er-Jahren, Landtagswahlen bei einer Wahlbeteiligung von unter 50 Prozent gewesen wären, dann wären in den Parteien die Krisenstäbe zusammengetreten. Mir scheint, auch in der Politik haben sich einige demokratische Parameter mächtig verbogen. Heute ist halt alles irgendwie anders. Es wird sich wieder gegenseitig zugelogen und gesagt: »Ja, wir müssen das Wahlergebnis analysieren und dann gegensteuern, wie das denn so gekommen ist.« Geht's noch? Eine Wahlbeteiligung von unter 50 Prozent ist ein Schlag mitten in die Fresse, in das Gesicht einer Demokratie. Der Wahlsieger rühmt sich mit einer Quote von 32 Prozent, bezogen auf die Gesamtwählerschaft, bei denen übrigens bereits die 16-Jährigen wählen durften, sind diese tatsächlichen 16 % der gesamten Wählerstimmen ein Skandal! Das ist gerade mal so viel, wie früher eine Splitterpartei hatte! Das deutsche Volk merkt das nicht! Es denkt, es bestraft die Politiker, wenn es nicht zur Wahlurne geht.

»Jetzt haben wir gesagt, dass wir keinen Bock mehr auf euch haben«, so glauben die nationalen Kleingeister und mattgestrichenen Leuchtmittelchen, bei denen das Teelicht schon bei Windstille flackert. Ist es nicht irgendwie absurd, dass nur die allerdümmsten Kälber ihren Schlachter selbst wählen? Einerseits haben die Menschen keinen Bock mehr auf die ganzen Politiker. Andererseits sind sie zu bequem dafür, auf die Straße zu gehen, zu protestieren, selbst aktiv zu werden, oder sich selbst solidarisch gegen das System zu vereinigen. Der Nachbar könnte ja sehen, dass man nicht mit dem System einverstanden ist. Oder der Chef, oder dieser oder jener. Was könnte Tante Gerda dazu sagen, wenn ich dagegen bin?

Hauptsache sich stets politisch korrekt verhalten und sich nirgends wirklich ins Feuer der Öffentlichkeit oder Veränderung begeben. Eigentlich gehört hier wahllos mit einer Riesenkeule reingeprügelt!

Dass wir größtenteils nur eine in Abhängigkeit stehende Sklavenexistenz führen, haben die meisten von uns wohl noch immer nicht begriffen, oder? Kann es sein, dass wir schwarzmatt belichteten Penner und armen Würstchen schlimmer an unserer Mikrosklavenexistenz hängen als die Fliegen an der Leimfalle? Ist es bei der ganzen Sache nicht wirklich grotesk zu sagen bzw. sich einzureden, frei zu sein.

Du bist nicht frei, du bist Schuldsklave, dein Leben lang!

Verfassungsrechtler Prof. von Arnim: »*Jeder Deutsche hat die Freiheit, Gesetzen zu gehorchen, denen er niemals zugestimmt hat, dessen Geltung er nie legitimiert hat. Er ist frei, Politikern zu huldigen, die kein Bürger je gewählt hat, und sie mit seinen Steuergeldern üppig zu versorgen, über deren Verwendung er niemals befragt wurde.*[11]«

Es ist Zeit, das Maul aufzumachen und Haltung zu zeigen. Friedlich! Erinnere dich an die Entstehung der »freien Sklavenherrschaft« aus dem vergangenen Kapitel. Dieses Kriegsbeil des Auseinanderdividierens ganzer Völker muss begraben werden. Ansonsten werden wir von dem begraben, was da auf uns zukommt. Unsere Kinder und Kindeskinder müssen den Preis für unser Schweigen und unsere Feigheit bezahlen. So wie wir selbst den Preis schon einmal bezahlt haben. Diese Kinder waren meine Großeltern und Eltern. Und eines dieser Kinder, die den Preis für das Schweigen der Mehrheit bezahlt haben, bin ich selbst. Und du weißt, von welcher Zeit ich rede, als geschwiegen wurde! Wenn sich hier nichts bewegt, werden unsere Kinder und Enkelkinder uns auf die Gräber pissen und dabei sagen: »Warum habt ihr nichts getan, als noch Zeit dafür war, etwas zu ändern? Warum habt ihr geschwiegen? In eurer Selbstzufriedenheit? Warum?« Und sie werden zu Recht auf unsere Gräber pinkeln!

Was wäre, wenn du dich beispielsweise nicht weiter in die Abhängigkeit der Autoindustrie begeben würdest? Ist es eines deiner Brain-Tattoos, dir alle drei Jahre eine neue Karre leasen zu müssen? Warum? Denn wenn dem nicht so wäre, dann wäre die Autoindustrie erledigt. Jedenfalls in dem Ausmaß, wie wir das heute kennen. Durch so manch eines deiner Brain-Tattoos machst du die Mächtigen nur noch mächtiger. Und hinterher, wenn du bei diesem kommerzorientierten Wahnsinn nicht mehr mithalten kannst, beschwerst du dich, dass du ohnmächtig bist.

Zu viele Brain-Tattoos der Wirtschaft und Politik haben die Menschen zu faulen, feisten und selbstzufriedenen Kretins degenerieren lassen. Ganz ehrlich, da wurde Lebensinhalt aus dem Gehirn rausgeschnitten und Konsum eingebrannt! Warum das so ist, fragt sich hier wohl keiner mehr? Wir gehen lieber zur zweiten oder dritten Arbeitsstelle. Hauptsache Kohle! »Ja Chef, darf ich meinen Kopf auch noch in Ihrem Arsch versenken? Ich wasche ihn mir auch vorher nicht, nachdem ich ihn beim anderen rausgezogen habe.« Und dann sagst du auch noch brav »Danke« dafür, dass sie dich treten und knechten. Wenn es nicht so traurig wäre, könnte man wirklich darüber lachen.

Inzwischen sind wir sogar so weit, dass viele unserer deutschen Sofademokraten das geniale Geschäftsmodell von Mark Zuckerberg mit der Wahrnehmung ihrer demokratischen Pflichten verwechseln. Anstatt den Computer abzustellen, etwas Solidarität zu zeigen und zu Millionen gegen das himmelschreiende weltweite Unrecht auf die Straßen zu gehen, verlinken sie in Facebook ihre ewig gleichen dummen Bildchen. Die User glauben allen Ernstes, dass dies die Freiheit sei. Die Annahme, dass diese Bilder zu Verknüpfungen von Medienerzeugnissen die staatsbürgerlichen Pflichten ersetzen, ist unreifer und auf entsetzliche Weise entarteter Kinderkram. Schon Friedrich Schiller sagte: »*Wenn ihr aufhört zu kriechen, dann werden sie aufhören zu herrschen.*«[12] Oder Ghandi sagte zu recht: »*Wenn der Staat den Boden des Rechts verlassen hat, dann wird Widerstand zur Pflicht.*«[13] Jedoch bedeutet Widerstand nicht zu betteln, und bitten bedeutet zu kämpfen und nicht zu jammern!

Freiheit wird erzwungen und erkämpft, nicht erbettelt.

Und auch die Worte von Bertolt Brecht finde ich hier angebracht: »*Die Bürger werden eines Tages nicht nur die Worte und Taten der Politiker zu bereuen haben, sondern auch das furchtbare Schweigen der Mehrheit.*«[14]

DAMNED

Bei diesen Ansagen erspare ich mir jeden persönlichen Kommentar.

- *Ich sehe 7 Milliarden Menschen auf dieser Erde.*
- *Ich sehe 30.000 verhungernde Kinder jeden Tag.*
- *Ich sehe halb nackte Supermodels, die sich selbst ausbeutend ihre Seele verkaufen.*
- *Ich sehe 500 Tonnen Lebensmittel, die täglich auf dem Müll landen.*
- *Ich sehe Jahrzehnte voller desensibilisierender Fernsehsendungen und Filme.*
- *Ich sehe kaltblütigen Mord für Geld, Besitz und Macht.*
- *Ich sehe 100.000 Jahre abgereichertes Uran.*
- *Ich sehe, wie der Erde das Lebensblut Erdöl ausgesaugt wird.*
- *Ich sehe 4 Milliarden Menschen, die in einer Traumwelt leben.*
- *Ich sehe Wirtschaftskriminalität, die wegen der Profitgier Einzelner »übersehen« wird.*
- *Ich sehe einen militärisch-industriellen Komplex, der weltweiten Genozid verursacht.*
- *Ich sehe 4 Milliarden Tonnen industriebedingte toxische Umweltvergiftung jedes Jahr.*
- *Ich sehe von Menschen verursachte Krankheiten, die durch die Pharmaindustrie verbreitet werden.*
- *Ich sehe Zwietracht, Ver(w)irrung, Tod und Hinterlist.*
- *Ich sehe jedes Jahr 2 Milliarden perfekt funktionierende Handys auf dem Müll landen.*

- *Ich sehe Banken Geld drucken, um die Massen zu kontrollieren.*
- *Ich sehe, wie 50 Prozent der US-Steuern für militärische Zwecke ausgegeben werden.*
- *Ich sehe private Konzerne, die 51 Prozent von allem auf der Erde besitzen und betreiben.*
- *Ich sehe Regierungen, die Schuhe dieser privaten Konzerne polieren.*
- *Ich sehe eine durch Fluoride verseuchte Frischwasserversorgung.*
- *Ich sehe Werbekampagnen von Konzernen, die täglich Unwahrheiten verbreiten.*
- *Ich sehe aus Profitgier geschändete Ozeane und Meere.*
- *Ich sehe, dass 80 Prozent der ursprünglichen Wälder nun verschwunden sind.*
- *Ich sehe Missbrauch und Verschwendung natürlicher Ressourcen.*
- *Ich sehe Menschen, die in einem System leben, das auf materialistischen Konsum ausgelegt ist und nicht auf Fürsorge, auf Wissen, oder auf Freiheit.*
- *Ich sehe 100.000 toxische synthetische Chemikalien, die mit organischen Verbindungen vermischt werden, um vergiftetes Essen, Handel und Waren zu erschaffen.*
- *Ich sehe Kinder, deren Finger und Hände abgeschnitten wurden, weil sie die Arbeit in den Diamantenminen verweigert haben.*
- *Ich sehe, wie 1 Prozent der Bevölkerung die anderen 99 Prozent unterdrückt. Einzig und alleine für zeitweilige persönliche Bereicherung.*
- *Ich sehe ein globales ökonomisches System, das keine andere Wahl hat, als stillgelegt zu werden.*

BRAIN-TATTOO-SESSION #16

Du kannst die Realität ignorieren, nicht aber die Konsequenzen deiner Ignoranz! Was ist das für ein Brain-Tattoo, welches dich in deiner Selbstgefälligkeit gefangen hält? Und wie gehst du damit um? Bist du deiner Außenwelt wirklich hilf- und machtlos ausgeliefert? Wo hast du als Einzelner Einfluss darauf, etwas verändern zu können? Schreib es auf! Wie könnten deine Antworten auf diese Fragen als Farbe oder Hintergrund für dein neues Brain-Tattoo aussehen? Welche Bilder laufen bei dir gerade ab?

NOTHING TO CHOOSE!

Wir zivilisierten Humanoiden können einen solch übertriebenen, gottverdammten und beschissenen Stolz an den Tag legen. Selbst wenn uns die Scheiße bis zum Halse steht, stelle ich immer wieder bedauernd fest, dass wir uns in Wirklichkeit meist gar nicht helfen lassen wollen. Wir sind so starrköpfig massiv wie der mächtige Himalaya, der stoisch auf die nächste Kontinentalplattenverschiebung wartet. Unvorbereitet auf das, was unausweichlich bevorsteht, vertrauen wir gutgläubig in unsere Regierungen, stecken resigniert den Kopf in den Sand und gehen in unserer selbstgefälligen und arroganten Denke keinen Schritt zurück. Wie auch, bei dem ganzen Matsch, der uns da oben eingetrichtert worden ist?

Unbeirrt lassen wir uns von den Medien manipulieren und der Kapitalwirtschaft verführen. Wir sind der Selbstkontrolle beraubt. Wir haben aufgehört, die Informationen, die man uns zum Fraß vorwirft, zu hinterfragen. Wir haben uns selbst verloren und merken das nicht einmal mehr. Lug und Trug, Gier und Geiz lenken die Welt. Das Zeichen der Zeit ist Machterhaltung um jeden Preis. 98 Prozent deines Gehirnes sind mit Schund volltätowiert. Wir alle sind süchtig nach der Kohle, die uns Freiheit, Wohlstand und Sicherheit verspricht. Ohne den Schotter fühlen wir uns schlecht und krank, nicht »über«-lebensfähig und arm. Schlimmer als ein jahrzehntelang an der Nadel hängender Junkie sind wir von der Materie geblendet und vom Kapital angefixt. Geld regiert die Welt.

Wir rauben, morden, plündern, korrumpieren, vernichten, um nur einiges zu nennen. Schau einfach mal in der Geschichte nach, worauf unser materieller Reichtum aufgebaut ist. Kreuzzüge, Kolonialisierung, Ausrottung und Versklavung ganzer Kulturen, Massengenozid usw. Klar, noch nie ist es so vielen Menschen so gut gegangen wie jetzt. Wir zittern nicht mehr aus Furcht vor Krankheit und Hunger, vor verborgenen Mächten aus der Finsternis oder vor der Zauberkraft von Hexen. Wir werden mit allem, was wir brauchen, versorgt. Eigentlich müssten wir am Beginn einer hoffnungsvollen und glorreichen Zukunft stehen. Wir haben größere Möglichkeiten als jemals zuvor, das Leben in vollen Zügen zu genießen. Aus der Geschichte gelernt aber haben wir nichts.

Wir sind zu schwanzlosen, degenerierten, ferngesteuerten Konsumaffen mutiert, die ihre menschliche Seele bildhaft gesehen schon lange an die Hölle des Großkapitals verkauft haben. Wir sind so ausgebrannt, unglücklich, hilflos und enttäuscht, dass wir unserem Leben keinen anderen Inhalt und kein bedeutendes Ziel geben können, als wie die Begasten hinter der Kohle herzurennen. Inmitten von Überfluss führen wir ein unerfülltes, schäbiges, gehaltloses Leben. Im Herzen sind wir tief unglücklich und halten es für allzu schwierig, an der Freiheit und vor allem an sich selbst festzuhalten. Wir schimpfen uns zwar freie Menschen und fürchten uns vor der Macht der menschlichen Gemeinschaft, die uns zu ersticken droht.

Überdruss, Unzufriedenheit und gähnende innere Leere sind so groß, dass viele ihrer Freiheit doch gar nicht gewachsen sind.

Es ist ein Zeichen unserer schnelllebigen, auf Perfektion getrimmten, dekadenten Zeit geworden, dass wir uns absolut keine Schwächen und Fehler mehr zugestehen. Wir haben uns meilenweit von unserem wahren Kern entfernt, sind im Selbstbeschiss gefangen, vertrauen nicht einmal mehr uns selbst. Bevor wir überhaupt damit beginnen, für uns selbst einzustehen, flüchten wir uns nach dem Motto »Lieber kniend leben als stehend sterben« vorzugsweise als den Mitleidswalzer tanzende Opferkinder ins Jammertal der Tränen. Wir suhlen uns darin wie die Schweine in den eigenen Exkrementen. Im Gegensatz zu den Schweinen gestatten wir uns dabei nicht einmal mehr, fröhlich zu grunzen; traurig!

Kann es sein, dass du, mein lieber »Pächter des Menschenfleisches auf Zeit«, dich manchmal so fühlst wie ein Bauer in einem Schachspiel? Hast du manchmal das Gefühl, verachtet, getreten und grundlos provoziert zu werden? Das Gefühl, von hinten bespuckt, schikaniert, verfolgt und wie Dreck behandelt zu werden? Verpönt zu werden und nur noch zu Kreuze kriechen zu müssen?

Wann nimmst du dein Leben selbst in die Hand? Wie lange willst du dich mit deinen Peinigern noch solidarisieren und diese anhimmeln? Wie lange willst du dich von deinen Herren mit der weißen Weste noch behandeln lassen, als gehöre ihnen die Welt? Den Herren, die sich wie die Geier auf das Aas stürzen, die dich ausbeuten, die dir rotzfrech ins Gesicht pissen? So lange, bis dir die unverdaute, mächtig gestapelte, gequirlte Fäkalienbrühe gnadenlos das Gedärm zerreißt?

Fange an zu hinterfragen und bilde dir deine eigenen Brain-Tattoos.

Sei wachsam, lass dich nicht weiter blenden von Bedürfnissen, die nicht deine eigenen sind. Finde heraus, was da läuft und ob dir das auch guttut. Nicht das, was andere meinen, was gut für dich wäre, nur weil es gerade Mode, Mainstream oder trendy ist. Das Erkennen deiner Realität gibt dir wahre Kraft und Power. Mach's dir selbst und dir selber recht. Nur einer muss es ein Leben lang mit dir aushalten. Du selbst! Du kennst den Weg, und du bist das Ziel! Hey, Eier wachsen nicht auf Bäumen!

BRAIN-TATTOO-SKRIPT #2

Welcher dunkle Schatten schwebt jetzt über deinem Haupt, oder scheint dir die Sonne tatsächlich noch aus dem Arsch? Nimm dir das Bildnis aus dem ersten Brain-Tattoo-Skript zur Hand. Lies dir die Antworten der Brain-Tattoo-Sessions #8–16 durch und erweitere, verändere dein Skript um deine zusätzlichen Erkenntnisse, um Bilder/Symbole/Zeichen/Farben/ Hintergründe ...! Oder male/skizziere ganz einfach ein komplett neues Bild, das all die bisherigen Erkenntnisse darstellt, die deine Seele aktuell sieht. Welchen Film schiebst du? Oder skizziere das Kinoplakat deines Lebens! Bitte vernichte das erste Bildnis nicht! Wir werden es bestimmt noch benötigen.

BRAIN TATTOO PUSHERS FOR SOCIAL PREACHERS

- Du kommst mit anderen Menschen leichter ins Gespräch.
- Du bewegst andere zu mehr Toleranz.
- Du machst die Gesellschaft interessanter.
- Du kannst Menschen mit einem Tattoo würdigen und/oder beleidigen.
- Du ragst aus der Masse heraus.
- Du bist ein bisschen mehr Gangster als andere.
- Du wirst morgens im Bus nicht vollgequatscht.
- Du lernst dich abzugrenzen.
- Du kannst jeden Tag das Weltbild der Reinhäuter zerstören.
- Tattoos sind die besten Reisesouvenirs.
- Tattoos sind eine der ältesten Kunstformen der Menschheit.
- Tattoos verbinden Menschen unterschiedlicher Kulturen.
- Tattoos sind eine Kunstform, die sich jeder leisten kann.

BRAIN TATTOO-DEMONS

MASTERS OF DESASTER

Vor langer Zeit trieben die Menschen noch Tauschhandel. Sie tauschten Dinge, die sie besaßen, gegen Dinge, die sie benötigten. Ich gebe dir meine Kartoffeln, du gibst mir Salz. Wenn einer keine Kartoffeln brauchte, kam es bei der Tauschsituation hier und da zu Problemen. Eines Tages kam ein Goldschmied und sagte: »Jetzt, da ihr denkt, dass Gold wertvoll ist, warum tauscht ihr nicht eure Sachen, die ihr nicht benötigt, gegen Gold?« Der Preis wurde in Gold angegeben und der Handel mächtig erleichtert. Die Leute konnten alle Dinge, die sie benötigten, gegen Gold eintauschen.

Wer viel Gold hatte, musste es schützen. Sonst wurde er beraubt. Wer einen Tresor und bestmöglich noch einen skrupellosen Schlägertrupp oder eine kleine Armee zur Hand hatte, der den Tresor bewachte, konnte mit dem Sicherstellen des Goldes der anderen gegen eine Gebühr richtig Kasse machen. Das Ganze nannte sich dann eine Bank. Im Gegenzug zum eingelagerten Gold gab die Bank dann ein Schreiben raus, auf dem der auf der Bank hinterlegte Betrag stand. Papiergeld war entstanden. Dieser Fetzen war so gut wie Gold und konnte jederzeit auch wieder gegen das Edelmetall eingelöst werden.

Wenn man etwas kaufen wollte, war man der Willkür der Händler ausgesetzt. Je nach Nachfrage der Käufer und Geschäftstüchtigkeit der Dealer stiegen die Preise. Die Waren wurden teurer, aber der Goldwert blieb der gleiche. Das Papiergeld hatte dadurch, einfach gesagt, immer weniger Wert. Das nennt man dann eine Inflation. Der Geldwert war also aufgrund der steigenden Preise nicht mehr derjenige, der er einst beim Eintauschen des Goldes war. Die Menschen hatten hart für ihre Kartoffeln gearbeitet. Plötzlich mussten sie noch härter arbeiten, um weniger dafür zu erhalten. Was ist eine Bank? Eine Bank ist de facto ein sehr merkwürdiger Ort, an dem sowohl Raum, Zeit als auch bösartige Ironie existieren. Dennoch vertrauen die Menschen der Bank und hinterlegen ihr redlich verdientes Geld, um es sicher aufzubewahren. Andere müssen sich aus unbekannten, vielfältigen Gründen dort Geld leihen. Eine Bank hat genügend Geld im Tresor, um es an Leute zu verleihen.

I KILLED THE BANK!

Zu Beginn dieses Kapitels und zur weiteren Bewusstmachung deiner verborgenen Brain-Tattoos schauen wir uns exemplarisch die Entwicklung des internationalen Bankensystems und auszugsweise die wirtschaftspolitische Entwicklung der Vereinigten Staaten von Amerika an. Mal sehen, was das alles außerdem mit der Bundesrepublik Deutschland und letztlich auch mit dir zu tun hat. Es wird spannend!

»Es ist etwas hinter diesem Thron,
was größer als der König selbst ist.«[15]
Sir William Pitt – House of Lords 1770

»Die Welt wird nicht von den Persönlichkeiten regiert,
die sich die Leute, die sich nicht hinter den Kulissen bewegen,
vorstellen.«[16]
Benjamin Disraeli, englischer Premierminister und
Freimaurer, 1844

»Die Tatsache ist, dass seit den Tagen von Andrew Jackson
(7. amerikanischer US Präsident) *gewisse Teile der großen*
Finanzzentren die Regierung beherrschen.«[17]
Franklin D. Roosevelt, US-Präsident, 1933

1775 begann der Amerikanische Unabhängigkeitskrieg, in welchem die amerikanische Bevölkerung versuchte, sich von England und dessen unterdrückender Monarchie zu trennen. Obwohl viele Gründe für den Amerikanischen Unabhängigkeitskrieg angegeben werden, sticht eine Tatsache hier ganz besonders hervor. King George III. von England ließ die von den Kolonien selbst hergestellte, zinsfreie und unabhängige Währung verbieten. Zur damaligen Zeit waren die Staatsfinanzen der kriegerischen Briten stark zerrüttet. George benötigte Kohle und zwang die Bürger Neuenglands, der mittleren und südlichen Kolonien des neuen Kontinents, dazu, sich ihr Geld gegen Zinsen und Zinszahlungen von der englischen Zentralbank zu entleihen. Neben den geforderten Steuerzahlungen an das Königreich führte dies die damals 13 Ansiedlungen direkt in die Verschuldung. Benjamin Franklin, einer der Gründungsväter der USA, schrieb später: »*Die Verweigerung von König George III. von England, den Kolonien zu erlauben, ein ehrliches Geldsystem zu verwenden, welches die gewöhnlichen Menschen aus den Klauen der Geldmanipulatoren befreit hätte, war wahrscheinlich der Hauptgrund für die Revolution.*«[18]

1783 wurde Amerika von England unabhängig. Das Thema Währungssystem war aber noch lange nicht ausdiskutiert. Der Kampf gegen ein beabsichtigtes, korruptes Zentralbankkonzept und die Männer, die darin verstrickt waren, hatte gerade erst begonnen. Eine Zentralbank ist eine Einrichtung, die die Währung einer ganzen Nation produziert. Sie verfügt über zwei Hauptbefugnisse. Das Festlegen der Zinssätze und die Kontrolle über die sich im Umlauf befindliche Geldmenge. Ein Zentralbanksystem versorgt eine Gesellschaft nicht nur mit Geld, es verleiht sein Geld auch gegen Zinsen. Durch das Erhöhen und Verringern der Geldmenge reguliert die Zentralbank den Wert der herausgegebenen Währung. Es ist wichtig zu verstehen, dass die gesamte Struktur dieses Systems langfristig nur eines produzieren kann: Schulden.

Du musst kein Finanzgenie sein, um das Thema Bankwirtschaft zu verstehen.

Jeder durch die Zentralbank produzierte Dollar wird gegen Zinsen verliehen. Das bedeutet, dass jeder produzierte Dollar eigentlich ein Dollar plus eines bestimmten Betrags »x« an Zinsen ist. Wenn die Zentralbank das Monopol zur Geldherstellung im ganzen Land hat, wo kommt dann das Geld her, um diese Zinsen zu bezahlen? Das kann auch wieder nur von der Zentralbank kommen. Das bedeutet, dass die Zentralbank ständig mehr Geld schaffen muss, um sich diese Zinsen bezahlen lassen zu können. Das neue Geld schafft weitere Zinsen, woraufhin in der Gesellschaft noch mehr Schulden produziert werden. Langfristig ist es für die Regierung und damit auch für die gesamte Gesellschaft unmöglich, aus dieser automatischen Verschuldungsspirale zu entkommen. Das Ende dieses Systems, ohne einen Zusammenbruch, ist Sklaverei.

Die Gründungsväter der USA waren sich dessen voll bewusst. *»Ich denke, dass Bank-Institute gefährlicher als stehende Armeen sind ... wenn die amerikanische Bevölkerung es zulässt, dass private Banken ihre Währung herausgeben ... dann werden die Banken und Konzerne, die so entstehen werden, das Volk seines gesamten Besitzes berauben, bis eines Tages ihre Kinder obdachlos auf dem Kontinent aufwachen, den ihre Väter einst eroberten.«*[19] Thomas Jefferson (1743–1826), dritter US-Präsident

Schon nach sehr kurzer Amtszeit wurde Amerikas erster Finanzminister und Gründer der »Bank of New York«, Alexander Hamilton, in einem Duell von seinem politischen Rivalen Aaron Burr, Thomas Jeffersons Vizepräsidenten, umgenietet. Dieser erste Versuch Hamiltons, eine Zentralbank zu errichten, scheiterte bereits nach 20 Jahren.

Die Banker versuchten es erneut. Dieses Mal gegen Präsident Andrew Jackson. Jackson meinte, dass die Banken Vipern und Dieben Unterschlupf gewährten, die es aufzuspüren und vor dem ewigen Gott zu verbannen galt. Nach einem erfolglosen Anschlagsversuch auf seine Person zerschlug Jackson im Jahre 1836 durch sein Veto im Kongress die korrupte Nationalbank, die »Second Bank of the United States«. Das Ganze wurde als Bank War bekannt. Auf die Frage hin, was Jacksons größte Errungenschaft in seinem Leben war, antwortete er auf dem Sterbebett – und es waren gleichzeitig seine letzten Worte: *»I killed the bank!«*

MONEY TALKS

Mit realem und goldgedecktem Geld erlebte Amerika den größten Aufschwung, den eine Nation je erlebt hatte. Aber die Banker waren gierig nach noch mehr Macht und Reichtum. Sie hatten das Ziel, ein für alle Mal die Kontrolle über die Finanzen der USA zu übernehmen.

»Wenn ihr Sklaven der Banker bleiben wollt, dann lasst sie weiterhin das Geld schaffen und den Kredit des Staates kontrollieren.«[20]
Sir Josian Stamp (1880–1941), britischer Bankier

Die verfressenen Banker wussten, dass die Regierung und die Gesellschaft keinen Bock mehr auf derartig bestechliche Institutionen hatte, die durch ihre Zins- und Kreditpolitik nicht nur amerikanische Farmer in den Ruin trieben. Dennoch blieben sie hartnäckig und starteten im frühen 20. Jahrhundert einen neuen Versuch, ihre Gesetze zur Schaffung einer zentral gesteuerten Nationalbank durchzubekommen.

Die öffentliche Meinung musste beeinflusst werden. Ein eklatanter Zwischenfall wurde inszeniert. Der als Bankenkoryphäe geltende J.P. Morgan verbreitete Gerüchte über den Bankrott einer großen New Yorker Bank. Morgan wusste, dass dies eine Massenpanik auslösen würde, die dann auch andere Banken betreffen würde. Und das tat es wirklich. Diese gefakte, ins Hirn der Sparer genagelte Information veranlasste die verängstigten Geldanleger dazu, ihr Vermögen durch massive Geldabhebungen zu retten. Die sofortige Bereitstellung der Kohle zur Auszahlung zwang die Banken, ihre Kredite an die Schuldner zu kündigen. Zur Rückzahlung der Kredite mussten die Schuldner ihren Besitz verkaufen. Dies führte zu einer Spirale der Bankrotte, Turbulenzen und Besitzumverteilungen.

Obwohl man sich dieses Schwindels nicht wirklich bewusst war, führte dies zu einer Untersuchung im Kongress, der von Senator Nelson Aldrich geleitet wurde. Aldrich hatte enge Verbindungen zu den Bankenkartellen und wurde später durch Heirat sogar ein Teil der Rockefeller-Familie. Die von Aldrich geführte Kommission schlug vor, dass eine Zentralbank eingeführt werden sollte, damit so eine Panik wie 1907 nie wieder passieren würde. Das war die Initialzündung für die internationalen Bankiers, endlich und erneut ihr Vorhaben starten zu können. Im Jahr 1910 wurde ein geheimes Treffen auf einem Landgut von J.P. Morgan auf Jekyll Island vor der Küste Georgias abgehalten. Dort wurde von Bankiers (nicht von Gesetzgebern!) der Gesetzesentwurf für eine Zentralbank, genannt Federal Reserve Act, geschrieben.

Dieses Treffen auf Jekyll Island war so streng geheim und wurde so gründlich von Regierung und Öffentlichkeit ferngehalten, dass sich die etwa zehn Teilnehmer sogar Decknamen gaben, als sie sich auf der Reise zur Insel befanden. Nachdem der Gesetzesentwurf fertig war, wurde er ihrem politischen Frontmann Nelson Aldrich übergeben, damit dieser ihn durch den amerikanischen Kongress drückt. Parallel dazu wurde Woodrow Wilson 1913 unter politischer Schirmherrschaft der Bankiers Präsident der Vereinigten Staaten. Im Austausch für die Unterstützung seiner Präsidentschaftskampagne durch die Bankiers hatte er den Federal Reserve Act bereits vorab unterschrieben. Zwei Tage vor Weihnachten, als die meisten Kongressabgeordneten schon zu Hause bei ihren Familien am Truthahnspachteln waren, wurde unter der Leitung des deutsch-amerikanischen Bankiers Paul Warburg der Federal Reserve Act in einer Nacht-und-Nebel-Aktion vom Kongress zum Gesetz erhoben. Woodrow Wilson machte den Federal Reserve Act zu geltendem Recht.

Jahre später schrieb er voller Bedauern: »*Unsere großartige Industrienation wird jetzt von ihrem Kreditsystem kontrolliert. Deshalb liegen das Wachstum der Nation und all unsere Aktivitäten in den Händen weniger Männer … die zwangsläufig durch ihre eigenen Beschränkungen wahre ökonomische Freiheit einschränken, kontrollieren und zerstören. Wir wurden so eines der am schlechtesten regierten, meistkontrollierten und beherrschten Länder der zivilisierten Welt. Wir haben keine Regierung der freien Meinung mehr, keine Regierung der Überzeugungen und der Mehrheitsentscheide mehr, sondern vielmehr eine Regierung der Ansichten und Nötigungen einer kleinen Gruppe dominanter Männer.*«[21]

Der Kongressabgeordnete Louis McFadden sprach nach der Verabschiedung des Gesetzes ebenfalls diese Wahrheit aus: »*Hier wurde ein Weltbankensystem erschaffen … ein durch internationale Bankiers kontrollierter Superstaat … sie arbeiten zusammen, um die Welt nach ihrem Belieben zu versklaven. Die Federal Reserve (FED) hat sich widerrechtlich der Regierung bemächtigt.*«[22]

Der Öffentlichkeit war gesagt worden, dass das Federal Reserve System ein ökonomischer Stabilisator sei und dass sowohl Geldentwertung als auch ökonomische Krisen der Vergangenheit angehören würden.

Wie die Geschichte gezeigt hat, könnte nichts weiter von der Wahrheit entfernt sein als diese Aussage.

Den internationalen Bankiers stand von nun an eine gesetzlich legitimierte, hochmoderne Maschinerie zur eigenen Bereicherung zur Verfügung. Von 1914 bis 1919 beispielsweise erhöhte die FED die Geldmenge um fast 100 Prozent Dies führte zu zahlreichen Krediten an kleinere Banken und die Öffentlichkeit. 1920 wurde die Geldmenge wieder massiv reduziert. Die Banken mussten riesige Mengen an Krediten kündigen, was letztlich genauso wie 1907 zu Bank-Runs, Pleiten und einem Wirtschaftskollaps führte. Mehr als 5.400 konkurrierende Banken außerhalb des Federal Reserve Systems brachen zusammen. Der elitäre Zusammenschluss und Ausbau der FED wurde dadurch weiter vorangetrieben. Sich dieses Verbrechens bewusst, stand der Kongressabgeordnete Charles Lindbergh auf und sagte im Jahr 1921: *»Durch den Federal Reserve Act kann eine Panik künstlich erzeugt werden. Die aktuelle Panik ist die erste künstlich herbeigeführte und zwar nach Berechnung einer mathematischen Gleichung.«*[23]

Die Panik von 1920 war nur ein Aufwärmen. Von 1921 bis 1929 erhöhte die FED die Geldmenge erneut um 62 Prozent, was wiederum zu umfangreichen Kreditausgaben an Banken und Öffentlichkeit führte. Eine neue Art von Kredit am Aktienmarkt hieß Margin Loan. Einfach ausgedrückt erlaubte es einem Investor, eine Aktie für nur zehn Prozent des aktuellen Preises zu kaufen. Die anderen 90 Prozent waren ein Kredit des Brokers. In anderen Worten konnte man Aktien im Wert von 1.000 Dollar besitzen, wobei nur 100 Dollar dafür bezahlt wurden. Diese Form des Aktienkaufes war in den goldenen Zwanzigern sehr beliebt. Es hatte den Anschein, als könnte man am Aktienmarkt die Kohle so richtig fett abziehen. Diese Kreditform hatte aber einen mächtigen Haken. Sie konnte jederzeit gekündigt werden und musste innerhalb von 24 Stunden zurückgezahlt werden.

Einige Monate vor dem »Black Friday« im Oktober des Jahres 1929 verließen J.D. Rockefeller und andere Insider des Geldfürstentums still und leise den Aktienmarkt. Am 24. Oktober 1929 kündigten auch die New Yorker Finanziers ihre Wertpapiere massenweise. Zum Verständnis: Es waren genau diese Typen, die die Ausgabe der Margin Loans zuvor mächtig angeheizt hatten! Dies führte sofort zu massiven Aktienabverkäufen, löste panische Bank-Runs aus und führte letztlich zum Zusammenbruch von mehr als 16.000 Banken. Die Weltwirtschaftskrise war entstanden, und auch die europäischen Märkte brachen zusammen.

Der Zusammenbruch des Aktienmarktes befähigte die konspirativen internationalen Bankiers nun dazu, nicht nur die Konkurrenzbanken, sondern auch jetzt bankrotte Unternehmen und Konzerne zu einem Schleuderpreis aufzukaufen. Doch damit hörten die Machenschaften der FED nicht auf. Anstatt die Geldmenge wieder zu erhöhen, was zu einer Erholung der Wirtschaft geführt hätte, verringerte die FED durch bewusst antizyklisches Verhalten die Geldmenge. Damit löste sie die bisher mächtigste Rezession und die dir hoffentlich bekannten Folgen der Geschichte aus.

Einmal mehr empört, brachte der langjährige Kontrahent des Bankenkartells, der Kongressabgeordnete Louis McFadden, ein Misstrauensvotum gegen den Direktorenrat der FED auf den Weg. Über den Bankencrash und die Depression sagte er: »*Es war ein sorgfältig gestelltes Ereignis. Internationale Bankiers stellten einen Zustand der Hoffnungslosigkeit her, sodass sie sich zu den Herrschenden über uns alle entwickeln konnten.*«[24] Es ist nicht überraschend, dass McFadden nach zwei bereits vorausgegangenen Mordversuchen dann während eines Banketts vergiftet wurde, bevor er das Misstrauensvotum weiter vorantreiben konnte.

Jetzt und ohne weitere kritische Töne McFaddens entschieden die Federal-Reserve-Banker, dass der Goldstandard abgeschafft werden sollte. Um das zu schaffen, mussten sie an das im System verbliebene Gold kommen. Also wurde von Präsident Franklin D. Roosevelt im April 1933 unter dem Vorwand, dabei zu helfen, die Depression zu beenden, eine Beschlagnahmung alles sich im Umlauf befindlichen Goldes durchgeführt. Unter Androhung von zehn Jahren Gefängnis musste innerhalb von drei Wochen jeder in Amerika seine Goldbarren an die Schatzkammer verkaufen. Zu Dumpingpreisen wurde der Öffentlichkeit der letzte Besitz geraubt. Am Jahresende 1933 wurde der Goldstandard abgeschafft. Hammer, oder!?

Dreck schwimmt immer oben, und an jeder weißen Weste klebt auch ein wenig Blut.

Wenn du auf eine Dollarnote von vor 1933 schaust, dann steht dort auf Englisch der Zusatz »In Gold einlösbar«. Schaust du heute darauf, steht dort »Gesetzliches Zahlungsmittel«. Das bedeutet, dass der Dollar durch absolut nichts gedeckt und somit wertloses Papier ist. Das Einzige, was auch unserem heutigen Zahlungsmittel einen Wert verleiht, ist, wie viel sich davon im Umlauf befindet. Die Macht, die Geldmenge regeln zu können, ist die Macht, den Wert des Geldes steuern zu können. Es ist die Macht, ganze Gesellschaften und Wirtschaften auf die Knie zu zwingen.

»Gib mir die Kontrolle über das Geld einer Nation,
und es interessiert mich nicht mehr, wer deren Gesetze macht.«[25]
Mayer Anselm Rothschild, Gründer der
Rothschild-Banken-Dynastie

Es ist wichtig, eindeutig zu verstehen, dass die Federal Reserve Bank eine Privatbank im Besitz privater Anteilseigner ist. Sie ist so federal wie FEDEX – Federal Express! Du darfst dich hier vom Namen »bundesstaatlich« nicht täuschen lassen. Keinem Staatsbürger, keinem ordnungsgemäß gewählten Mitglied des amerikanischen Kongresses, nicht dem Obersten Gericht, nicht der CIA, FBI, ATF, niemandem, nicht einmal der Regierung, ist es erlaubt, in ihr eigenes Gebäude zu gelangen. Das Privatunternehmen legt seine Unternehmenspolitik eigenständig fest und wird von der Regierung nicht kontrolliert. Die FED verleiht Geld an andere Banken und auch an den amerikanischen Staat. Die Zinsen der Staatsschulden an die Bank werden durch die Einnahme von Steuergeldern zurückzahlt. Zwar wird dem Finanzministerium unterstellt, Geld zu erschaffen, aber tatsächlich kontrolliert und druckt die FED das Geld. Die FED stellt genau dieses Bankensystem dar, dem

Amerika durch die Unabhängigkeitserklärung zu entkommen versucht hatte. Wer hat also die Macht?

Du musst das Rad nicht neu erfinden.
Du solltest nur verstehen, wie es sich dreht.

John F. Kennedy war der letzte Präsident, der sich gegen die FED erhob: »*Wir sehen uns weltweit einer monotheistischen und rücksichtslosen Verschwörung gegenüber, welche hauptsächlich zu verdeckten Operationen greift, um ihre Einflusssphäre zu erweitern.*«[26] Am 4. Juni 1963 unterzeichnete Kennedy angeblich die Executive Order 11110. Dabei ging es um die Erstellung und Ausgabe von Silberzertifikaten, die das US-Finanzministerium als mögliche Übergangslösung zum Geldmonopol der FED wohl ermächtigen sollte, reales Geld auch ohne die FED ausgeben zu können. Kennedys Plan, den Federal-Reserve-Apparat zu demontieren, wurde umgesetzt. Sechs Monate später ging J.F. Kennedy nach Dallas und kehrte nie zurück. Seit JFK hat es kein amerikanischer Präsident mehr gewagt, sich diesen Kräften hinter der FED zu widersetzen und ihnen entgegenzutreten.

Noch mal: Es geht in diesem Buch nicht darum, die ultimative Wahrheit zu finden, die es sowieso nicht geben kann und wird. Es geht auch nicht darum, was richtig und/oder was falsch ist. Die Geschichte wird sowieso immer von den Siegern geschrieben. Was damals tatsächlich alles abgelaufen ist und wer genau in welche Verstrickungen und Machenschaften eingebunden war, entzieht sich meiner Kenntnis. Ich war nicht dabei. Ich bin auch kein Mitglied irgendeines fucking Geheimdienstes oder irgendeiner andersartig gelagerten, politischen, glaubens- oder gleichschaltungstechnischen Hirnficker-Institution. Letztlich könnte es mir auch scheißegal sein, wer da welche Spielchen treibt. Das ist es mir aber nicht, wie du zwischen den Zeilen sicher ganz gut herauslesen kannst. Auch geht es mir in diesen und den weiteren Texten nicht wirklich darum, über jemanden zu urteilen. Letztlich waren und sind diese Brain-Tattoo-Demons ja auch richtig clevere Kerlchen, die, zwar moralisch verwerflich und menschlich mächtig inakzeptabel, ihr Ding gnadenlos durchziehen. Im Gegensatz zu manch anderen Sofademokraten heutzutage rock(t)en die das Weltgeschehen nicht schlecht. Mit diesen Storys will ich dich auffordern, deine Brain-Tattoos zu erkennen! Ich will, dass du damit beginnst, eigenständig zu denken. Ich will, dass du dir dein eigenes Bild von der Welt machst, in der du lebst. Ich will, dass du deine Brain-Tattoos hinterfragst! Was steckt hinter diesen Storys, und was hat das alles mit dir und deinem Leben selbst zu tun? Suche daher also bitte nicht nach Möglichkeiten, wie du dein Ego aufpolieren kannst, indem zu anfängst, mich zu stressen, mich als Verschwörungsfuzzi hinstellst oder versuchst, mir sonst irgendwie an den Karren zu pissen. Mach dir klar, dass, alles was gerade in deinem Schädel geschieht, maßgeblich mit dir selbst und deinen eigenen Brain-Tattoos deiner Vergangenheit zu tun hat. Ich bin lediglich ein Impulsgeber, der dir verschiedene Betrachtungen und Sichtweisen anbietet. Denk mal darüber nach!

Jedenfalls ist der Weg, wie die Banken Geld machen, jetzt klar, oder? Sie lagern das Geld der Sparer zu niedrigen Zinsen ein, und auf der anderen Seite verleihen sie das Geld gegen höhere Zinsen an Bedürftige. Schulden sind Einnahmen und Gewinne für die Banken. Je mehr Kredite die Banken vergeben, desto mehr Geld stellen sie her und desto mehr verdienen sie. Das Papiergeld und der Zins gehören zu den abartigsten und abscheulichsten Erfindungen der Menschheitsgeschichte. Die Banken hatten mit dem Teil-Mindestreserve-Bankwesen-System entdeckt, wie sie wertloses Papier zu Gold verwandeln konnten. Auf diese Weise wurde die ultimativste Maschine erfunden, um echtes Geld zu stehlen und alle Völker auf Erden zu versklaven. Ein Instrument, welches in den falschen Händen gefährlicher ist als eine Atombombe. Seine Fähigkeiten können Menschen und ganze Nationen, die dieser Perversion ausgesetzt sind, ganz und gar zerstören.

Klar, wir sind hier in Deutschland nicht im Wilden Westen von Amerika, und sicherlich gibt es auch gewisse Regelungen an internationalen Mindeststandards bei der Geldschöpfung, wie z.B. Basel III, die BaFin in Deutschland, oder die heutigen Hüter der Kohle wie die europäischen

Finanzaufsichtssysteme und Bankenaufsichtsbehörden usw. Überlege aber dennoch einmal, inwieweit wir hier in Europa/Deutschland als Exportweltmeister von den amerikanischen Banksystemen abhängig sind! Wird hierbei offiziell nicht sogar vom »Primat der Banken« über die Regierung gesprochen? Ich glaube, dass dieser Spruch von fast niemandem bewusst verstanden bzw. gehört werden will. Ein Primus ist übrigens der Erste!

God save the King – hoch lebe die Toleranz gegenüber Obrigkeiten und Autoritäten!

BRAIN-TATTOO-SESSION #17

Überlege mal ganz scharf, was diese beschriebene Geldentwicklung der Vereinten Staaten von Amerika mit den heutigen globalen und wirtschaftlichen Verhältnissen in unseren Breitengraden zu tun hat. Wie sieht es mit deinen Brain-Tattoos im Umgang mit den Banken aus? Mach dir deine finanziellen Abhängigkeiten klar! Welches Farbenspiel und welche Symbolik erscheinen vor deinem inneren Auge? Male es auf!

CASINO BRUTAL

Drei meiner elementarsten Brain-Tattoos, die ich mir schon sehr früh eingenagelt habe, sind Dinge, die du auf dieser Welt niemals tun solltest:

- Begehre niemals die Frau eines anderen Mannes.
- Verletze niemals das Selbstwertgefühl eines anderen Mannes.

- Und das Wichtigste: Hantiere niemals mit dem Geld anderer Männer. Ansonsten wirst du im Normalfall irgendwann gekillt oder gelyncht … – und brauchst dich dann echt nicht einmal zu wundern!

Sobald du offiziell rechts- und geschäftsfähig bist, heißt es: »Party auf Pump von Anfang an. Lasset die Puppen tanzen, Rock 'n' Roll! Endlich frei und selbstbestimmt.«

Auf einmal kannst du dir alles kaufen, wovon du als Kind schon immer geträumt hast bzw. alles, was dir andere und die Medien seit dem frühen Kindesalter ins Hirn genagelt haben. Damit das (nicht) so bleibt, werden dir von allen Seiten Lebensversicherungen, Unfallversicherungen, Regenschirmversicherungen, Autofinanzierungen, Familienkredite, Bausparverträge, Modernisierungskredite usw. angeboten.

In Form von Krediten wird den Menschen die Kohle erst einmal sogar für Dinge in den Arsch geblasen und angeboten, die sie überhaupt nicht brauchen. Durch die Werbung werden sie gepusht, Dinge zu kaufen, die sie gar nicht benötigen, mit Geld, das sie gar nicht haben. Schneller, besser, größer, höher, weiter. Du bist, was du hast. So lange, bis es dir aus den Ohren herauskommt, werden von der Wirtschaft unerlässlich weitere Anreize geschaffen zu kaufen. Du kannst alles haben, was du willst. Alles, was dir andere in der Glotze vorleben. Alles, was andere meinen, das für dich ein erstrebenwertes Ziel sein könnte. Du wirst mit Kreditkarten zugemüllt, ob du es willst oder nicht.

Bargeldloses Bezahlen und sich dabei triebgesteuert zu verschulden, ist eine coole Strategie der Banken. Die Banken spielen ihre Brain-Tattoo-Psycho-Games mit den niedersten Instinkten der Menschen. Das Geschäftsmodell der Banken ist es, Geld zu verleihen und dich somit in ihre Abhängigkeit zu zwingen.

Knallhart wirst du zum lebenslangen Schuldsklaven der Banken angefixt!

Als verantwortungsbewusster, moralischer und stolzer, Brain-Tattoo-technisch gut konditionierter und demütiger, ehrlich erzogener Mensch weißt du natürlich, dass, wenn der Spaß vorbei ist, du dich mit aller deiner dir zur Verfügung stehenden Macht und Kraft um die Tilgung der Schulden kümmern musst. Schließlich willst du nicht als Versager vor den anderen dastehen, eingeknastet und gekillt werden, oder?

Wer nicht aufpasst, wird zum Judas!

Du bekommst Angst und beginnst, dich für andere zu prostituieren, und, deiner Schulden wegen, Ziele zu verfolgen, die eigentlich gar nicht deine eigenen sind und waren. Du verlierst dich in der Abhängigkeit an die Banken. Deine Lebensaufgabe ist entstanden, Schuldentilgung!

BRAIN-TATTOO-SESSION #18

Wie ist es nun wirklich um deine Abhängigkeit von der Kohle bestimmt? Wie ist es um deine finanzielle Situation bestimmt? Inwieweit und wo bist du überall verschuldet? Was alles gehört der Bank? Wer bist du, wenn du zahlungsunfähig bist und dir alles weggenommen wird? Wäre es eine Form der Revolution, dafür zu sorgen, dass du deinen privaten und auch geschäftlichen Finanzhaushalt in Ordnung bringst? Welche Möglichkeiten hast du? Wie würde eine positive Privatbilanz aussehen? Wie siehst du dich dann?

WAR PIGS

Die Kontrolle des Geldes ist nur eine Seite des bunten Zauberwürfels, den die internationalen Bankiers in den Händen halten. Ein weiteres mächtiges Werkzeug zu mehr Kontrolle und Profiten ist Krieg. Seit der Einführung der Federal Reserve Bank im Jahr 1913 wurden mehrere große und kleine Feldzüge begonnen. Um dir noch mehr Auswahl an Brain-Tattoo-Farben zur Verfügung zu stellen, seien hier exemplarisch der Erste Weltkrieg, der Zweite Weltkrieg und Vietnam erwähnt.

Erster Weltkrieg: Im Jahr 1914 brachen europäische Kriege, vor allem zwischen England und Deutschland, aus. Der damalige amerikanische Präsident Woodrow Wilson verkündete öffentlich die amerikanische Neutralität. Die amerikanische Bevölkerung wollte mit dem Krieg nichts zu tun haben. Im Ersten Weltkrieg hielten sich die Vereinigten Staaten, zumindest militärisch, zunächst einmal raus. Jedoch haben sie alle Seiten mit Waffen beliefert und dadurch klotzig verdient. Einen Unterschied bei ihren »Kundenbeziehungen« machten die Amis aber doch. Die Entente, also die Franzosen und die Engländer, bekamen ihre Waffen auf Pump, und das deutsche Kaiserreich musste in bar bezahlen.

Trotz der versicherten Neutralität des Frontmannes des amerikanischen Volkes war die US-Administration verdeckt auf der Suche nach einem Grund, in den Krieg eintreten zu können. In einer bekannten Feststellung von Außenminister William Jennings Brian liest man: *»Die großen Banken waren, wegen der weitläufigen Möglichkeiten, große Gewinne zu machen, besonders am Weltkrieg interessiert.«*[27] Es ist wichtig zu verstehen, dass das Lukrativste, was den internationalen Bankiers passieren kann, Krieg ist. Ein Krieg zwingt ein Land dazu, noch mehr Geld von den Banken gegen Zinszahlung zu leihen.

Am 7. Mai 1915 wurde ein englisches Kreuzfahrtschiff, der Luxusliner *Lusitania*, von deutschen U-Booten versenkt. An Bord waren auch einige Amerikaner und nachweislich ziemlich viel Munition. Das Torpedieren des Schiffes hatte zu 1.200 Toten geführt.

Mit wie viel Dreck in der Birne muss man eigentlich zugenagelt sein, um in Kriegszeiten ein unter englischer Flagge von Amerika nach England reisendes Schiff zu betreten und im Feindgebiet herumzuschippern? Oder steckte dahinter vielleicht doch ein beabsichtigter Plan, bei dem man, wie beim Schach, einfach ein paar Bauernopfer brachte? Die Jungs und Mädels aus der Liga der Verschwörungstheoretiker sind sich dazu noch uneinig. Sei es drum.

Jedenfalls, und wie erwartet, löste das Versenken der *Lusitania* in der amerikanischen Bevölkerung eine Welle der Empörung aus, und kurze Zeit später trat Amerika tatsächlich in den Krieg ein. Das Ende des Ersten Weltkrieges ist uns allen bekannt. Im November 1918 war die Show vorbei. Weißt du, wann die Amerikaner in den Ersten Weltkrieg eingetreten sind? Am 8. März 1918. Sechs Monate vor Ende des Krieges betrat der erste amerikanische Soldat europäischen Boden. Das heißt, die kamen nur noch zum Abkassieren und Abräumen. Die haben das Ding mit ihrer Materialüberlegenheit einfach beendet. J.D. Rockefeller zog daraus 200 Millionen Dollar Profit, was heute etwa 9 Milliarden Dollar wären. Nicht zu vergessen die 30 Milliarden Dollar Kriegskosten, die in den USA entstanden sind. Das meiste davon war von der Federal Reserve Bank gegen Zinsen geliehen worden. Die Profite der internationalen Bankiers wurden weiter erhöht.

Zweiter Weltkrieg: Nach dem Desaster der Weimarer Republik und auch den weiteren Folgen der Weltwirtschaftskrise von 1929 kam die Inflation nach Deutschland. Diese Inflation sorgte dafür, dass hier die Leute verhungerten. Und auch dafür, dass das Deutsche Reich seinen Reparationszahlungen aus dem Ersten Weltkrieg an die Entente nicht mehr nachkommen konnte. Und was passierte? Wer gab dem Deutschen Reich Kredite? Onkel Sam!

Somit waren die Deutschen nun auch massiv verschuldet, obwohl sie ihre kriegswichtigen Güter im Ersten Weltkrieg einst in bar bezahlt hatten. In der Mitte der Zwanzigerjahre fingen dann auch noch amerikanische Großindustrielle und die amerikanische Federal Reserve Bank an, eine ganz bestimmte politische Bewegung in Deutschland massiv zu unterstützen. Um welche politische Bewegung könnte es sich wohl gehandelt haben? Es war die NSDAP, die Nationalsozialistische Deutsche Arbeiterpartei! Henry Ford war ein bekennender Antisemit! Einer der zur damaligen Zeit reichsten Männer der Welt.

Also gab es einen guten Plan. Man musste die Völker Europas ein zweites Mal aufeinanderhetzen. Denn dann hätte man den größten Wirtschaftsraum des Planeten außerhalb der USA komplett zerstört, die Völker Europas in den Ruin getrieben und einen Genozid angerichtet. Also Bevölkerungsreduktion. Im Zweiten Weltkrieg verloren 55 Millionen Menschen ihr Leben. 22 Millionen alleine in der Sowjetunion.

Dem Anliegen, dass auch Amerika in den Krieg ziehen sollte waren die internationalen Bankiers sehr zugetan. Am 7.12.1941 griff Japan die amerikanische Flotte bei Pearl Harbor an. Das war der Auslöser für den amerikanischen Kriegseintritt. Der damalige Präsident Franklin D. Roosevelt erklärte: »*Dies wird als ein Tag der Schande in die Geschichte eingehen.*«[28] Es war wirklich ein Tag der Schande, aber nicht wegen des scheinbar überraschenden Angriffs auf Pearl Harbour. Nach über 70 Jahren und neu ans Tageslicht gekommenen Informationen besteht der Verdacht, dass der Angriff auf Pearl Harbour nicht nur Wochen im Voraus bekannt, sondern gänzlich gewollt und provoziert war.

Wie kam es nun dazu, dass die Japaner den ersten Schuss abgaben und somit zweifelsfrei als Aggressoren dastanden? In den Monaten vor Pearl Harbor hatte Roosevelt fast alles getan, um die Japaner durch seine aggressive Haltung zu verärgern. Er stoppte alle amerikanischen Ölexporte nach Japan. Er fror alle japanischen Besitztümer in den USA ein. Er stellte dem nationalistischen China öffentlich Kredite und den Briten militärische Hilfe zur Verfügung. Beides waren japanische Feinde im Zweiten Weltkrieg, was nebenbei bemerkt internationales Kriegsrecht verletzt.

Am 4. Dezember, drei Tage vor dem Angriff auf Pearl Harbor, berichtete der australische Nachrichtendienst Roosevelt, dass eine japanische Kampftruppe Richtung Hawaii unterwegs war. Anscheinend ignorierte Roosevelt den Bericht. Und wie es wohl erhofft und erlaubt worden war, attackierte Japan am 7.12.1941 Pearl Harbour. Dabei verloren 2.400 Soldaten ihr Leben. Vor Pearl Harbor wollten 83 Prozent der amerikanischen Bevölkerung nichts mit dem Krieg zu tun haben.

Nach Pearl Harbor meldeten sich eine Million Männer freiwillig für den Kriegsdienst.

Dabei ist es weiterhin wichtig festzuhalten, dass die Kriegsbemühungen Nazideutschlands wesentlich von zwei Organisationen gestützt wurden. Eine davon hieß I.G. Farben. Diese produzierte 84 Prozent aller deutschen Sprengstoffe, genauso wie das Zyklon B, das in den Konzentrationslagern zur Ermordung von Millionen Menschen eingesetzt wurde. Eine der wenig beachteten Partnerfirmen der I.G. Farben war J.D. Rockefellers Standard Oil Company in Amerika. Tatsächlich konnte die deutsche Luftwaffe ohne ein spezielles Additiv, das von Rockefellers Standard Oil patentiert worden war, überhaupt nicht fliegen. Das massive Bombardement Londons wurde durch einen 20 Millionen Dollar schweren Treibstoffhandel zwischen Rockefellers Unternehmen und der I.G. Farben ermöglicht. Das hier Beschriebene ist übrigens nur ein ganz kleiner Teil dessen, wie amerikanische Firmen nachweislich beide Seiten des Krieges unterstützten.

Eine weitere betrügerische Organisation, die einer Erwähnung bedarf, ist die Union Banking Corp. in New York City. Durch dieses Unternehmen wurde nicht nur Hitlers Machtergreifung und auch das Kriegsmaterial während des Krieges teilfinanziert, sondern es war außerdem eine Nazi-Geldwäschebank. Diese Bank hatte Millionen an Nazigeldern in ihren Tresoren. Die Aktien der Bank wurden aufgrund des Verstoßes gegen das »Handel-mit-dem-Feind-Gesetz« während des Krieges durch die US Regierung beschlagnahmt.

Jetzt rate mal, wer der Direktor und Vizepräsident der Union Banking Corp. war.

Genau, Mr Prescot Bush, der Großvater von George W. Bush, dem ehemaligen Präsidenten. Und natürlich der Vater des früheren Präsidenten George Bush Senior. Behalte das im Hinterkopf, wenn du die moralischen und politischen Charaktereigenschaften der Bush-Familie und somit so mancher Präsidenten der USA betrachtest.

Vietnam: Nach dem »Tonkin-Zwischenfall«, bei dem angeblich zwei US-Zerstörer im Golf von Tonkin durch nordvietnamesische PT-Schnellboote angegriffen worden waren, wurde im Jahr 1964 die offizielle Kriegserklärung der USA an Nordvietnam abgegeben. Diese Situation war der einzige Vorwand für massive Truppenverlegung zu einer vollwertigen Kriegsführung. Aber: Der Angriff auf die Zerstörer hatte nie stattgefunden. Der Vorfall war komplett gestellt, um eine Rechtfertigung für den Krieg zu haben. Der ehemalige Verteidigungsminister Robert McNamara erklärte Jahre später offiziell, dass der Tonkin-Zwischenfall ein Irrtum war. Viele Militärinsider und Offiziere bestätigten später, dass dies alles eine arrangierte und komplette Lüge war!

Ich glaube, wenn Gott sich der Bedeutung des Kainsmals in der heutigen Zeit bewusst würde, läge er im Bett und würde fürchterlich weinen!

Einmal im Krieg, war es nur noch »Business as usual«. Im Oktober 1966 lockerte Präsident Lyndon B. Johnson die Handelsbeschränkung mit dem Sowjetblock, obwohl er genau wusste, dass die Sowjets für mehr als 80 Prozent des nordvietnamesischen Kriegsnachschubs verantwortlich waren. Logischerweise finanzierten Rockefeller-Beteiligungen unter David Rockefeller Fabriken in der Sowjetunion, die Kriegsgerät für die nordvietnamesische Armee herstellten. Allerdings war das Finanzieren beider Kriegsparteien nur die eine Seite der Medaille.

20 Jahre später, also zehn Jahre nach dem Ende des Krieges, wurden im Jahr 1985 die Kriegseröffnungsregeln der USA für den Vietnamkrieg öffentlich freigegeben. Und dabei haut es dir den Vogel raus! Diese legten im Detail fest, was amerikanische Soldaten im Krieg machen durften und was nicht. Es waren solche Absurditäten enthalten wie: Nordvietnamesische Luftabwehrstellungen durften nicht bombardiert werden, solange sicher war, dass sie nicht einsatzbereit waren. Oder auch, dass Feinde nicht mehr verfolgt werden dürften, wenn sie die Grenzen nach Laos oder Kambodscha überschritten hatten. Und die verräterischste Regel: Die strategischen Ziele dürften nicht angegriffen werden, bevor nicht von hohen Militärfunktionären der Befehl dazu kam. Es gab diese

lächerlichen Restriktionen nicht nur, sondern das nordvietnamesische Militär wurde auch noch darüber informiert. Wodurch sie ihre militärische Strategie rund um diese Beschränkungen der amerikanischen Truppen herum aufbauen konnten. Deshalb dauerte der Krieg so lange. Und unterm Strich sollte der Vietnamkrieg gar nie gewonnen werden. Lediglich anhaltend sollte er sein. Dieser Krieg im Namen des Profits kostete 58.000 Amerikaner und 3 Millionen Vietnamesen das Leben.

BRAIN-TATTOO-SESSION #19

Schau dir mal die Hintergründe des derzeitigen globalen Weltgeschehens genauer an – worum geht's da eigentlich wirklich? Wer verfolgt welche Interessen? Was wurde dir in deiner Vergangenheit als Wahrheit eintätowiert, und welche Wahrheit vertrittst du? Wie ist es um die Weit- und Weltsicht deiner Brain-Tattoos bestellt? Welches Bild hast du jetzt im Kopf?

GERMAN GAMES – THE LAW OF ATTRACTION

Vom Großen zum Kleinen. Nach all diesen Storys schauen wir uns jetzt deine Brain-Tattoos zum Thema Deutschland nach dem Zusammenbruch des Nazireiches an.

In dieser Nachkriegszeit wird es richtig interessant. Nach der fürchterlichen Katastrophe des Zweiten Weltkriegs wurde alles wieder schön aufgebaut. Ich erinnere an den Marshallplan. Man gab uns ein Grundgesetz, auf dass wir gute Deutsche wären. Dazu setzten sich auf die Weisung der Siegermächte hin wohlmeinende und meist anständig gebliebene Männer und Frauen auf einer kleinen Herreninsel im Bayrischen Chiemsee zusammen. Sie überlegten, welche Lehren aus dem

Desaster des Zweiten Weltkriegs wohl zu ziehen wären. Natürlich waren die meisten Mitglieder dieser ersten BRD-Brain-Tattoo-Convention noch im 19. Jahrhundert geboren, geprägt durch die Erfahrungen des Kaiserreiches, der Weimarer Republik und des Dritten Reiches. All ihre traumatischen Erlebnisse und individuellen Brain-Tattoos brachten sie in diesem Konvent mit ein. Was dabei herauskam, war bewundernswert.

Die Väter und Mütter des Grundgesetzes der neu zu gründenden BRD brachten etwas zustande, das es so auf deutschem Boden noch nicht gegeben hatte.

Das Grundgesetz war gleichzeitig in alten Werten verhaftet und doch in vielen Punkten sehr fortschrittlich. Es hat der Bevölkerung der neuen Republik, mit allen Veränderungen und Ergänzungen, über einen Zeitraum von mehr als 65 Jahren ein Leben in Frieden und Freiheit beschert.

Allerdings darf nicht vergessen werden, dass die Initiatoren und Paten dieser Grundgesetz-Convention die Siegermächte waren. Es kam nicht auf Wunsch des deutschen Volkes, sondern auf Anordnung der Sowjets, Amis, Engländer und Franzosen zustande. Das deutsche Volk wurde weder gefragt, ob es ein solches Grundgesetz überhaupt haben wolle, noch mussten die Deutschen jemals um eine Demokratie kämpfen. Das Grundgesetz kam einfach über sie. Durch den Viermächtestatus hatten die deutschen Bürger nicht in freier Selbstbestimmung über eine Verfassung abstimmen können. Sie hatten damals keine andere Wahl.

Carlo Schmid, einer der Gründungsväter des Grundgesetzes, sagte: *»Wir sind hier NICHT angetreten, einen Staat zu gründen. Und genau das ist auch NICHT passiert!«*[29] Allen Mitgliedern des parlamentarischen Rates dieser grundgesetzgebenden Versammlung war daher klar, dass dieses Grundgesetz nur einen vorläufigen Übergangszustand darstellte und nichts anderes als ein ordnungsrechtliches Instrumentarium der alliierten Siegermächte des Zweiten Weltkriegs war. Das Grundgesetz für das von Konrad Adenauer im Jahre 1949 gegründete Staatsfragment der Bundesrepublik Deutschland wurde ausdrücklich als Provisorium und NICHT als Verfassung bezeichnet.

Aus diesem Grunde fügten die Mitglieder der Gründungsversammlung den Art. 146 GG in das Grundgesetz ein. Der besagt, dass nach einer Wiedervereinigung vom deutschen Volk eine Verfassung beschlossen wird.

»Dieses Grundgesetz, das nach Vollendung der Einheit und Freiheit Deutschlands für das gesamte deutsche Volk gilt, verliert seine Gültigkeit an dem Tage, an dem eine Verfassung in Kraft tritt, die von dem deutschen Volke in freier Entscheidung beschlossen worden ist.«

Die Wiedervereinigung Deutschlands im Jahre 1991 ist inzwischen über ein Vierteljahrhundert her!

Die Gründungsväter trauten dem deutschen Volk nach dem Untergang des Nazireiches nicht mehr. Sie gaben dem deutschen Volk eine Scheindemokratie namens repräsentative Demokratie. Das Grundgesetz war also eine Art Übungsmodell, das nach der Wiedervereinigung gem. Art 146 GG einer Verfassung, die von dem deutschen Volke in freier Entscheidung beschlossen werden würde, weichen sollte. Dann, wenn der Deutsche »erwachsen« geworden wäre.

Dennoch wird uns heute noch immer suggeriert, dass das Grundgesetz die Verfassung der Deutschen sei. Der Europäische Gerichtshof hat 2012 rechtlich ganz klar festgestellt, dass es sich bei der Bundesrepublik Deutschland um eine »nicht souveräne Staats-Simulation« handelt. Deutschland ist somit kein autonomer Staat, und die BRD ist nach wie vor eine von den Alliierten nach dem Zusammenbruch der Wehrmacht installierte Verwaltungsorganisation. Das damals gebastelte Grundgesetz stellte ein von der alliierten Kontrollkommission aufoktroyiertes, also übergestülptes, Gesetz als Rechtsgrundlage für eine Verwaltungseinheit in den ehemaligen drei Westzonen dar! Einen Friedensvertrag hat es seit dem Ende des Zweiten Weltkrieges nicht gegeben!

Ich glaube, der Deutsche hat es bis heute noch nicht geschnallt, dass er in gar keiner Demokratie lebt. Eine Demokratie ist nicht, wenn Politiker eine Entscheidung fällen. Eine Demokratie ist, wenn Politiker die Entscheidungen des Volkes umsetzen. Das ist ein entscheidender Unterschied. Mein Verständnis dafür, dass der Deutsche das bis heute nicht gerafft hat, hält sich in Grenzen. Spätestens nach dem Feudalstaat des Kaiserreiches, auf dem Umweg über die katastrophale Weimarer Republik zum Wechsel ins Dritte Reich, spätestens nachdem die Alliierten dem Deutschen das Grundgesetz schenkten, hätte man sich ja einmal in der Welt umschauen können, wie Demokratien eigentlich funktionieren. Herr, lass es Hirn regnen!

Kann es wirklich sein, dass der deutsche Michel es zugelassen hat, dass sich in strategischen Situationen des Staates die armseligsten Vertreter seiner abhängigen Spezies extrem fett gemacht haben? Kann es sein, dass der mittelmäßige Deutsche von einem miefigen Durchschnitt beherrscht und bevormundet wird? Kann es sein, dass der Michel nicht nur dumm, sondern auch frech ist? Dumm, weil er diese Leute wählt, und frech, weil er dann auch noch erwartet, dass diese Typen seine Erwartungen erfüllen sollen? Und dabei rede ich noch gar nicht von den unterschiedlichen Parteien, die es meines Erachtens gar nicht wirklich gibt. Das Land wird allem Anschein nach, besser gesagt, doch von einer Einheitspartei mit unterschiedlichen Strömungen regiert. Durch Abgeordnete, die, bis auf ein paar wenige Ausnahmen ohne Lobby, alle einen gemeinsamen Nenner haben. Sie wollen ihre Macht und Pfunde um jeden Preis behalten. Durch Abgeordnete, die nichts anderes als Erfüllungsgehilfen der Kapitalwirtschaft und unverschämte Lobbyisten sind.

Macht für den, der sie nicht will!

BRAIN-TATTOO-SESSION #20

Wie ist es um deine politische und geschichtliche Bildung bestellt? Welchen Vorteil könnte es haben, sich seiner eigenen Wurzeln und der globalen Zusammenhänge bewusst zu werden? Was wurde deinen Ahnen und Urahnen einst als richtig und falsch ins Hirn genagelt? Aus welchem Stall kommst du? Wer wurde dir in deiner Vergangenheit zum Freund und wer zum Feind erklärt? Wie sieht deine politische und moralische Weltkarte aus? Mach dir das mal klar und skizziere deine moralische Weltkarte!

SOUVERÄN?!

Alle Welt spricht vom Grundgesetz der Deutschen wie von einer Bibel zur Staatsreligion Deutschlands. Dann lass uns doch mal anschauen, wie von den amtierenden und schon abgetretenen Staatsorganen mit der Grundlage für deutsches Brain-Tattooing umgegangen wird.

Schon sehr lange beschäftigen sich Verfassungsrechtler mit der Frage nach der deutschen Verfassung. Ich bin der festen Überzeugung, dass so einiges, was man lebhaft und konstruktiv diskutieren könnte, zur Debatte stünde. Befindlichkeiten, mit denen man das Ding updaten könnte. Auffälligkeiten, zu denen man bessere und reformierte Gesetze in die Verfassung schreiben könnte. Dass man das als geeinigtes Volk darf, versichert der Artikel 146 GG. Und das war von den Schöpfern des GG auch so gemeint, als sie die Präambel, also das Vorwort, mit juristischer Bedeutsamkeit schrieben:

»*Im Bewußtsein seiner Verantwortung vor Gott und den Menschen, von dem Willen beseelt, seine nationale und staatliche Einheit zu wahren und als gleichberechtigtes Glied in einem vereinten Europa dem Frieden der Welt zu dienen, hat das Deutsche Volk in den Ländern Baden, Bayern, Bremen, Hamburg, Hessen, Niedersachsen, Nordrhein-Westfalen, Rheinland-Pfalz, Schleswig-Holstein, Württemberg-Baden und Württemberg-Hohenzollern, um dem staatlichen Leben für eine Übergangszeit eine neue Ordnung zu geben, kraft seiner verfassungsgebenden Gewalt dieses Grundgesetz der Bundesrepublik Deutschland beschlossen.*

Es hat auch für jene Deutschen gehandelt, denen mitzuwirken versagt war.

Das gesamte Deutsche Volk bleibt aufgefordert, in freier Selbstbestimmung die Einheit und Freiheit Deutschlands zu vollenden.«

Wäre es, um einen neuen Grundkonsens aller Deutschen zu schaffen, nicht eine wunderbare Idee, das, was aus dem Grundgesetz gut ist, zu übernehmen und es in die neue Verfassung einzufügen. Gründlich zu diskutieren, was problematisch ist, und das Ergebnis abschließend durch Abstimmung durch das geeinte Volk bestätigen zu lassen. Würde dies in der Gesellschaft nicht einen richtigen Ruck auslösen können?

So, und jetzt kommt Frau Dr. Merkel ins Spiel. Sie schreibt über Artikel 146 GG: »*Durch den Beitritt der Deutschen Demokratischen Republik DDR zur Bundesrepublik Deutschland BRD ist das Grundgesetz definitive und abschließende gesamtdeutsche Verfassung geworden. Durch Beitritt und Einigungsvertrag ist über das Grundgesetz entschieden worden. Die deutsche Einheit bedingt keine neue Verfassung.*«

Im Einheitsvertrag aber steht, dass die DDR zum Geltungsbereich des Grundgesetzes beitritt. Und zwar zum Geltungsbereich des GG aus einer Zeit, als in der Präambel bestimmt war, dass das GG für eine Übergangszeit gelte, siehe oben.

Außerdem trat die DDR dem Geltungsbereich des provisorischen Grundgesetzes bei, und nicht dem einer künftigen deutschen Verfassung. Die einigungsbedingte Änderung der Präambel lautet aktuell:

»*Im Bewusstsein seiner Verantwortung vor Gott und den Menschen, von dem Willen beseelt, als gleichberechtigtes Glied in einem vereinten Europa dem Frieden der Welt zu dienen, hat sich das Deutsche Volk kraft seiner verfassungsgebenden Gewalt dieses Grundgesetz gegeben. Die Deutschen in den Ländern Baden-Württemberg, Bayern, Berlin, Brandenburg, Bremen, Hamburg, Hessen, Mecklenburg-Vorpommern, Niedersachsen, Nordrhein-Westfalen, Rheinland-Pfalz, Saarland, Sachsen, Sachsen-Anhalt, Schleswig-Holstein und Thüringen* ***haben in freier Selbstbestimmung die Einheit und Freiheit Deutschlands vollendet.*** *Damit gilt dieses Grundgesetz für das gesamte Deutsche Volk.*«

Ich weiß nicht, ich wurde nicht gefragt, du? Das neue Grundgesetz wurde also als einigungsbedingte Änderung mit dem Einigungsvertrag beschlossen? Art. 146 GG gilt doch immer noch. Der Einigungsvertrag wurde einfach an das GG angehängt. Geht's noch? Ist das Ganze von dem deutschen Volke in freier, demokratischer Entscheidung beschlossen worden? Nein! Warum nicht? Welche nationalen und internationalen Brain-Tattoo-Demons sind hier am Werkeln?

Konsequenz: Nach Meinung der Physikerin Frau Dr. Angela Merkel ist der Artikel 146 GG hinfällig, weil Deutschland wegen des angehängten Einigungsvertrags jetzt ja quasi eine Verfassung habe. Sie erklärte kategorisch, dass eben nun dieses Grundgesetz die Verfassung sei und damit basta. Die Bundesregierung vertritt die Rechtsauffassung, dass eine Anwendung des Artikels 146 GG zwar möglich, aber nicht notwendig sei.

Kann es sein, dass das Grundgesetz aller Deutschen von deutschen Politikern ausgehebelt wurde? Der brave Deutsche schweigt. Kenner des Grundgesetzes halten diese Aussage zur Hinfälligkeit einer neuen Verfassung durch amtierende Politiker für einen Skandal! Das Grundgesetz sei, so die Fachleute, unumstritten nach besatzungsrechtlichen Vorgaben und nicht in freier Entscheidung des deutschen Volkes beschlossen worden. Deutschland hat keine Verfassung.

Verschiedentlich wurde bereits mehrfach versucht, den Artikel 146 GG beim Bundesverfassungsgericht einzuklagen. Das musste kläglich scheitern. Die Richter nahmen die Klage nicht einmal zur Entscheidung an. Artikel 146 GG hat laut den höchsten deutschen Richtern, den Hütern der »Verfassung«, rein »deklaratorischen« Charakter. Deklaratorisch bedeutet in der Juristensprache, dass die Rechtswirkung bereits vor dem Rechtsakt eingetreten ist. Bei einem deklaratorischen Rechtsakt wird also lediglich das Bestehen eines Rechts oder Rechtsverhältnisses festgestellt, bezeugt oder klargestellt.

Aha, das heißt doch demnach nur, dass die Rechtswirkung (nämlich der Beitritt der DDR zur BRD) bereits vor dem Rechtsakt, (nämlich der Ergänzung des Grundgesetzes durch den Einigungsvertrag, also der »Nicht-neue-Verfassung-Erstellung«) die neu in Kraft zu tretende Verfassung schlichtweg ausgehebelt hat, oder? Das ist ja noch schlimmer als die Frage, wer zuerst da war, das Huhn oder das Ei!?

Heißt das Ganze dann weiterhin auch, dass der Rechtsakt, also die »Nicht-neu-Schaffung« einer Verfassung, schon damit gegeben ist, weil dieser nichts an einer bestehenden Rechtslage, also dem Beitritt, ändert, sondern diese lediglich bezeugt oder klarstellt?

Seit dem Beitritt der DDR zur BRD hat sich also nichts geändert, was nicht irgendwo im Artikel 146 GG drinsteht? Ich kapiere es nicht! Du?

Wenn man weiß, wie Verfassungsrichter in ihr Amt kommen, dann versteht man auch, wessen Interessen diese »unabhängigen« Richter laut Artikel 97 GG vertreten. Sie werden von einem Richterwahlausschuss des deutschen Bundestags je nach Parteienverhältnis in ihre Ämter gehievt. Von einer Wahl also keine Spur. Sie werden von einem kleinen Kreis von Politikern benannt. Heißt also, unsere Verfassungsrichter mit den roten Roben in Karlsruhe sind Richter, die zufällig das zweite juristische Staatsexamen bestanden haben, strategisch clever durchdacht in die richtige Partei eingetreten sind und sich dann eine rote Robe kauften. Menschen, die allen Ernstes glauben, die Stellvertreter Christi auf Erden zu sein.

CHAOS?

Was trotz der hochgelobten Meinungsfreiheit nach Artikel 5 GG gar nicht geht, ist, öffentlich Kritik an der Politik zu üben. Was ist denn so falsch und verwerflich daran, sich auf eine kontrovers diskutierte, sachliche Diskussion einzulassen, ohne dass, sehr oft auch ziemlich vorschnell, die Nazikeule ausgefahren wird? Oder auch wenn du sagst, dass die BRD kein souveränes Land ist. Und das, obwohl die angeblich souveränen Politiker in der angeblich souveränen BRD selbst sagen, dass die BRD nicht souverän sei!

Wolfgang Schäuble 2011: *»Und wir in Deutschland sind seit dem 8. Mai 1945 zu keinem Zeitpunkt mehr voll souverän gewesen!«*[30]

Sigmar Gabriel: *»Ich sage euch, wir haben gar keine Bundesregierung, wir haben Frau Merkel als Geschäftsführerin einer neuen Nichtregierungsorganisation in Deutschland, das ist das, was hier ist!«*[31]

Tosender Applaus und schallendes Gelächter in den Reihen der anwesenden Politiker – geht's noch? Ist doch schön, dass das alle so lustig finden. Ich finde das überhaupt nicht lustig. Zumindest aber mal scheint das auch niemand befremdlich zu finden. Tangiert ja auch nicht wirklich weiter, solange das Ding irgendwie rundläuft, oder? Ist ja auch egal, dass es hier in diesem Land noch immer amerikanische, den Frieden gegen den Terror sichernde »Besatzungsgebiete« wie Ramstein gibt, über die beispielsweise massenhaft Kriegsgerät nach Europa gebracht wird. Ich vergaß, wir sind ja NATO-Bündnispartner.

Hinter jedem Chaos steckt eine gewisse Ordnung

Wenn du dich etwas näher mit den Geschichten hinter der BRD beschäftigst, wird dir bald klar werden, dass es sich bei den 2-plus-4-Verträgen nicht so, wie es in der Schule unterrichtet wird, um einen Friedensvertrag handelt, sondern dass wir bis heute keinen richtigen völkerrechtlich bindenden Friedensvertrag für Deutschland haben.

BRAIN-TATTOO-SESSION #21

Kann es sein, dass die Politik das Produkt deines Desinteresses ist? Wer hat dir die Lust auf Geschichte und Politik ausgetrieben? Wobei und warum verschließt du in politischer Hinsicht die Augen? Was bringt es dir, den Kopf in den Sand zu stecken? Was könnte ein guter Anfang sein, dich mit der Motivation und dem Antrieb deiner »Herren« auseinanderzusetzen? Willst du irgendwann sagen müssen: »Hätten wir nur ...«? Wann hörst du damit auf, in blindem Vertrauen dir gewisse Selbstverständlichkeiten ungefragt eintätowieren zu lassen? Hol dir die Informationen dort, wo sie vorhanden sind. Wo du die Infos (noch) frei zugänglich erhältst, durfte ja weitgehend klar sein, oder? Nur wer Fragen stellt, bekommt auch Antworten. Fang damit an, deine Welt zu hinterfragen.

Und bitte erspare dir die Aussage: »Ich kann doch eh nichts daran ändern, die machen ja eh, was sie wollen.« Das wäre nämlich ein deutliches Indiz dafür, dass du schon kapituliert und dich in die Hände anderer begeben hast. Dann wärest du bereits gestorben und würdest nur noch auf deine eigene Beerdigung warten. Wenn dem so wäre, dann bräuchtest du dich nicht zu wundern, wenn du nur noch schwarze Löcher sehen würdest.

Bild dir doch einfach mal deine eigene Meinung!

NEVER CHANGE A RUNNING SYSTEM?

Kann es sein, dass die politische Oligarchie und die Lobbyisten es sich in ihrer Selbstgefälligkeit hier sehr bequem eingerichtet haben? Kann es sein, dass diese Politiker und Volksvertreter ihre durch die Nischen des GG eroberte Macht nicht mehr zugunsten einer demokratischen Verfassung und zum Wohle des Volkes hergeben wollen?

Spricht ein Politiker jemals von diesem Artikel 146 GG, auf das er seinen Amtseid geleistet hat? Nein! Er wird sich hüten, weil diese nicht vom Volk beschlossene Verfassung nämlich die Gefahr in sich birgt, dass die Ungleichgewichte, die sich im Laufe der letzten Jahrzehnte eingeschlichen haben, jäh beendet sein könnten.

Deshalb leisten die Politiker weiterhin ihren Teil dazu, dem Art. 146 GG jede Geltung zu verweigern. Sie fürchten diesen Teil des GG wie der Teufel das Weihwasser. Die Politik und das sie tragende Kartell aus Kapital und Medien haben panische Angst vor dem Volk. Ständig schmettern sie eingehende Petitionen zur Einberufung einer verfassungsgebenden Versammlung, einem Volksentscheid über eine neue Verfassung mit immer wiederkehrenden neuen und rotzfrechen Begründungen ab.

Der Grund dafür ist ja wohl mehr als nur glasklar. Sie fürchten, dass sich der ganze Frust über die offensichtlichen demokratischen Defizite und die ungerechte Verteilung des Kapitals in einem gigantischen Volkshass entladen könnte. Es besteht die Gefahr, dass das Volk von seinen demokratischen Grundrechten Gebrauch machen könnte. Von den demokratischen Grundrechten, wie sie in den Römischen Verträgen von 1950 und in der dazugehörigen Menschenrechtserklärung von 1953 für die gesamte Europäische Union festgeschrieben wurden.

Die Volksvertreter schieben einen Horror davor, dass plötzlich Schluss mit der repräsentativen Demokratie wäre. Mächtige paranoide Panik entstünde, wenn plötzlich plebiszitäre Elemente, also der Pöbel, der Mob, das gemeine Volk, Einzug in die Verfassung halten würden. Sie haben massive Verlustangst davor, dass die heutige Parteiendiktatur, die Diktatur des Kapitals, der Lobbyisten der Medienzahl, der Finanzindustrie und der Wirtschaftskapitäne ein Ende haben wird. Oder sie zumindest an Einfluss verlieren würde. Das Volk könnte sich auf seine Bürgerrechte besinnen und seinen Anteil am Kapital fordern. Es könnte die Daseinsberechtigung der Politiker infrage stellen. Es könnte beispielsweise fordern, dass über die Abgabe von Souveränität an die Europäische Union durch das Volk zu entscheiden ist.

Oder auch, dass bei der Aufnahme von weiteren Mitgliedern in die EU die deutschen Bürger gefragt werden müssten. Das alles ist Gift in den Augen der Politiker, gegen das man mit den untersten Schubladen der Volksverdummung und unter dem Denkmantel einer freiheitlichen Demokratie »Zum Wohle des deutschen Volkes« vorzugehen hat. Das ist perversestes und abartigstes Brain-Tattooing de luxe.

POLITICAL PUNK?

Kann es sein, dass unsere Staatsoberhäupter gezielt darauf hinsteuern, dass ganz Europa in den Zustand der Vereinigten Staaten von Europa befördert werden soll? In einen Bundesstaat ohne Staatsrecht? Normalerweise hat ein Staat eine Verfassung, die EU kommt ohne diese aus. Die EU selbst hat heute und in Zukunft kein vergleichbares Regel- oder Gesetzbuch, das auch nur im Geringsten einem demokratischen Staat entspräche.

Energiekonzerne werden gefördert. Alternative Energien verschwinden wieder, damit die Öl- und Energiekonzerne weiterhin immense Gewinne auf Kosten der Verbraucher machen können. Energie wird künstlich verteuert, damit auch der Staat seinen mindestens 50-prozentigen Ertragsanteil am Energieverbrauch bekommt. Die Automobilindustrie wird über alle Maßen gefördert. Das Gesundheitsministerium und dessen unsinnige Politik werden gesponsert, anstatt den Bürgern preiswerte Medizinversorgung zukommen zu lassen. Unsere aktuelle Regierung ist die größte Befürworterin von TTIP, der Konzernmafia-Regelstrecke, nach der alle EU-Staaten völlig entmachtet und entstaatlicht werden sollen. Bei TTIP gilt nur noch das Konzernrecht der US-amerikanischen Führung!

Alles, was der Staat oder die Länder oder die Städte eigenständig regeln wollen, wird ab TTIP zum Hindernis werden. Und diese Hindernisse werden entweder sofort mit Riesensummen bestraft oder gegen noch größere Summen in den USA von US-Anwälten verhandelt und dann bestraft. Das dazugehörige Dienstleistungspaket wird alle Sozialstandards auflösen, umgehen oder sogar bestrafen. Dabei wird alles privatisiert und nach US-Regel neu umgesetzt.

Es wird gesagt, dass dieses Abkommen uns riesige Chancen böte und viele, viele neue Arbeitsplätze entstünden. Aber alle großen Freihandelsabkommen der USA haben in der Vergangenheit zu mehr Arbeitslosigkeit, zu weiterer Armut und zu schlechteren Bedingungen für Kleinunternehmer im »Partnerland« geführt.

Die Bundeswehr wird zu einer aktiven und schlagkräftigen US-Hilfstruppe umgebaut. Dabei werden die Verfassung und der Eid, den alle Kanzler geschworen haben, verleugnet! Nie wieder Krieg! Die Bundeswehr ist eine reine Landesverteidigungs-Truppe. Die Truppe aber wird in jeden Krieg geschickt, den die USA und NATO befehlen. Es wird nicht davor zurückgescheut, die Truppe in hochbrisante Kriegsgebiete zu entsenden. Die Projektnamen dienen dann lediglich der Beruhigung des deutschen Michels. Ist diese Regierung noch ganz frisch in der Batterie?

Das ist nur ein Bruchteil dessen, was unsere Staatsführung so treibt. Sie hofiert die Atommacht Israel, geifert gleichzeitig aber gegen die vermeintliche Atommacht Iran, die es nie gewesen ist und auch nicht werden will. Deutschland wird als Land, als Staat, als Heimat, als Region aufgelöst. Wir werden zu Sachen, wir werden privatisiert, wir werden Sklaven der USA. Wir werden nach Strich und Faden verarscht. Und das Schlimmste: Wir lassen es uns gefallen.

Immer wieder mal frage ich mich, wieso die Menschen, die im Netz alternative Medien und Fakten zusammentragen, als Verschwörungstheoretiker gebrandmarkt werden. Ich wundere mich, warum neue politische Parteien plötzlich radikal sein sollen, wo sie nur alternative Ideen vortragen und eigene Meinungen haben. Oder habe ich verpasst, dass der Art. 5 GG, Meinungsfreiheit, aufgehoben wurde? Oder bildet dieses Grundgesetz der Deutschen tatsächlich keine Grundlage für bestehendes Recht?

Ich wundere mich über das Stillhalten der Bürger, wobei mittlerweile fast jeder im Netz ist und lesen kann, was dort an Lügen konterkariert und aufgedeckt wird. Warum lässt sich das deutsche Volk all diese Rechtsbrüche gefallen?

Der Deutsche hat bis heute klaglos hingenommen, dass der Geist des GG von einer Oligarchie verletzt und ihm eine demokratische Verfassung verweigert wird. Somit hat er auch hingenommen, dass die schändlichen Reichskonkordatverträge von 1933 zwischen den Nazis und dem Vatikan bis heute fortbestehen. Er zahlt treu und brav seine Kirchensteuer. Bis heute wird hingenommen, dass es neben Österreich nur noch in Deutschland eine weisungsabhängige, politische Beamtenjustiz gibt. Er hat ohne großes Murren und folgeloses politisches Geschrei die Entrechtung von Millionen von Bürgern durch Hartz IV, Billiglöhner, Zeitarbeit und Leiharbeit hingenommen. Stichwort Eingliederungsvereinbarung!

Der Deutsche akzeptiert weitgehend klaglos, dass seine hochsubventionierte Agrarmafia teilweise vergifteten und verdorbenen Lebensmittelüberfluss produziert. Nahrung, die dann zu 50 Prozent im Müll landet oder gar in Entwicklungsländer exportiert wird, wo sie die dortigen Landwirte ruiniert und ganze Staaten verelenden lässt.

Die Banken haben sich auch diesen Staat zur Beute gemacht. Sie haben den Volksvertretern bis heute nicht beigebracht, wie mit dem Geld anderer Leute umzugehen ist. Warum auch? Anstatt sparsam zu haushalten und auf unnötigen Luxus wie 16 Bundesländer, zwei Regierungssitze, Zehntausende von völlig unnützen Beamten mit ihren noch unnützeren Behörden zu verzichten, werden immer neue Schulden gemacht, und die Abhängigkeit von den Banken wird weiter verstärkt.

Immer neue soziale Wohltaten werden unters Volk gestreut, um wieder gewählt zu werden. Der Deutsche zuckt einfach mit den Schultern. Es scheint ihm egal zu sein. Wenn der Bundesrechnungshof alljährlich circa 60 Milliarden verschwendete Steuergelder auflistet, als ob es nicht sein Geld wäre, interessiert das letztlich kein Schwein. Was würdest du sagen, wenn irgendwelche Schlägertrupps jahrelang raubend und mordend durchs Land ziehen würden, und kein einziger politisch Verantwortlicher würde dafür zur Rechenschaft gezogen werden? Das ganze Drama könnte man bis zum Erbrechen fortsetzen. Doch der Deutsche wähnt sich weiterhin unverdrossen in einer Demokratie und hat nichts begriffen.

Wie wäre es einfach mal mit der Vorstellung von einer Verfassung, in der drinsteht, dass Deutschland eine direkte Demokratie ist? Das hieße, dass jeder Abgeordnete in jedem Parlament in Deutschland in Zukunft direkt durch die Bürger gewählt werden würde. Direkt, und zwar so, dass er sein Mandat nicht über irgendwelche im Hinterzimmer ausbaldowerte Parteilisten erhält? Sicherlich birgt es eine sehr große Gefahr in sich, wenn die Bürger aufwachen würden und damit begännen, eigenständig zu denken und zu handeln. Wahrscheinlich wäre die Wirtschaft in Gefahr, möglicherweise käme es zu Aufständen, Chaos, Anarchie, Bürgerkriegen usw.?

Wirklich? Oder böten solche Aufstände vielleicht sogar die Möglichkeit, ganz andere Interessen durchzusetzen? Allerdings wiederum wessen übergeordnete Interessen? Wer würde uns denn dann dieses Mal wieder befreien wollen? Wer würde mit einem Bürgerkrieg in Deutschland/Europa wirklich Geld verdienen?

Verstehst du jetzt, warum wir uns nicht weiter spalten lassen sollten? Ich heiße zwar nicht Lech Wałęsa und bin auch kein polnischer Friedensnobelpreisträger, der dir einen Weg der Hoffnung zeigen will, aber das Thema friedliche Solidarität hat schon einmal funktioniert! Das alles beginnt jedoch nur mit dem Frieden in deinem Inneren, nirgendwo sonst. Bei der Musterdurchbrechung deiner gewohnten, dir eingemeißelten Brain-Tattoos, bei dir ganz alleine! Du bist, was du denkst! Dein Leben, deine Verantwortung!

BRAIN-TATTOO-SESSION #22

Stell dir vor, du hättest uneingeschränkte politische Macht und auch wirklich etwas zu sagen! Wozu würdest du ganz klar Position beziehen? Wofür würdest du dein Maul aufmachen? Stell dir vor, du wärest Regierungschef eines Landes – was wäre dein erster Regierungsauftrag zu deinem Amtsantritt? Mal dir doch mal deine Welt, wie sie dir gefällt!

NOVUS ORDO SECLORUM

»In der Politik geschieht nichts zufällig! Wenn etwas geschieht, kann man sicher sein, dass es auf diese Weise geplant war!«[32]
Frank Delano Roosevelt, US-Präsident und Freimaurer

»Die Welt ist heute komplizierter und darauf vorbereitet, auf eine Weltregierung hinzumarschieren. Die übernationale Souveränität einer geistigen Elite und der Weltbankiers ist

mit Sicherheit der nationalen Selbstbestimmung, wie sie in den vergangenen Jahrhunderten praktiziert worden ist, überlegen.«[33]
David Rockefeller, Weltbankier und Bilderberger

Irgendwann im Laufe meiner Recherchen ging das Thema dann auch in die Richtung der Freimaurer, Bilderberger, Rothschilds, Geheimbünde wie der Skull and Bones und diese angeblich geheime Schattenregierung der Elite weiter, die eine neue Weltordnung zum Ziel hätten. Und das ist mächtig interessant!

Natürlich dachte ich auch hier im ersten Moment wieder: Wie bitte? Und diese paar Hampelmänner sollen nun allesamt böse sein und uns versklaven wollen? Sieben Milliarden Menschen versklaven? Aha! Da haben die aber viel vor. Klar hörte sich das zunächst total strange an. Aber es gab dann tatsächlich Argumente, die sich als Fakten herausstellten. Nur konnte ich bei Weitem nicht alle Logikfragen beantworten, die mir so gestellt wurden. Also sagte ich mir: Hey, ich schreibe einfach mal alles auf und versuche zusammenzufassen, was sich so Nachprüfbares finden lässt, bzw. was einfach offensichtlich als merk-würdig und nach-denkens-wert auffällt.

Zum Beispiel fand ich es einfach seltsam, dass auf dem amerikanischen Eindollarschein diese Freimaurerpyramide abgebildet ist. Ich meine, das ist doch schon mal eine Frage wert, warum die da drauf ist, oder? Und natürlich fand ich es auch erheblich, dass darauf unter der Pyramide der Schriftzug »Novus Ordo Seclorum«, also etwas von einer »Neuen Weltordnung« steht. Wobei es im Prinzip wiederum völlig irrelevant ist, was da draufsteht, wenn nicht vielfach nachlesbar wäre, dass genau dies der Plan sei. Und auch wenn nicht ständig irgendwelche Leute in der Gegend herumrennen würden, um genau das zu fordern, nämlich eine neue Weltordnung. Bundeskanzlerin Merkel: *»Wenn man eine wirkliche Weltordnung haben will, eine wirklich globale politische Ordnung, dann wird man nicht umhinkommen, an einigen Stellen auch Souveränität an andere abzugeben.«*[34]

Merkwürdigerweise aber scheint es kaum jemanden zu tangieren, wenn Madame Merkel auf dem Kirchentag herumdackelt und von »Souveränität und Rechte aufgeben« spricht. Im Gegenteil: Die Leute klatschen noch! Aber sie ist bei Weitem nicht die Einzige, die von einer neuen Weltordnung spricht. Selbst der emeritierte Pope Ratzinger – Benedikt XVI. – verlangte öffentlich so eine Art Weltregierung und setzte dafür Leitplanken. Oder auch Henry Kissinger: »*Eine neue Weltordnung wird entstehen, weil sie entstehen muss.*«[35]

George Bush Senior: »*Wir haben vor uns die Möglichkeit, eine neue Weltordnung zu schmieden. Wenn wir erfolgreich sind, und wir werden, haben wir eine echte Chance mit dieser neuen Weltordnung, einer Ordnung, in der eine glaubwürdige UNO ihre friedenserhaltende Rolle benutzen kann, um das Versprechen und die Vision der UN-Gründer zu erfüllen.*«[36]

Jetzt könnte man natürlich argumentieren und sagen: Sieh dir doch mal das Chaos in der Welt an. Und wenn jetzt nicht dringend eine neue Weltordnung angesagt ist, wann dann? Ein korrektes Argument wäre es zu sagen: Wir haben Vertrauen, weil Freiheit die dauerhafte Hoffnung der Menschheit ist. Ja ne, ist klar! Wenn ich mir aber ansehe, welche Art der neuen Weltordnung von diesen Leuten so angestrebt wird, dann scheint das in eine ganz andere Richtung zu gehen.

Was hältst du von diesen Ansagen?

Eine elitäre Gruppe, eine global regierende Klasse hat mehr Einfluss als gewählte Staatsoberhäupter. Jedes Jahr trifft sie sich an einem anderen Ort, versteckt, verschwiegen, abgeschottet vor der Öffentlichkeit, vor Kritikern. Der Schlüssel ihrer Machtausübung ist Geheimhaltung. Eine der verschwiegensten Geheimgruppen ist die der Bilderberger. Mitglieder sind Präsidenten, Regierungschefs, hochrangige Politiker, Adelige, Medien-Tycoone, Wirtschaftsbosse, Bankiers, Geheimdienstdirektoren und NATO-Generalsekretäre. Menschen an den Schaltstellen des Weltgeschehens. Sie bilden einen Brennpunkt der Macht. Sie können einen Weltenbrand auslösen, wann immer sie wollen. Der Öffentlichkeit wird dieses Treiben als Globalisierung verkauft.

Was, wenn dahinter weltweite Einflussnahme, die Kontrolle aller Ressourcen, der Handelsmärkte und des internationalen Bankensystems steckt? Das Streben nach weltweiter Macht? Die Abschaffung der Demokratie und vor allem die Vermehrung ihrer privaten Gewinne? Die Gleichschaltung der globalisierten und kapitalisierten Massen? Die

Beseitigung nationaler politischer Strukturen? Die Kontrolle einer Elite aus wenigen über die Staaten und Völker dieser Erde? Das Beherrschen des Militärs und Geheimdienstwesens? Schaffung eines globalen Superstaates? Weltherrschaft?

Denk mal darüber nach!

BRAVE NEW WORLD

Ein sattes, relativ zufriedenes Volk wird gar nicht einsehen wollen, weshalb es die staatliche Souveränität an eine globale neue Ordnung aufgeben sollte, oder? Das heißt übrigens staatliche Unabhängigkeit, also Freiheit! Also was macht man dann? Zwängt man es dem »demokratischen« Volk einfach »diktatorisch« auf? Oder wie werden die Menschenhirne zwangstätowiert?

Falls vermeidbar, wäre dieses Aufzwängen ein viel zu großer Aufwand, denk an den Frosch im heißen Wasserglas! Der zu erwartende Widerstand wäre unüberschaubar. Aber man kann das Volk dazu bringen, dass es anfängt zu glauben, dass es das alles von sich aus will. Beim Blick hinter die Kulissen der Geschichtsschreibung wirst du erkennen, dass Angst die Rechtfertigung, die Kontrolle und somit bares Geld ist.

Deshalb wird die Angst geschürt. Terrorakte werden inszeniert, Unsicherheit wird gesät, das Volk wirtschaftstechnisch in ständiger Bewegung gehalten, Unzufriedenheit entzündet. Horrorszenarien werden vorgegaukelt. Durch die Massenmedien werden wir »unter«-halten, propagandistisch zugemüllt und unsere Gehirne mit Scheiße volltätowiert. Eine Bevölkerung mit einem von Gier zerfressenen Hirn im Kommerzwahn, die in ständiger Furcht vor Terror und Verlustängsten lebt, stellt keine tieferen Fragen.

Das größte Problem sind wir selbst!

Damit allerdings machen wir es den wirklichen Regierenden im Hintergrund ziemlich einfach. Sie geben dir den Ball für ihre eigenen Interessen zurück. Dem Volk werden scheinbar ausweglose Szenarien vorführt, ultimative Lösungen offeriert, und dann wird behauptet, diese Lösungen seien alternativlos. Minister Schäuble im Interview: *»Ich bin bei aller krisenhaften Zuspitzung im Grunde entspannt – weil wenn die Krise größer wird, werden die Fähigkeiten, Veränderungen durchzusetzen, größer.«*[37] Herrn Schäuble macht es also happy, wenn die Krise größer wird, weil dann die Möglichkeiten, (vom Volk abgelehnte) Veränderungen durchzusetzen, größer werden.

Das ist nichts Neues, aber schön, dass es mal einer ausspricht! Somit wird deren Wunsch nach Krieg zum Wunsch des Volkes, welches, so paradox sich das auch anhört, liebend gerne Entbehrungen und Opfer für seine Sicherheit bringt und sich bereitwillig und vertrauensvoll unterordnet. Es gibt seine Souveränität verzweifelt und verunsichert für die Illusion einer schönen neuen Welt-Ordnung auf.

Ist das also nun eine Verschwörungs-»Theorie«, dass diese Leute ihre eigene Agenda durchziehen, oder klingt das für dich nicht eher wie eine Verschwörungs-»Praxis«, die uns Ignoranten langsam, aber sicher ins Hirn genagelt wird?

Weitere von der Kanzlerin im Netz kursierende Statements, zum Beispiel in einem Interview bei Jauch[38], sagen eindeutig aus, dass unsere höchste Volksvertreterin meint, diese »Europa-Vision« auch gegen den Willen des Volkes weiter durchzuziehen.

Kaum jemand findet das alles inzwischen noch merkwürdig. Sehr seltsam! Kann es sein, dass diese Politik mit Demokratie inzwischen überhaupt nichts mehr zu tun hat? Kann es sein, dass diese Frau jegliche Haftung gegenüber dem, von dem sie erklärt, gewählt worden zu sein, vor dem Souverän, dem Volk, verloren hat? Jetzt gibt es folgende Optionen: Entweder sie steht massiv unter Drogen, oder sie leidet an Größenwahn. Oder aber sie weiß ganz genau, dass sie sofort »entsorgt« werden würde, sobald sie die »Europäische Vision« nicht mehr promotet. So gesehen ist es ohnehin völlig irrelevant, wer der/die Bundeskanzler/in ist, denn relevante Entscheidungen werden, so wie es aussieht, ohnehin von ganz anderen getroffen!

Horst Seehofer in der ARD: *»Denn es ist so, wie sie sagen: Diejenigen, die entscheiden, sind nicht gewählt, und diejenigen, die gewählt werden, haben nichts zu entscheiden.«*[39] Eine heile Welt mit Friede, Freude, Eierkuchen wirft keinen steigenden Profit ab. Von der Kapitalwirtschaft wird wie beim Turmbau zu Babel ständiges Wirtschaftswachstum gefordert. Noch mehr Geld machen lässt sich aber nur, wenn die Welt in Flammen steht. Frieden ist gleichbedeutend mit Stillstand und Stagnation der Wirtschaft.

Wenn zwei sich streiten, freut sich der Dritte.

Geld und Blut muss fließen. Krieg ist Bewegung und das Ordnungsprinzip für jede Gesellschaft. Die Autorität eines Staates beruht auf seiner Kriegsmacht. Die Königsdisziplinen des heutigen Geschäftemachens sind Waffen, Öl, Gas, Wasser und Drogen.

Kann es wirklich sein, dass es irgendwelche Mächte gibt, die zur laufenden Destabilisierung der Welt bereit sind? Ein einziger Weltstaat, eine totalitäre Weltregierung, ein globales Volk, kontrolliert von einer Elite. Dieses Horrorszenario beschreibt Aldous Huxley schon 1932 in seinem Roman *Schöne neue Welt*.

»Der Einzelne steht wie gelähmt vor einer Verschwörungstheorie, die so monströs ist, dass er sie einfach nicht fassen kann.«[40]
J. Edgar Hoover, Leiter des FBI und Freimaurer

BRAIN-TATTOO-SESSION #23

Was, wenn das Geschriebene hier längst keine Fiktion mehr ist? Was, wenn diese »schöne neue Welt« bereits im Entstehen ist? Was, wenn die Mächtigsten dieser Erde bereits eine Regierung bilden, die über unsere Zukunft bestimmt? Erfüllt sich das Schicksal der Menschheit also nicht zufällig? Kriege, Revolutionen, Wirtschaftskrisen und Finanzcrashs? Geschieht nichts in der Welt einfach so? Wird ein Teil der Weltgeschichte nicht etwa geschrieben, sondern bestimmt? Wie ist deine Meinung zu diesem Thema? Tausche dich mit anderen dir vertrauten Menschen einmal real, also im richtigen Leben, nicht im Internet, darüber aus! Das fördert deine Kommunikation, und du lernst deinen Standpunkt kennen und ihn zu trainieren. Notiere die Argumente und fasse sie zu deinen eigenen zusammen! Welche Bilder laufen in dir ab?

IN THE NAME OF TERROR

Im Februar 1933 inszenierte Adolf Hitler, wie bereits erwähnt und geschichtlich dokumentiert, eine False-Flag-Aktion, indem er den Deutschen Reichstag anzünden ließ, um es kommunistischen Terroristen in die Schuhe zu schieben. Als Konsequenz darauf wurden in den folgenden Wochen die Ermächtigungsgesetze verabschiedet, welche die deutsche Verfassung komplett vernichteten und die Freiheiten der Menschen ausnahmslos zerstörten. Hitler benutzte folgende Aussage, als er dem Volk die Einrichtung der GESTAPO, der Geheimen Staatspolizei verkündete:

»Es existiert etwas Böses, was jeden Mann, jede Frau und jedes Kind bedroht. Wir müssen die nötigen Mittel ergreifen, um unsere innere Sicherheit zu erhalten und unser Heimatland zu beschützen.«[41]

Nach seiner Machtergreifung startete Hitler eine Reihe von Präventivkriegen, die von der deutschen Bevölkerung unter dem Vorwand des Heimatschutzes gerechtfertigt wurden.

Kann es sein, dass sich die Geschichte wiederholt, dass irgendwelche abgefuckte und abscheuliche Terrorattacken oftmals einen scheinbar berechtigten Vorwand für weitere Kriege lieferten und liefern? Dass durch solche, von wem auch immer tatsächlich durchgeführte Verbrechen, bewusst zu weiterer Vergeltung aufgestachelt wurde und wird?

Unabhängig davon, wer denn nun als Sündenbock oder als Verursacher beispielsweise des Anschlags auf die Zwillingstürme des Word Trade Centers zur Verantwortung gezogen worden ist, und wer genau letztlich wirklich die Verantwortung für diese verachtungswürdigen und erbärmlichen Verbrechen zu tragen hat, sollten wir uns die Frage stellen, inwieweit sich dadurch jeweils das Weltgeschehen und das Thema innere Sicherheit tatsächlich veränderte.

In Folge auf 9/11 verkündete George W. Bush, der damalige Präsident der Vereinigten Staaten von Amerika: *»Unser Feind ist ein radikales, terroristisches Netzwerk und jede Regierung, die diese Terroristen unterstützt.«*[42]

Lass uns doch mal schauen, wie es heute um die hochgelobte Freiheit und die Persönlichkeitsrechte des amerikanischen Volkes bestimmt ist. Was hat sich seither in Amerika verändert und welchen weiteren Preis bezahlen sie für ihren Krieg gegen den Terrorismus? Die bürgerliche Freiheit des amerikanischen Volkes wird zunehmend eingeschränkt.

Allein auf Grund des Verdachtes, ein Terrorist zu sein, dürfen Häuser ohne Durchsuchungsbefehl und persönliche Anwesenheit durchsucht werden. Jeder Amerikaner kann, ohne Begründung, verhaftet und daraufhin unbegrenzt lange und ohne Kontakt zu einem Anwalt festgehalten und gesetzesgemäß gefoltert werden. Grundlage hierfür sind u.a. der Patriot Act, Heimatschutzgesetze, Ermächtigungsgesetze, Militärtribunalgesetze und vieles weitere mehr.

HELL FIRE

Wer kontrolliert dieses Höllenfeuer aus Lug und Trug überhaupt, welches ganz offensichtlich langfristig auf eine zentral gesteuerte globale Diktatur hinarbeitet? Wer ist diese Macht, die alles manipuliert, die du (noch) nicht siehst, die im Schatten arbeitet? Deren Handeln jedenfalls erkennst du daran, dass sehr viele Befehle und deren Politik maßgeblich von einem zentralen Punkt ausgehen. Das siehst du daran, dass in verschiedenen Ländern zur gleichen Zeit das Gleiche passiert. Das heißt, dass in verschiedenen Ländern zur selben Zeit die gleichen politischen Vorgänge ablaufen.

Schau mal: Das mittlere Einkommen der deutschen Haushalte sinkt drastisch. Was wäre denn, wenn die, auf welche Art auch immer, Minderbemittelten irgendwann die Schnauze voll haben und sich nicht mehr mit Idiotenfernsehen, Suff, Videospielen, Politikerphrasen usw. abspeisen lassen und damit beginnen, den Aufstand zu proben? Was wäre dann? Den Problemen, die wir dann bekommen würden, wäre die jetzt schon überladene Polizei nicht mehr gewachsen. Dann bräuchten wir eine weitere lückenlose Überwachung, schärfere Gesetze und die Bundeswehr! Wie sieht es dann plötzlich mit einem Militäreinsatz im eigenen Lande aus? Mit einem Bundeswehr-/Militäreinsatz im Inneren?

Was steckt hinter dem nationalen Sicherheitsrat, den Wolfgang Schäuble will? Kämpft er etwa für eine Aufrüstung der Armee, für den Krieg im eigenen Land? Nein, der Schäuble hat keinen Verfolgungswahn, der hat Weitsicht. Zeitgleich passiert dasselbe in den USA, in Frankreich, in Italien und auch in England.

Du denkst, so was lässt sich in unserer rechtschaffenen Demokratie doch nicht durchsetzen? Nun, wenn das Volk es mehrheitlich fordert, dann schon. Wann ist die innere Sicherheit bedroht? Wenn noch mehr Asylantenheime brennen? Wenn das Volk auf eine Verfassung besteht? Wenn noch mehr Polizeistellen abgebaut werden? Wenn der Reichstag oder Teile der Frankfurter Skyline explodieren? Oder wenn es soziale Unruhen gibt? Und diese wird es früher oder später, wenn ich mich weltpolitisch und auch national so umsehe, zweifelsfrei geben. Meinst du nicht, dass das Volk dann sehr wohl selbst den nationalen Kriegszustand fordern würde? Hilfe, beschützt mich vor dem Bösen – das wir selbst erschaffen haben! Dann ist das Geschrei plötzlich riesengroß!

Die Taktik der Führenden ist meist die folgende: Man lässt ein Problem eskalieren, wartet die zuvor eingeplante Reaktion des Volkes ab und bietet dann die Lösung an.

Erinnere dich an die Ansage unseres aktuellen Finanzministers: »*Wenn die Krise größer wird, werden die Fähigkeiten, Veränderungen durchzusetzen, größer!*«

Das wirklich Interessante an dem ganzen politischen Gewusel ist, dass viele dieser Marionetten aus Wirtschaft und Politik uns ganz klar sagen, was sie vorhaben. Diese ach so demokratisch gewählten Volksvertreter arbeiten gar nicht wirklich so verdeckt im Schatten, wie du immer glaubst. Das Problem ist nur, dass wir deren Vorhaben aus diversen Gründen gar nicht wirklich wahrnehmen (wollen)!

Lass uns mal hören bzw. lesen, was ein politisch relevanter Mensch wie Karl Rowe, der bis 2007 stellvertretender Berater im Weißen Haus war, ein Mann, der als bezeichnetes »Bush-Brain« entscheidenden Einfluss auf George W. Bush und somit auf die amerikanische Politik hatte, öffentlich sagte: »*Wir sind jetzt ein Imperium, und wir schaffen uns unsere eigene Realität. Wir sind die Akteure der Geschichte, und ihnen, ihnen bleibt nichts weiter übrig, als die Realität zu studieren, die wir ihnen geschaffen haben. Politik wird heute nicht von Politikern gemacht, sondern von mächtigen Interessengruppen, die sich hinter den Fassaden der Politiker verstecken.*«[43]

Unsere Gehirne sind zugenagelt mit erbärmlichem Dreck, den die Welt nicht braucht. Wir sehen vor lauter Schwarz die Farben nicht mehr!

USE YOUR ILLUSION

In den deutschen Bundesministerien sitzen beispielsweise mehr als 100 Leihbeamte, also Angestellte von Unternehmen, Verbänden und Konzernen, welche an Projekten arbeiten, die ihrem Arbeitgeber dienen. Diese beratenden Wirtschaftskapitäne machen zusammen mit englischen Anwaltskanzleien dann Gesetze, die dem Bundestag nur noch als Abnick-Veranstaltung serviert werden. Der Bundestag, den wir alle vier Jahre wählen, stimmt dann über diese Gesetze ab. Da diese Rechtsnormen sowieso von den Parteien vorgegeben werden, wissen die meisten Abgeordneten sehr oft gar nicht, worüber sie da eigentlich abstimmen. Als ich neulich in Brüssel zu Besuch war, stimmte beispielsweise eine Fischereibeauftragte über die Zulassung einer Europäischen Norm zur Verlängerung der Maße von Lastkraftwagen ab. Redezeit eines Abgeordneten im EU-Parlament: eine Minute! Geht's noch?

Das große Ganze ist wie der Lattenzaun von Tom Sawyer bei Mark Twain zu sehen. Wir streiten uns alle vier Jahre darum, welche Farbe der Zaun bekommen soll, den die führenden Parteien um uns »Wahlvieh« herum aufgestellt haben. Die Farbe ist doch scheißegal! Dadurch aber wird das Volk ideologisiert, in verschiedene Lager geteilt, und der Streit über die Farbe des Zaunes lenkt sehr schön vom eigentlichen dahinterstehenden Thema, dem unangefochtenen Machtanspruch der Puppenspieler im Hintergrund, ab. Fakt ist, dass es nicht die Farbe des Zaunes an sich ist, die uns tangieren sollte, sondern die Zaunbauer und deren Absichten an sich.

Die Trennungs- und Besiegungsstrategie dieses inszenierten Theaters funktioniert einwandfrei. Dadurch, dass man versucht, uns alle gegeneinander auszuspielen, bleibt die Legitimation für den Staat erhalten. Die Menschen brauchen immer einen Kontrahenten, einen Feind, damit der Staat als Institution und Regelinstrument gerechtfertigt und legitimiert bleibt. Egal ob es sich um Rechte oder Linke, Demokraten oder Republikaner, die Neoliberalen, Sozialisten, Kommunisten oder die Konservativen handelt, die ein Problem darstellen. Gleiches gilt für die Volksverhetze gegen Muslime, Schwarze, den Terrorismus, Antisemitismus, Frauenfeindlichkeit, Haarfarbe, Musikgeschmack etc. Letztlich werden alle politischen Parteien den gleichen Plan verfolgen. Den Plan der Kapitalwirtschaft.

Zum Wohle des Volkes!

Was wäre denn, wenn das vom Farbenrausch geblendete Wahlvieh mit seiner mit Drecksbrühe zugenagelten Hirnmasse aufgrund welchen Antriebs auch immer tatsächlich wieder nach einem Führer, einem Weltenherrscher schreit? Wenn dann wirklich kein Platz mehr übrig bleibt, wo du hinrennen und dich verstecken kannst? Denk mal darüber nach!

Der Ursprung dieses kranken Bankensystems der USA ist weltweit und global pervertiert und tatsächlich schon lange Zeit in Europa/Deutschland angekommen. Die Schattenbanken und Hedge Fonds spekulieren gegenwärtig weltweit mit 70 Billionen Dollar. Das ist derselbe Betrag, welcher der weltweiten realen Wirtschaftsleistung entspricht. Wer bezahlt diese wüste Zockerei denn, wenn die Börsenfritzen alles, oder zumindest die Hälfte, verspekulieren? Wer bügelt die Scheiße einer Pleitebank aus? Der Internationale Währungsfonds IWF? Schau genau hin, es bleibt dabei, dass dies im übertragenen Sinne immer der Steuerzahler abdrücken muss und wird.

Überlege doch mal, wenn du Bundeskanzler wärest und die Deutsche Bank käme mit der Mitteilung zu dir, dass sie in einer Woche in Insolvenz gehen müsste. Dann wärest du als Regierungschef dazu verpflichtet, sie zu retten. Sonst würde das ganze Finanz- und Währungssystem zusammenbrechen. Die Deutsche Bank ist zu mächtig, als dass du als Kanzler noch einen Spielraum hättest. Wenn die Banken kommen und sagen, dass sie pleite sind, dann bleibt dir gar nichts anderes mehr übrig, als die Banken auszulösen. Dann musst du das machen. Ob du willst oder nicht! Das ist das Primat der Banken über die Politik. Traurig, aber wahr!

Wer hat die Macht?

Jean-Claude Trichet, ehemaliger Präsident der Europäischen Zentralbank, sagte einst: »*Es ist besonders wichtig, dass in diesem neuen Bereich der globalen Regierung auf beiden Seiten des Atlantiks die gleichen Regeln umgesetzt werden.*«[44]

Auf internationaler Ebene haben sich die Zentralbanken schon riesige Organisationen eingerichtet, um ihre Politik zu implementieren. Auszugsweise die Welthandelsorganisation, die Weltgesundheitsorganisation, die Weltbank und der Internationale Währungsfonds.

BRAIN-TATTOO-SESSION #24

Ich sehe in diesem globalen Prozess nichts weniger als einen Kampf um die Seele der Menschheit. Aber letztlich beginnt alles mit einer Verschiebung deiner Weltansicht und der Beantwortung der Frage, wer du wirklich bist. Was ist deine menschliche Natur? Sind wir Menschen wirklich so, wie es die Brain-Tattoo-Demons uns glauben lassen, bzw. zu dem sie uns gemacht haben? Sind wir wirklich dumme, gierige Kreaturen, die, wenn wir uns selbst überlassen sind, in Gewalt und Chaos übergehen würden und uns dann, im Namen der Sicherheit und zu unserem eigenen Schutz, von einer selbst ernannten Elite und nach deren Regeln beherrschen lassen müssen? Oder wird irgendwann doch die Menschlichkeit und die Liebe siegen? Was meinst du dazu? Skizziere, wovon du träumst!

Ich glaube, dass die Menschheit schon bald schmerzhaft einsehen muss, dass es ein Unterschied ist, den Weg zu kennen oder ihn gehen zu müssen.

APPETITE FOR DESTRUCTION

Die unzähligen Kriege, die Glaubenskriege, die Anfeindungen untereinander, die Rachegedanken, der Hass, das Misstrauen, der Neid, der Schrei nach Anerkennung, die Angst und die vielen kleinen Nebenkriegsschauplätze sind nichts anderes als die Ergebnisse eines tief eingenagelten Konkurrenzdenkens. Dabei werden die Geschäfte zwar belebt, aber der Mensch wird getötet. Das Konkurrenzdenken ist eng an die Verlustangst gekoppelt und besteht bereits seit Tausenden von Jahren der Menschheitsgeschichte.

Das alles kann aber nicht nur das Werk von ein paar wenigen machthungrigen regierenden Brain-Tattoo-Demons gewesen sein. Beim Erschaffen dieser heutigen Welt gehörte zu allen Zeiten immer die Mehrheit derer dazu, die sich deren Brain-Tattoos ungefiltert in die Hirne braten lassen haben. Die 99 Prozent der Masse, das Volk – wir alle! Welchen Preis bezahlen wir also für den Weltmeistertitel der Exporteure? Ganz einfach, wenn uns keiner mehr etwas abkauft, sind wir finanziell im Arsch! Deshalb wird der ganzen Welt willenlos der Speichel geleckt! So sieht's aus!

»Wir werden eine Weltregierung haben, ob wir wollen oder nicht. Die einzige Frage ist, ob die Weltregierung durch Eroberung oder durch die Zustimmung der Menschen erreicht werden wird.«[45]
Paul Warburg, Architekt des Federal Reserve Systems

Wirtschaftliche Abhängigkeit tötet! Zu Risiken und Nebenwirkungen fragen Sie Ihren Drachen Junior!

BRAIN-TATTOO-SESSION #25

Warum lässt du dich immer wieder auf so eine niedrige Abhängigkeitsscheiße ein? Wer und was sind deine Antreiber? Bist du nur okay, wenn du perfekt, stark, reich, gefällig, schneller, besser ... bist? Warum denkst du so kleingeistig über dich? Wem musst du überhaupt etwas beweisen? Was ist aus dem pubertierenden Punk in dir von früher geworden? Male einmal deinen eigenen Grabstein! Was soll da draufstehen?

PRETTY LIARS

»Kenne deinen Feind« ist schon immer einer meiner wesentlichen Antreiber in der Schlacht des Lebens gewesen. Vertrauen ist gut, Kontrolle ist besser. Blindes Vertrauen hat noch nie zu einem positiven Ergebnis geführt. Es liegt leider in der Natur des Menschen, dass Gutmütigkeit stets auf die eine oder andere Art bestraft wird. Genau, das sind Floskeln, das hast du alles schon mal gehört, das weißt und kennst du. Aber handelst du auch danach? Warum nicht? Was hält dich davon ab?

Die Menschen haben das Vertrauen in die Regierungen verloren. Wenn selbst die Regierungen keine Macht mehr haben und zu mundtoten Sklaven der spielsüchtigen Hochfinanzelite des Geldadels verkommen sind, was könnte diesen kranken, menschenverachtenden Psychopathen dann noch so alles einfallen, um ihre abgefuckte Zockerei um den Planeten weiter befriedigen zu können? Hast du aufgegeben? Bist du denen wirklich machtlos ausgeliefert? Glaub mir, ich verstehe dich, aber diesen Weg der Resignation und Lethargie will ich nicht mit dir gehen.

Spielsüchtige Zocker um den Planeten regieren die Welt. Das ist spätestens, und auch für die Jüngsten unter uns, seit 2008 Fakt! Süchtige sind Meister der Lügen, wie du spätestens seit *Fire of Change* weißt! Sie tun alles dafür, um ihre Sucht befriedigen zu können, alles! Sucht ist verantwortungslos, und die Abhängigkeit von der Kohle ist das abgefuckteste, ranzigste, hässlichste und perverseste Brain-Tattoo überhaupt. Es hindert dich an einem eigenständigen Leben. Mir scheint, dieses Horrorteil, mit dem sich toxisch zersetzenden Gülledreck des Geldes, ist der Menschheit unwiederbringlich mit einer uralten, gigantischen Magnum-Tätowiermaschine, stumpfen und rostigen 12-Zoll-Nägeln und der Gewalt eines Presslufthammers bis tief in den Mandelkern ihrer Stammhirne eingerammt worden. Dagegen sind Heroin, Chrystal, LSD, Alkohol und alles andere, was du an den perversesten Drogen und Nervengiften kennst, wahre Edel-Peanuts.

Wie Süchtige so ticken, werde ich dir an deinem eigenen Beispiel bewusst machen: Stell dir vor, wie es dir ergeht, wenn du keinen Kies mehr zur Verfügung hast. Dann merkst du sehr schnell, wie abhängig und unfrei du plötzlich bist. Im Denken und im Handeln. Ohne Kohle wird die Zeit zum Feind. Du wartest. Ständig in der endlosen Warteschleife gefangen, immer wieder aufs Neue. Auf das Ende der Sorgen und der Seelenschmerzen, das nächste Geld, eine bessere Zeit, einen Jackpot, einen Platz im Sanatorium, oder einfach nur darauf, dass die Nacht endlich zu Ende geht. Darauf, dass alles endlich zu Ende geht.

Und dieses Warten macht dich krank. Es zerrt am Verstand, zerrüttet deine Nerven, treibt dich um wie ein wildes Tier im Käfig. Nur die Momente des Geldhabens, in denen die Finanzdroge deinem Bewusstsein die Plattform verbiegt, verschaffen Linderung. Nur für einen kurzen Augenblick. Gleich danach läuft die Uhr wieder unaufhaltsam gegen dich weiter. Paranoia entsteht selbst dann, wenn du daran denkst, wie es sein würde, wenn alles wieder weg wäre.

Auf der permanenten Jagd nach dem schnöden Mammon bist du so stark mit dir selbst beschäftigt und in dir selbst gefangen, dass der Berg an Unerledigtem, Aufgeschobenem, nach wirklich Wichtigem immer größer wird. Dieser türmt sich an den Rändern deiner Wahrnehmung drohend auf und wirft dunkle Schatten. Diese Schatten vermögen irgendwann keinen Geldrausch mehr zu vertreiben. Nichts strukturiert das Leben mit solcher Eindeutigkeit wie die Geldsucht. By the way:

Glaubst du eigentlich ernsthaft, dass es »denen da oben« anders als dir ergeht? Je höher die Liga, desto wahnsinniger das Verhalten!

Neben dem Prinzip der ständigen Gewinnmaximierung lässt dir die Sucht keinen Raum mehr für Zweifel, Moral und Entscheidungen, die nicht irgendwie mit dem Kapital zu tun haben. Jeder Tag hat ein klar umrissenes Ziel. Alle Energie und Aktivität richtet sich darauf. Sucht ordnet die Welt. Die Sucht nach Geld!

Deine Zufriedenheit misst sich an der vorhandenen Drogenmenge namens »Geld«.

Bestimmt ist das Hinterhältigste an der Sucht, dass sie dir alles und jeden zum Feind macht. Die Zeit, die dir davonrennt. Deinen Körper, der nur durch lästige Bedürfnisse auf sich aufmerksam macht. Freunde und Familie, deren Fragen du nicht beantworten, deren Sorgen du nicht zerstreuen kannst. Die Welt, die nur Forderungen stellt, denen du dich nicht gewachsen fühlst. Selbst wenn man unsere geliebten Meinungen angreift, verhalten wir uns wie Süchtige. Wir werden krätzig, gewalttätig, mordlüstern und kriegerisch! Durchgeknallt!

BRAIN-TATTOO-SESSION #26

Wofür und an wen verkaufst du deine Arbeitskraft? Was gibt dir wirklich ein Gefühl von Sicherheit und Autonomie? Erstelle dir einen Finanzplan, das schafft Klarheit – Zahlen lügen nicht! Im Internet findest du vielfache Beispiele und Tabellen! Mach's! Wie heißt eigentlich die wahre Weltmacht mit drei Buchstaben? ICH! Male dein ultimatives Kraftsymbol!

Wenn es also unweigerlich darauf hinausläuft, dass kranke, süchtige, größenwahnsinnige Psychopathen und Soziopathen die Welt ohne Rücksicht auf Verluste regieren und globalisiert beherrschen wollen, wie genau sollte dieser Overkill überhaupt vonstattengehen? Das wollte ich auf Teufel komm raus dann schon mal gerne wissen. Egal, wohin es mich führen würde.

Eines Nachts 2011 nach einem endgeilen Konzerttag auf Wacken wachte ich nach einer kurzen Schlummerpause mit der brennenden Frage auf: Wenn diese kleine Gruppe und deren Schergen, die die ganze Welt beherrschen wollten, was alles würden sie kontrollieren müssen, um dies zu erreichen? Ich sprang auf und begann damit, auf der Rückseite eines Plakates für Energydrinks eine Liste zu machen.

In erster Linie müssten sie das Geld kontrollieren, und das tun sie, wie du inzwischen geschnallt haben solltest. Die Kontrolle des Geldes ermöglicht es ihnen, alles andere zu steuern. Jeder ist käuflich!

Jeder Mensch hat seinen Preis!

Sie müssten die Energie kontrollieren, und das tun sie. Öl, Gas, Kohle, Nuklearenergie. Die freien Energien wie Wasser, Wind usw. stehen buchstäblich noch in den Sternen. Aber sie kaufen sogar auch schon die weltweite Wasserversorgung auf. Du brauchst Beweise? Schau mal bei den Türken in Richtung Syrien, Iran und Irak, wer da wem mit Staudämmen das Wasser abdreht!

Sie kontrollieren bereits große Landwirtschaften und den Welthandel. Sie haben die Gesundheits- und die Pharmaindustrie in ihrer Tasche. Sie müssen kontrollieren, welche Informationen wir erhalten und wie wir darauf reagieren sollen. Denk an das Kapitel der Brain-Tattoo-Masters! Die Kontrolle über das Internet. Weltweit ist das Internet unser größtes Werkzeug für Kommunikation und Basisinformationen. Diese werden zunehmend kontrolliert und zensiert. Der derzeit offene Status kann von allen Seiten, von Regierungen, Hackern, Unternehmen und von wem auch immer angegriffen werden. Schau mal in China oder sonst wo, wo dieses Recht schon lange beschnitten ist! Inzwischen gibt es auch das DarkNet, schon mal gehört? Schau mal nach, total spannend!

Für eine vollständige Herrschaft muss der Dissident, also jede einzelne Person auf dieser Welt, vollständig kontrolliert werden. Sie müssten unsere Rechte wegnehmen, normale Bürger ausspionieren, und jeden Aspekt unseres Lebens verfolgen. RFID-Chip? Schon mal gehört? Google das mal durch, da haut's dir den Vogel raus!

Und sie bräuchten eine Weltarmee wie beispielsweise die NATO.

Als der Tag über dem »Holy Wackenfield« wieder anbrach und die ersten Bands den Soundcheck durchführten, wusste ich, dass schon beinahe alles vorbereitet ist, die Welt beherrschen zu können. Ich hatte die erschreckende Erkenntnis, dass Big Brother nicht nur am Kommen war, sondern dass er schon da ist. Wir sind bereits gefangen in der Matrix. Aber wie kommen wir da wieder heraus? Ich erkannte, dass ich, um mir das weiter vorstellen zu können, entdecken musste, wie ihre herrschende Struktur aussieht und wie sie funktioniert.

Kenne deinen Feind!

LA FAMILIA

Eine relativ kleine Gruppe von Familien, insbesondere die Rothschilds, Rockefellers, Morgans, die Carnegies zusammen mit den Harrimans, den Schiffs, den Warburgs, ist seit Generationen führend in der westlichen Hochfinanzelite des Geldadels.

Die eben erwähnten Männer, oder deren Familienmitglieder, werden bis heute mit dem im 18. Jahrhundert gegründeten geheimen Orden der Illuminaten in Verbindung gebracht. Dessen Mitglieder waren wohl allesamt weltweit bekannte und reiche Privatbankbesitzer. Der Orden ist bis heute ein Mythos. Wenn man sich die Grundidee der Illuminaten aber einmal anschaut, fällt eines auf: *»Die Abschaffung einer absolutistischen Herrschaft sollte nicht mit einer Revolution erfolgen, sondern mit den Mitteln der Personalpolitik. Man sollte immer mehr Schlüsselpositionen im absolutistischen Staat übernehmen, um diese nach und nach in die eigene Gewalt zu bringen.«*[46] Eine Demokratie im Sinne einer Volkssouveränität strebten die Illuminaten nicht an. Wie der Staat nach ihrer Machtübernahme tatsächlich abgeschafft bzw. nur durch die Illuminaten als Absolutisten in vollkommener Weise ersetzt werden sollte, wurde bis heute (noch nicht) nie geklärt.

Grundsätzlich ist es mir fucking Hupe, ob sich nun die Bilderberger, die Illuminaten, Greenpeace, Freimaurer, Kirchen, Volks-Musikanten, Blautafels, Knock and Woods oder auch eine andere machtgeile Sippschaft hinter irgendwelchen Namen verstecken. Aber diese Brain-Tattoo-Demons sind Gift für die Menschheit. Wenn du glaubst, ich übertreibe hier, von mir aus. Was aber wenn nicht?

Ich will hier nicht implizieren, dass jeder Angehörige dieser hier auszugsweise benannten Familien und Gruppierungen sich dessen bewusst ist oder aktiv in der globalen Vorherrschaftsagenda mitwirkt. Beim Blick in die Weltgeschichte aber wird ziemlich deutlich, dass die Führer dieser Dynastien maßgeblich die Unternehmens- und Bankeninteressen kontrollieren und einen finsteren Plan ausführen, der viele Menschenleben vernichtet und bereits vernichtet hat.

Diejenigen, die diese Agenda vorantreiben, sind unter vielen Namen bekannt. Und dabei meine ich noch nicht einmal den blaublütigen Hochadel, wie z.B. der Windsors, Tudors und sonstigen unzüchtigen Blutlinien, die sich mit ihren Gräueltaten nachweislich durch die ganze Menschheitsgeschichte verfolgen lassen. Oder auch die Borgias und Medicis, die mit ihren Tempel- und Kreuzrittern ganze Kontinente plattgemacht haben. Oder die (un-)heimlichen Anstifter von Pizarro und Cortez, die die präkolumbianische Kultur des Goldes wegen ausgerottet haben. Die Geschichte ist voll von Storys über Reichtum und Macht. Auch mit abscheulichsten »Heldentaten« im Zeichen irgendwelcher Götter oder des Vatikans, der Kirche, um nur einige Beispiele zu nennen. Was wollen Menschen, die mehr Geld haben, als ihre Familien in Generationen jemals verbrauchen werden? Was ist das Endziel von Menschen, die sogar die Macht haben, Geld zu erschaffen? Ich glaube nicht, dass dies finanzieller Reichtum sein wird. Oder?

Was hältst du von solch einer Brave-New-World-Brain-Tattoo-Agenda, wenn sie einem total durchgeknallten Psychopathen einfällt? Solche Typen soll es tatsächlich auf dieser Welt schon mal gegeben haben. Zum Beispiel Dschingis Khan, Napoleon Bonaparte, Adolf Hitler, Attila der Hunnenkönig, Julius Caesar, Richard Löwenherz, Mao Tse Tung, Spartakus, oder auch der Shogun Tokugawa Ieyasu. Wenn dann einer kommt, der noch dazu die Macht über das Geld hat, was könnte solch ein Mensch, eine solche Familie, die, nachdem sie sich alle materiellen Dinge, die sie sich in diesem Leben erfüllt haben, noch wollen? Typen, die selbst die übelsten satanistischen Abartigkeiten, auf die ich hier wirklich nicht weiter eingehen möchte, durchlebt haben? Wenn dich das wirklich interessiert, im Internet findest du beinahe alles. Was bleibt nach all den schon gelebten Grenzüberschreitungen noch übrig, das sie begeistern wird? Was ist, wenn, nachdem du alle erdenklichen Spielarten des Lebens durch hast, du deine Macht über Leben und Tod erkannt hast, du dich gefangen in deinem Größenwahn göttlicher als Gott fühlst? Was, wenn niemand mehr da ist, der dich aufhält? Was will ein Mensch, der alles hat? Uneingeschränkte Macht? Totale Kontrolle? Ewiges Leben?

Was wäre, wenn sich diese Menschen zu einer intellektuellen Elite entwickeln würden, die zu denken beginnt, dass sie einen Plan hätte, der besser als jeder andere Plan wäre. Was wäre, wenn sie die Idee hätte, dass Freiheit gefährlich sein kann. Was, wenn diese Leute sich mit ihren Edel-Brain-Tattoos einbildeten, dass, wenn man den Leuten mehr Autonomie zugesteht, diese die Freiheit wahrscheinlich nicht so weise nutzen würden, wie die Edlen selbst denken, dass die Menschen sie nutzen sollten. Wenn diese Typen tatsächlich glauben, schlauer als alle anderen zu sein, und sich einbilden, dass es zum eigenen Besten für die Menschheit wäre, beherrscht zu werden?

Könnte es wirklich sein, dass die Hochfinanz im Begriff ist, den Traum aller großen Verbrecher der Geschichte zu verwirklichen? Absolute Dominanz über den Planeten auszuüben? Für immer! Schachmatt für die Menschheit?

Ich kann mir zwar nicht vorstellen, wie viele Tonnen reinstes Kokain die sich die Birne hochgezogen haben müssen, um so etwas auch durchzuziehen, aber für nach-denkens-wert halte ich diese Fragen ein für alle Mal. Andererseits wäre mir bei diesem Konsum auch die Paranoia in diesen Hirnen klar!

Scheint ein echt eisenhartes Völkchen zu sein, diese Elite!

Präsident George Bush Senior: »*Wenn wir erfolgreich sind, und wir werden es sein, haben wir eine echte Chance in dieser neuen Weltordnung.*«[47]

George Brown, Premierminister England: »*Es ist eine neue Weltordnung, mit deutlich neuen und radikalen Herausforderungen.*«[48]

Henry Kissinger: »*Eine neue Weltordnung kann geschaffen werden – es ist eine große Chance.*«[49]

Oder auch der letzte Papst Benedikt XVI.: »*There is urgend need for a true political authority*« – Eine wahre politische Autorität wird dringend benötigt![50]

BRAIN-TATTOO-SESSION #27

La Familia. Menschen lernen seit frühkindlicher Prägung durch Nachahmung und Imitation. Sehr gerne wird dabei die Meinung der anderen als eigenes Brain-Tattoo übernommen und eingenagelt. Mach dir eine Liste und benenne deine fünf dir am nächsten stehenden Menschen und deren Charakteristik, und ich sage dir, wer du bist. Wer sind diese

Menschen? Was machen sie, wie leben sie, welche moralischen Werte vertreten sie, wie ist ihr Sozialverhalten, woran glauben sie, wie sind sie unterwegs, ihre Intelligenz, ihre Lebenseinstellung usw ...? Wie ticken sie zu den Themen: Politik, Geschichte, Kultur, Religion, Schulen, Moral, Traditionen, Riten, Werte, Gesinnung usw ...? Danach betrachte dich selbst zu diesen Fragen. Welches Bild hast du jetzt von dir?

»Einige der größten Männer in den Vereinigten Staaten, auf den Gebieten von Handel und Produktion, haben Angst vor etwas. Sie wissen, dass es irgendwo dort eine Macht gibt, so organisiert, so subtil, so wachsam, so verwoben, so komplett, so durchdringend, dass sie deren Verdammung besser nie anders als hauchend leise aussprechen.«[51]
Woodrow Wilson, US-Präsident und Freimaurer

»Einige meinen gar, wir sind Teil einer geheimen Kabale, die gegen die besten Interessen der Vereinigten Staaten arbeitet. Sie charakterisieren mich und meine Familie als ›Internationalisten‹ und glauben, wir hätten uns zusammen mit anderen in der Welt verschworen, eine mehr global integrierte politische und wirtschaftliche Struktur ... eine Ein-Welt aufzubauen. Wenn das die Vorwürfe sind, bekenne ich mich schuldig und bin stolz darauf.«[52]
David Rockefeller, Weltbankier und Bilderberger

»Einzelne Akte der Tyrannei können der zufälligen Tagesmeinung zugeschrieben werden, aber eine Reihe von Unterdrückungen, die zu einer bestimmten Zeit begonnen und unverändert jeden Minister und Präsidentenwechsel überdauert haben, sind ein ganz offensichtlicher Beweis für einen bewussten und absichtlichen Plan, uns wieder in die Sklaverei zurückzudrängen.«[53]
Thomas Jefferson, einer der Gründungsväter der amerikanischen Demokratie und Freimaurer

»Alles, was wir benötigen, ist die eine richtige große Krise, und die Nationen werden die Neue Weltordnung akzeptieren.«[54]
David Rockefeller – Weltbankier und Bilderberger

Seit den NATO-Angriffen auf Libyen und der weiteren Beobachtung dieses Neue-Weltordnung-Gedankens wurde meine Einstellung zu den Amerikanern, unseren verbündeten Freunden und Partnern, und auch zu den ganzen weiteren Großmächten der Welt, eine andere. Ich fand es einfach unfassbar, dass es in der sogenannten zivilisierten Welt als legitim angesehen wird, ein Land und einen Teil der Bevölkerung mit der Begründung plattzumachen, man wolle sie beschützen.

Zu diesem Zeitpunkt hatte ich schon viel darüber gelesen, wie die Medien funktionieren und auch wie man Massen in fast jede gewünschte Richtung manipulieren kann. Um zu erreichen was man erreichen will. (Siehe: Elias Canetti – *Masse und Macht*, oder: Gustave Le Bon – *Psychologie der Massen*)

In Anbetracht der Tatsache, dass sich im Jahr 2015, während des Schreibens dieses Schinkens, weltpolitisch so einiges ereignet hat, muss dieses Thema Libyen hier exemplarisch einfach mit rein. Und das nicht, weil ich annehmen würde, dass ich mit diesem Buch etwas Weltpolitisches verändern könnte, sondern weil ich mir ziemlich sicher sein kann, dass bei dem offiziell propagierten Bild etwas nicht stimmt. Eben deshalb, weil ich so ein Gefühl hatte und habe, dass ich es wenigstens hier hineingeschrieben haben muss.

Fuck egal auch, was dieser Gaddafi ad persona für ein menschliches Dreckschwein gewesen sein muss. Aber dieses Gefühl des Thematisieren-Müssens ist vergleichbar mit der Situation, wenn du irgendwo siehst, dass ein Mensch auf der untersten Schublade der Menschlichkeit behandelt wird und du dich dennoch umdrehst und auf eine Party gehst. Ich will mich nicht wegdrehen. Wie also war es denn noch mal um das libysche Volk bestimmt? Unbestätigten und auch nicht höchst offiziellen im Netz kursierenden Informationen zur Folge herrschten in Libyen wohl auch recht komfortable Bedingungen für den staatstreuen Bürger, wie z.B.:

- Es gab keine Stromrechnung in Libyen. Strom war kostenlos für alle Bürger.

- Es gab keine Zinsen auf Kredite. Die staatlichen Banken vergaben per Gesetz Darlehen an alle Bürger. Zu null Prozent Zinsen.
- Ein Heim/Zuhause zu haben, galt als ein Menschenrecht in Libyen.
- Alle Frischvermählten in Libyen erhielten 50.000 US-Dollar. Dieses Geld sollte den Menschen ermöglichen, ihre erste Wohnung zu kaufen. Die Regierung wollte so zum Start einer Familie beitragen.
- Bildung und medizinische Behandlungen waren frei in Libyen. Bevor Gaddafi an die Macht kam, konnten nur 25 Prozent der Libyer lesen. Heute liegt die Zahl bei 83 Prozent.
- Wollten Libyer in der Landwirtschaft Karriere machen, erhielten sie Ackerland, ein Bauernhaus, Geräte, Saatgut und Vieh als Schnellstart für ihre Farmen. Und das alles kostenlos.
- Wenn Libyer keine Ausbildung oder medizinischen Einrichtungen finden konnten, die sie benötigten, hatten sie die Möglichkeit, mithilfe staatlicher Gelder ins Ausland zu gehen. Sie bekamen 2.300 US-Dollar im Monat für Unterkunft und Auto gezahlt.
- Wenn ein Libyer ein Auto kaufte, subventionierte die Regierung 50 Prozent des Preises.
- Der Preis für Benzin in Libyen war 0,14 US-Dollar (ca. 0,10 Euro) pro Liter.
- Wenn ein Libyer nach dem Studium keine Arbeit bekam, zahlte der Staat das durchschnittliche Gehalt des Berufs, in dem er eine Arbeit suchte, bis eine fachlich adäquate Beschäftigung gefunden wurde.
- Libyen hatte keine Auslandsschulden und seine Reserven in Höhe von 150.000.000.000 US-Dollar sind jetzt weltweit eingefroren und wohl für immer verloren.
- Ein Teil jedes libyschen Öl-Verkaufs wurde direkt auf die Konten aller libyschen Bürger gutgeschrieben.
- Mütter, die ein Kind gebaren, erhielten 5.000 US-Dollar.
- 25 Prozent der Libyer haben einen Hochschulabschluss.
- Gaddafi startete das »Great-Man-Made-River-Projekt« (GMMRP oder GMMR, zu Deutsch: großes menschengemachtes Fluss-Projekt) in Libyen. Es ist das weltweit größte Trinkwasser-Pipeline-Projekt für eine bessere Wasserversorgung von Bevölkerung und Landwirtschaft.

Selbst wenn nur die Hälfte dieser Zahlen hier stimmt. Gott sei Dank haben NATO und unter anderem auch vom britischen MI6 gesponserte Rebellen das libysche Volk von dieser Tyrannei befreit. Denk doch mal darüber nach, wem genau der Gaddafi denn wirklich ein Dorn im Auge war! Und wer spielt da alles mit? Wer hat welches Interesse daran, und wer verdient Geld damit, das Land komplett zu destabilisieren?

Wahrheit ist die Lüge, auf die sich die Historiker geeinigt haben.

»Wir sind der Washington Post, der New York Times, Time Magazin und anderen großartigen Publikationen sehr dankbar, deren Vorstände unsere Treffen besuchten und welche die Verschwiegenheitsversprechen seit fast 40 Jahren einhalten. Es wäre für uns unmöglich gewesen, unsere Pläne für die Welt voranzutreiben, wenn wir während jener Jahre dem Lichte der Öffentlichkeit ausgesetzt gewesen wären. Nun ist die Welt weiter fortgeschritten und bereit, in Richtung einer Weltregierung zu marschieren. Die Supernationale Souveränität einer intellektuellen Elite und Weltbankiers ist sicherlich der nationalen Selbstbestimmung der letzten Jahrhunderte vorzuziehen.«[55]

David Rockefeller

FUCK YOUR BRAIN

Das Drama an der ganzen Sache ist, dass selbst die Brain-Tattoos der meisten Menschen, insbesondere in politischer Hinsicht, auch nicht deren eigene Meinung wiedergeben. Sie wurde ihnen ebenfalls auf geschickte Weise aufgezwungen. Bedenkenlos oder auch mit voller Absicht ins Gehirn tätowiert. Genauso wie du haben sie es nicht einmal bemerkt.

Viele Menschen glauben zum Beispiel, dass die Invasion im Irak fehlgeschlagen sei, da die religiös motivierte Gewalt nicht aufzuhören scheint. Was die Öffentlichkeit dabei nicht sieht, ist, dass die Destabilisierung des Iraks oder Libyens genau das ist, was die Leute hinter den Kulissen sehen wollen. Dieser Krieg muss in die Länge gezogen werden, sodass die Region aufgeteilt und die Kontrolle über das Öl aufrechterhalten werden kann. In diesem Zuge entstehen weitere Milliarden Gewinne für die Kriegsindustrie, und am wichtigsten: Es können permanent weitere Militärbasen errichtet werden, um von dort aus weiter gegen nicht gehorchende ölreiche Staaten vorgehen zu können. Wie etwa Iran, Syrien, Georgien, die Ukraine, den Kaukasus und alles, was mit dem Mittleren Osten bzw. mit dem Kaspischen Meer zu tun hat.

Wenn man vorhat, ein Gebiet zu verwüsten, wie stellt man das an? Da gibt es zwei Möglichkeiten: Du kannst natürlich alles niederbomben, aber das ist ziemlich ineffizient. Viel besser ist es, die Leute in diesem Gebiet dazu zu bringen, sich gegenseitig zu töten, ihr eigenes Land und ihre eigenen Farmen zu zerstören. Und genau das ist es, was in diesen Regionen betrieben wird. Man zerstört einen Gegner, indem man ihn dazu bringt, sich selbst zu zerstören. Durch Spaltung und das Aufsplittern in mehrere Gruppen.

Es wird dringend Zeit, dass diese Realität begriffen wird! Und verstanden wird, dass Leute, die Imperien schaffen und erhalten, dies immer durch Manipulation und perversestes Brain-Tattooing der Eroberten vollzogen haben.

Wenn wir auch nur irgendetwas aus der Geschichte gelernt haben, dann ist es, dass Macht korrumpiert und absolute Macht absolut korrumpiert.

Du solltest dir daher erneut und ernsthaft die Frage stellen, weshalb die gesamte Kultur, insofern man das alles wirklich als Kultur bezeichnen darf, gänzlich von Massenentertainment durchsetzt ist, während sich auf der anderen Seite das Bildungssystem weiterhin in einer Verblödungsspirale befindet. Insbesondere dann, wenn die öffentlichen Regierungen die Schulen kontrollieren und subventionieren.

Die Regierung bekommt das, wofür sie bezahlt. So weit klar? Schau dir unter diesem Aspekt doch die staatlich finanzierten Schulen mal an. Wenn deine Regierung mit den Schülern, die aus dem staatlich finanzierten Bildungssystem hervorgehen, nicht zufrieden wäre, dann würde sie doch etwas ändern, oder? Unterm Strich bekommt die Regierung also genau das, was sie verlangt hat. Sie will nicht, dass deine Kinder gebildet sind. Sie will nicht, dass du zu viel denkst. Deshalb wird unser Land und die gesamte Welt geradezu überwuchert von Entertainment, Massenmedien, Fernsehshows, Vergnügungsparks, Drogen, Alkohol und jeder anderen Form der Unterhaltung, die den menschlichen Verstand beschäftigt hält, damit du nicht zu viel nachdenkst und wichtigen Leuten in die Quere kommst. Es wird Zeit, dass du aufwachst und verstehst, dass es Leute gibt, die dein Leben bestimmen, und du weißt das nicht einmal.

Heutzutage ist es eine schwere Bürde, stets nüchtern und bei klarem Verstand durch die Welt zu laufen. Verdammt schade, wenn du nur schwarzsiehst, es könnte alles so bunt sein!

Kann es sein, dass die einzige Wahrheit, die du kennst, die Wahrheit aus der Flimmerkiste ist? Das Fernsehen ist ein verdammter Vergnügungspark. Ein Zirkus, ein Karneval, eine Gruppe von herumreisenden Akrobaten, Geschichtenerzählern, Tänzern, Sängern, Jongleuren, Nebendarstellern, Löwenbändigern, Superhelden, Edelnutten und Fußballspielern. Der Job dieser Gestalten ist es, dir deine Langeweile zu vertreiben. Das geht so weit, bis du anfängst zu denken, dass das Fernsehen die Realität und dein eigenes Leben irreal ist. Das Letzte, was die Macher hinter den Kulissen möchten, ist eine selbstbewusste und informierte Öffentlichkeit, die in der Lage ist, kritisch zu denken. Einer geht zum langsamen Abschluss dieses durchaus beängstigenden Kapitels noch:

»Das Endziel ist es, die gesamte Weltbevölkerung mit einem Chip zu versehen, die ganze Gesellschaft zu beherrschen und zu kontrollieren, dafür zu sorgen, dass die Bankiers und die Mitglieder der Elite die Weltherrschaft übernehmen.«[56]
Nicolas Rockefeller

Im Jahr 2005 verabschiedete der amerikanische Kongress, unter dem Vorwand der Einwanderungskontrolle und des Krieges gegen den Terror, den Real ID Act. Das Gesetz besagt, dass ab Mai 2008 jeder US-Bürger einen Ausweis bei sich tragen muss, der einen Strichcode mit persönlichen Daten enthält. Wobei dieser Strichcode nur ein Zwischenschritt hin zur Ausrüstung mit einem implantierten RFID-Chip ist, welcher durch Funkübertragung alle deine Schritte verfolgen kann.

Wenn sich das für dich fremdartig anhört, dann sollten wir festhalten, dass jeder neue amerikanische und auch deutsche Reisepass bereits solch einen RFID-Chip enthält. Der letzte Schritt wird der implantierte Chip sein, welchen bereits weltweit sehr viele Menschen unter den verschiedensten Vorwänden schon akzeptiert haben und tatsächlich in sich herumtragen. Hätte ich so etwas noch vor 20 Jahren behauptet, dann hätten sie mich wahrscheinlich direkt und ungefragt in der nächsten Klapsmühle weggeknastet. »Der Typ hat zu viel LSD gefressen, Wahnvorstellungen, Psychose, der muss zu seiner eigenen Sicherheit lebenslang verwahrt werden.«

Heute ist das Realität!

Schon bald, und da bin ich mir ziemlich sicher, wird ohne diesen Chip kaum mehr eine Interaktion mit der Welt mehr möglich sein. Eine zentralisierte Weltwirtschaft, in der jede Bewegung, jede Transaktion gespeichert und überwacht wird. Dem Individuum werden langsam, aber sicher alle Rechte entzogen. Letzten Endes werden wir alle in einem überwachten Höllenfeuer gefangen sein, in dessen Kontrollnetz jede Gasausscheidung, die dein Gedärm produziert, dokumentiert und auf Feuerkraft und Schwefelgehalt untersucht wird. Und wenn du aus der Reihe tanzt, dann schalten sie dir den Chip einfach ab. Nur gut, dass wir beiden hier nichts zu verbergen haben und alles nur zu unserem persönlichen Schutz und unserer Sicherheit vor der ach so bösen, explosiven Welt geschieht. FUCK!

Aber so was würden die doch niemals machen! Sicher? Wenn hier alle weiter so tief verpennt durch die Welt dümpeln, dann machen die das. Gehe doch mal von dir selbst aus! Was würdest du tun, wenn du die absolute Macht hättest?

TOTAL RECALL

Ich bin heute 50 Jahre alt, rein theoretisch könnte mir die ganze weltweite Scheiße hier buchstäblich am Arsch vorbeigehen. Meine Lebenserfahrung reicht für mindestens drei Leben aus. Rein theoretisch könnte ich mein Leben jetzt auch im persönlichen ultimativen Finale im Drogenrausch oder in Form einer riesengroßen Drecksauparty auslaufen lassen – solange ich noch einigermaßen fit bin.

Bei der Betrachtung meiner weiteren Ziele, die ich in diesem Leben noch erreichen möchte, fällt mir wirklich kaum mehr etwas ein, was ich unbedingt noch erleben oder tun müsste, bevor ich abtrete. Mit viel Glück komme ich aus dieser Nummer, die sich Leben schimpft, sogar auch noch einigermaßen ungeschoren raus. Ich hatte trotz aller persönlichen Katastrophen echt Glück, in dieser Menschheitsepoche frei leben zu dürfen! Jedenfalls die letzten 20 Jahre lang.

Meine massive Besorgnis richtet sich an meine Tochter, meine Enkelin und selbstverständlich an die gesamte »Next Generation«! Anhand der ganzen gesichteten Tatsachen befürchte ich, ohne schwarzmalerisch zu klingen, sehr stark, dass diese folgenden Generationen ihr Leben nicht ohne einen knüppeldicken Krieg erfahren werden. Es sei denn …? Darum schreibe ich dieses Buch!

BRAIN-TATTOO-SESSION #28

Ich wünsche uns allen und auch den folgenden Generationen, dass eine derartige Brave-New-World-Brain-Tattoo-Agenda niemals eintreffen wird. Ich für meinen Teil allerdings bin der Meinung, dass es übel ausgehen wird. Ein guter Schritt kann es sein, deine Augen aufzumachen und diese zu nutzen, zum Sehen und nicht zum Weinen. Was also genau sind deine Erkenntnisse aus diesem Kapitel? Was genau wirst du nun tun? Was genau wirst du in deinem dir möglichen persönlichen Bereich ab sofort tun und lernen? Definiere deine ganz persönlichen Ziele zur weiteren Krisenvorsorge im Umgang mit deinen dir ins Hirn genagelten Brain-Tattoos. Was und worüber wirst du ab sofort (nach-)denken? Wobei wirst du aktiv werden und ins Handeln kommen? Schreibe es auf! Was siehst du?

Hier noch ein paar Vorschläge, was sich auf der persönlichen Ebene bewirken lässt:

- So viele Leute wie möglich zum eigenständigen Denken anregen.
- Die Lügen der Massenmedien aufzeigen und sie mit ihren eigenen Waffen schlagen.
- Widme eine Stunde pro Tag dem Kampf gegen die Hetze auf dieser Welt. Tue so, als würde es sich um eine ganz persönliche Herausforderung handeln.
- Befreie dich geistig von falschen Werten und Statussymbolen, die dir das System über Jahre hinweg als akzeptabel und begehrenswert eintätowiert hat.
- Folge nicht blindlings irgendeinem falschen Führer, der vorgibt, nur dein Bestes zu wollen. Sei du selbst, der einzige Souverän über deine eigenen Handlungen.

- Vermeide jeglichen Hass auf anderen Ethnien. Es handelt sich dabei um eine Falle, die dazu dient, alle Menschenrassen gegeneinander auszuspielen.
- Lass nicht zu, dass dich eine Regierung in einen ihrer schmutzigen Kriege schickt.
- Versuche die meisten Regenten dieser Welt als illegitim zu betrachten. Darum verweigere ihnen den Gehorsam, soweit es dir nur irgendwie möglich ist.
- Bleib frei!

FIGHT TILL THE END

Seit Tausenden von Jahren nennen wir die Erde unser Zuhause. Du wurdest im Glauben gelassen, dass du lediglich ein winziges, unbedeutendes, kleines Sandkorn bist. Dir wurde eintätowiert, dass du nur eine Ameise im Ameisenhügel der Menschheit bist. Mit mächtig fetten Balken wurde dir eingenagelt, dass du dich nicht von anderen unterscheiden darfst. Du wirst in dem Glauben erzogen, dass du keine oder nur sehr begrenzte eigene Entscheidungen ohne vorherige Erlaubnis treffen kannst und darfst. Dass du dich alleine nicht verteidigen oder deine Meinung nicht einfach so frei äußern kannst. Man hat dich glauben lassen, dass du keinen Wert besitzt. Man hat dir beigebracht, dass du nur ein bescheidenes Leben mit bescheidenen Ambitionen leben kannst. Gekauft in einem von ihren Geschäften.

Auch hat man dir beigebracht, dass deine Zeit auf dieser Erde keine Spuren hinterlassen wird. Dass du nur ein Fliegenschiss im All bist, dass sich das Universum nicht darum schert, was mit dir geschieht. Dass du lediglich eine Statistik bist, eine Nummer auf einem Schirm, die sich mit Leichtigkeit ausradieren lässt.

FUCK – was sind das für verlogene und ratzige, mattschwarz gestrichene, dir eingeknüppelte Brain-Tattoos?! Wenn du in der Lage bist aufzustehen, aufrichtig zu lieben und für etwas zu kämpfen, ist bereits eine einzige deiner Fingerspitzen mehr wert als die Köpfe aller dieser Herrscher dieser Welt. Sei dir der Tatsache bewusst, dass du als Protagonist in der wichtigsten Zeit deines Lebens während einer der entscheidenden Epochen menschlicher Geschichte lebst. In dieser stürmischen Zeit kannst du entscheiden, ob du ein Schaf sein willst, das nur zur Schlachtbank geführt wird, oder ob du als jemand in die Geschichte eingehen willst, der bis zum letzten Atemzug gegen die Versklavung und Zerstörung der freien Menschheit gekämpft hat. Es ist an der Zeit, den wahren Wert zu zeigen, der sich hinter dieser geistigen Dunkelheit befindet.

BRAIN-TATTOO-SKRIPT #3

Nimm dir nun die beiden ersten Brain-Tattoo-Skripts zur Hand. Lies dir die Antworten der Brain-Tattoo-Sessions #17–28 durch und erweitere dein Kinoplakat um die jetzigen, dynamischen, weiteren Erkenntnisse ...! Oder male/skizziere ganz einfach ein komplett neues Bild, das all die bisherigen Erkenntnisse, die deine Seele aktuell sieht, beinhaltet und darstellt. Welchen Film schiebst du jetzt im Augenblick? Male das Brain-Tattoo deines Lebens! Unter Berücksichtigung deines ICHs und der Welt, in der du lebst! Bitte vernichte all deine anderen Skizzen nicht, wir brauchen sie noch!

BRAIN TATTOO PUSHERS FOR BUSINESS POSERS

- Du weißt immer, wo deine hart verdienten Dollars abgeblieben sind – in deiner Haut.
- Du findest früher oder später den Job, der zu dir passt.
- Du wertest jeden Dresscode im Büro auf.
- Die Firma kauft dir auf ihre Kosten Langarmhemden.
- Du kannst der erste tätowierte Astronaut werden.
- Du kannst die erste tätowierte Päpstin werden.
- Du wirst niemals in einer Bank oder Versicherung arbeiten müssen.
- Du räumst mit Vorurteilen auf – tattooed people do it better.
- Deine Oma gibt im Altersheim mit dir an.
- Dein Chef vergisst deinen Namen nicht.
- Der Zirkus hat immer einen Job für dich.
- Weil du alles erreichen kannst, egal wie du aussiehst.
- Was dich nicht umbringt macht dich stärker.

THE ARMY OF ONE

BACK FROM HELL

Die Geschichte der Menschheit ist zum großen Teil eine Geschichte des Wahnsinns. Um das zu erkennen, genügt dieses vergangene Kapitel hier vollkommen aus. Sind das alles nicht unfassbar hirnentwichene Extrakte einer kollektiv geisteskranken Gesellschaft, die mit ihrem weltweiten Theater ungebremst und mit Vollgas auf einen mächtigen Overkill zusteuert? Käme jemand von einem anderen Stern, dem du diese Chroniken der Irren hier zeigen würdest, dann bin ich der festen Überzeugung, dass es diesem Alien knüppelhart den Vogel raushauen würde. 100 Millionen Menschen wurden alleine im 20. Jahrhundert von anderen Menschen gekillt.

Wir Menschen selbst erschaffen die Hölle auf Erden!

Und während die Gesellschaft beharrlich und immer tiefer abstürzt, sagt sie sich zum Beruhigen immer wieder: Bis hierher lief es noch ganz gut, bis hierher ...?!

Ganz ehrlich, wer will schon, dass du dein Hirn einschaltest und damit beginnst, eigenständig zu denken? Noch vor Kurzem waren die politischen Wendehälse und Hüteschwenker noch als Spitzel für die Staatssicherheit und an der Front für die Nationalsozialisten unterwegs. Heute spielen sie Demokratie, vorwiegend aus rein wirtschaftlichen Interessen heraus begründet und unter dem Deckmantel der Freiheit. Würdest du konsequent damit beginnen, eigenständig zu denken und vorgegebene Dinge einfach mal zu hinterfragen, dann hätten Korruption und Machtmissbrauch wohl geringere Chancen.

Schau dir z.B. doch einmal den ESM-Irrsinn genauer an. Die deutsche Schuldenuhr tickt bereits auf Hochtouren. Gemäß der Logik deutscher »Werte-Orientierung« helfen Bomben und Waffenlieferungen, den Frieden und die Demokratie in andere Länder zu exportieren.

Panzerlieferungen, genmanipulierte Lebensmittel, Schuldgeldsysteme, umweltfreundliche Gift-Sparlampen, EU-Diktatur, Sparen, Diätenerhöhung, Spritpreis, Strompreis, Mietpreis, Steuererhöhungen, 18.000 Euro mehr Ehrensold pro Jahr für Ex-Bundespräsidenten usw.

Das heißt in der Konsequenz doch also auch, noch mehr arbeiten zu müssen, oder? Vom Erstjob zum Zweitjob zum Drittjob. Es bleibt keine freie Zeit mehr, um überhaupt noch über irgendetwas nachzudenken. Vollgas! Und da das Sparen bei einer Nullzinspolitik sowieso für den Arsch ist, sollen wir in unserer verbleibenden Zeit kaufen. Kaufen, um zu haben. Haben, um (wer) zu sein. TV glotzen und Junkfood fressen. So lange, bis es dir vollends die Plattform verbiegt! Wo ist er, der Notausgang?

Error! Tilt! Overload! Overkill! Syntax Error! Systemfehler!

Es ergibt sich die Frage, was du mit all diesen Erkenntnissen jetzt anstellen sollst. Wirst du zum Dauerpatienten beim Psychonauten-Doc in der Klapsmühle, oder wirst du dem Bundestag einen Besuch mit einer AK-47 abstatten?

No! No! No!

NEVER ENOUGH

Wäre es möglich, dich nach alternativen Lösungen umzuschauen? Wenn du das Chaos der Welt realistisch betrachtest und einen nüchternen Blick in die Gesellschaft wirfst, dann erhebt sich doch zwangsläufig die Frage nach dem: Was konkret kann ich tun, um überhaupt irgendetwas zu verändern? Kann ich überhaupt etwas tun?

Denn wenn ich nichts tun kann, dann kann ich es doch gleich bleiben lassen, mich mit diesen negativen Dingen zu beschäftigen. Es betrifft mich ja momentan noch nicht wirklich direkt. Und solange ich noch ein Dach überm Kopf habe und der Kühlschrank gefüllt ist, interessiert mich das alles, was hier abgeht, doch einen feuchten Scheiß, oder?

Wenn man merkt, dass irgendetwas nicht korrekt läuft, dann bin ich der felsenfesten Überzeugung, dass es mit Sicherheit verschiedenste Spielarten gibt, andere dezent, bestimmt, unaufdringlich und friedvoll auf die Missstände aufmerksam zu machen. Oder sich, wofür auch immer, zu engagieren und zu zeigen: »Hey, stopp, Alter, so geht das aber ganz klar mal gar nicht!« Das nennt man dann übrigens Zivilcourage!

Aber wie effektiv ist das?

Gegen den Irakkrieg, Vietnam, Stuttgart 21, Atomkraft usw. waren weltweit Millionen friedlicher Demonstranten auf den Straßen. Dennoch finden Missstände dieser Art immer weiter statt. Ich will nicht sagen, dass eine Demonstration keine Auswirkungen haben würde, aber es muss doch auf längere Sicht noch etwas Effektiveres geben. Irgendetwas, was tiefergehend ist, irgendetwas, was ein neues Fundament und Format für ein wirklich gepflegtes menschliches Miteinander setzt.

Selbst wenn du heute sofort alle Regierungen weltweit austauschen würdest, wäre das, was danach käme, aller Wahrscheinlichkeit nach keinen Deut besser. Erstens weil die neu gefeierten Regierenden bislang selten gravierend anders waren, wie man am Friedensnobelpreisträger Obama sehr gut sehen kann, und zweitens deshalb, weil auch wir die Gleichen geblieben sind.

Wir sind doch diejenigen, die man mit Angst regieren kann. Wir sind diejenigen, die man durch emotionale Beeinflussung gezielt in die jeweils gewünschte Richtung lenken kann. Willenlose Handpuppen und dressierte Marionetten. Wir sind diejenigen, die aus der Angst um die eigene Existenz heraus so gut wie alles mitmachen. Selbst dann, wenn es gegen hochgelobte moralische und was weiß ich welche abgefuckten Prinzipien auch immer geht. Und vor allem sind wir diejenigen, deren Gedanken auf die identische Art und Weise geeicht bleiben. Diese Mainstream-Brain-Tattoos sind da! Sie sind das Bildnis eines uns allen seit Urzeiten tief eingenagelten Gedankenkonstrukts. Nämlich, dass das Leben ein Kampf ist.

Die logische Konsequenz daraus ist die »Jeder-gegen-jeden-Denke«. Maximaler Eigennutz bei minimalem persönlichem Einsatz. Das eigentliche Problem kann also gar nicht da draußen liegen, es muss folglich in uns allen liegen! In unserer westlichen Kultur, also zumindest in der

Kultur, in der ich lebe, gilt die generelle Vorgehensweise, »so viel abzugreifen, wie du kannst, und dafür so wenig wie möglich zu tun«. Das ganz alleine ist das im gesamten System vorherrschende Normativ.

Bei solch einer derart gelagerten, raffgierigen Grundmotivation eines jeden Einzelnen brauchst du dich nicht über diese offensichtlichen, weltweiten und unerwünschten Nebeneffekte wie die Spaltung der Massen zu wundern. Sei ehrlich, wir verhalten uns alle nach diesem Prinzip der Gewinnmaximierung. Wenn die anderen aber mehr Macht als wir haben und erfolgreicher im Anhäufen von Reichtum sind, dann stören wir uns daran. Der Antrieb der Mächtigen und Erfolgreichen ist genau der gleiche wie der des normalen Bürgers. Greif so viel ab, wie du kannst, und tue dafür so wenig wie möglich. Ist dies die generelle Grundhaltung bei uns, oder ist sie es nicht? Denn falls sie es wirklich ist, dann wäre der einzige Unterschied zu den superreichen Abzockern doch nur der, dass die anderen eben cleverer im »Abgreifen soviel es geht« sind, oder?

Bist du vielleicht nicht clever genug?

Ein Markt definiert sich, wie du weißt, dadurch, dass man verhandelt und dabei versucht, das Beste aus einem Geschäft herauszuholen. Solange die Realität, in der wir leben, das Lügen, das Täuschen, das Stehlen usw. unterstützt, und das tut sie, so lange führt das Eliminieren einer Gruppe von Lügnern und Dieben nur dazu, dass eine neue Gruppe von Lügnern und Dieben an deren Stelle tritt, oder?

Warum? Weil der Durchschnitt unserer Gesellschaft exakt gleich handeln würde, wenn er nicht durch Angst vor Strafen davon abgehalten werden würde, darum!

Solange der Grund dafür, dass du jemanden anderen nicht den Geldbeutel klaust, die Angst vor Strafe ist, so lange bist du vom Sein-Zustand her betrachtet nicht viel besser als jemand, der einem Menschen tatsächlich den Kies abnimmt. Die Angst davor, nicht erwischt und bestraft zu werden, macht dich noch nicht zu einem besseren Menschen. Es führt lediglich dazu, dass du dich besser verhältst.

Es gibt dieses mächtige Brain-Tattoo auf dieser Welt, welches signalisiert, dass alles Böse stets von bösen Machthabern und dem Terrorismus ausgehen muss. Wenn man nur diese bösen Machthaber und Terroristen loswerden würde, dann würde alles gut. Das ist zwar krank, aber die Masche funktioniert einwandfrei! Alter, so eine Lösung verändert überhaupt nichts, denn die wirkliche Veränderung muss an der Basis beginnen. In deinem Hirn! Bei deinen Brain-Tattoos!

Noch mal: Selbst wenn hier, jetzt und sofort alle bösen Machthaber und Terroristen gekillt werden würden, wäre das Ergebnis, dass innerhalb kürzester Zeit neue Agitatoren nachkommen würden. Warum? Weil sich dieses abgefuckte Brain-Tattoo der »Höher-weiter-besser-schneller-als-andere-Denke« innerhalb unserer Gesellschaft nicht verändern wird. Die jeweils Skrupellosesten und Korruptesten unter uns sind immer schon diejenigen gewesen, die es bis nach oben geschafft haben und schaffen. Weil wir nie genug kriegen – it's never enough!

Konkurrenz belebt den Wahnsinn!

PAIN-GAMES

Zur weiteren Aufhellung deiner alten Knast-Brain-Tattoos kann ich es nicht lassen, noch einmal ganz kurz auf der Ebene der Medien und Konsumindustrie herumzuhacken! Weil: Deine Brain-Tattoos entfalten sich, genauso wie tatsächliche Tattoos eben auch, erst dann ganz besonders geil, wenn sie frisch verheilt sind und der Schmerz nachlässt. Oder auch dann, wenn du am Morgen, nachdem das Ding mal wieder nachgestochen wurde, begeistert aufwachst.

Ist es also wirklich die Aufgabe der Massenmedien, besser informierte Menschen zu erschaffen? Nein, deren Aufgabe ist ein knallhartes Business. Das ist ein Geschäft! Dahinter steckt eine skrupellose Industrie. Durch diese »Hallo Herr Kaiser«-Typen und aalglatten »Nutella-Familien« der Konsumindustrie wird, ohne jegliche Reue und ohne das geringste schlechte Gewissen, eine Meute völlig identischer, gleichgeschalteter Mutanten herangezüchtet und eine ganze Kultur zerstört bzw. neu erschaffen. Die Werbepartner und Finanziers der Medien sind diejenigen, die dir den letzten Funken Hirn aus dem Schädel saugen. Statements wie »Mainstream ist Scheiße«, »Qualität ist etwas für wenige Auserwählte«, »Mach dein Ding«, »Geiz ist geil« usw. suggerieren nur eine weitere Spaltung und trennen die Menschen in verschiedene Lager.

Was dabei herauskommt nennt sich dann eine zivilisierte Gesellschaft. Oder besser vielleicht sogar doch ein opportunistisches Pack im Dunkelland? Hirnlose Zombies, die Titten sehen wollen und wissen, wie man Steuern spart. Es ist traurig zu sagen, aber vielen liefert es anscheinend tatsächlich ein gutes Gefühl, wenn es andere, ob nun symbolisch oder tatsächlich, »auf die Fresse haut«. Die schönste Freude scheint mir die Schadenfreude zu sein. Und das gilt insbesondere bei sogenannten Promis. Je tiefer deren Absturz, desto größer der Kick für den Zuschauer. Bloß gut, dass du nicht prominent bist und diese Schmach ertragen musst, oder?

Wäre es nicht langsam mal an der Zeit, die Menschen von dieser Wahnvorstellung des realen Lebens aus der Flimmerkiste zu befreien? In Wirklichkeit ist doch kein Mensch so bescheuert wie das Niveau dieser produzierten Shows. Und dennoch wird gekauft und konsumiert auf Teufel komm raus. Ich glaube langsam echt, dass die Menschen nur noch auf den Dreck reagieren, von dem sie von den Massenmedien zugeschissen werden. Gibst du deinen Kindern den ganzen Tag Süßigkeiten zum Essen? Eher nicht, oder? Denk mal darüber nach, wenn es um deine geistige Nahrung geht!

Dreck is beautiful!?

Im digitalen wie auch im realen Leben gibt es eine Vielzahl von Menschen, die nach außen liebevoll tun und sich als »Gutmenschen« getarnt vorzugsweise in Wohltätigkeitsorganisationen engagieren. Wenn die abends dann nach Hause kommen, wird der eigene Hund getreten oder die Ehefrau verprügelt. Ist es nicht so? Eine solch paradoxe, im jeweiligen Selbstbeschiss gefangene Realität kannst du nur verbessern, indem du an dir selbst und an deiner Ehrlichkeit arbeitest. Es ist nicht zielführend, deine Realität im Außen mit dem nächstbesten Brain-Tattoo so zu verändern, dass sie dir oder den anderen kurzfristig selbst mal wieder besser gefällt. Dadurch erreichst du keine wirkliche Veränderung, und das ist nichts anderes als der Versuch, die Stühle auf der sinkenden Titanic umzustellen.

Vielleicht gefällt dir das äußere Erscheinungsbild kurzfristig besser, vielleicht verschwindet der Ölkonzern BP von der Bildfläche, aber kurz darauf tritt ein neuer Öl-igarch an seine Stelle. Unsere momentane Gesellschaft unterstützt diese Strukturen nun einmal. Man kann die Gesellschaft nicht durch Gesetze oder Zwang dazu bringen, sich zu verändern, das funktioniert nicht.

Nur wenn wir uns selbst verändern,
dann verändert sich die Welt!

Ganz klar also: Wenn du die Welt zu einem besseren Ort machen willst, geht das nur, wenn du bei dir selbst anfängst. Und das fängt bei deinen Brain-Tattoos an – Punkt! (für Punkt!)

BRAIN-TATTOO-SESSION #29

Okay, bei mir selbst anfangen, aber wie geht das? Woran liegt es nun, dass wir so sind, wie wir sind? Warum handeln wir so, wie wir es tun? Wo liegen die Wurzeln des menschlichen Leides? Woran liegt es, dass der Mensch sich selbst und anderen so viel Leid zufügt? Was genau kannst du für eine bessere Welt tun? Wie hoch ist dein Einsatz in den Brain-Tattoo-Pain-Games deines Lebens? Was denkst du darüber? Wie ist deine Meinung dazu? Welche Bilder kommen zu diesem Thema in dir hoch?

JUNIOR IS BACK!

Auf der Suche nach möglichen Erklärungen für das Chaos und das Leid in der Welt ist mir als die Ursache ein ganz bestimmtes Thema aufgefallen. Das »fiktive Ego«.

Als ich vor vielen Jahren das erste Mal vom »fiktiven Ego« hörte, dachte ich im ersten Moment: Wie jetzt, »fiktives Ich-Gefühl?«, schon wieder so eine neue abgefahrene esoterische Kacke!? Allerdings ist der Gedanke absolut nichts Neues. Es ist eine Feststellung, die schon Gandhi und C.G. Jung getroffen haben. Also wollte ich verstehen, was konkret damit gemeint ist. Denn falls es stimmen sollte, dass dieses »fiktive Ego« in mir und in jedem von uns die tatsächliche Ursache von allem Leid in der Welt wäre, dann wäre das Erkennen dessen doch auch das Werkzeug, welches mich/uns aus dem globalen Gülledreck auch wieder herausholt.

Denn wenn ich von diesem »fiktiven Ich-Gefühl« beherrscht wäre, das sich aus meiner gedanklichen »Ich-Geschichte«, also auf meine eigenen Brain-Tattoos aus dem gedanklichen Konzept des »ICHs«, bezieht, dann würde ich mir das Leid selbst erschaffen!? Das hieße dann, dass die Ursache »vom Leid in dieser Welt« mein gedankliches Konzept eines »fiktiven Ich-Gefühls« sein sollte!?

Schuldig!?

Wie aber kann ich für all den Schmerz und all die Verbrechen in dieser Welt zur Rechenschaft gezogen werden, wenn da nicht etwas in mir ist, von dem ich überhaupt nichts weiß? Etwas vielleicht, was ich so lange verleugnet habe, bis es beinahe zu spät war, etwas dagegen zu tun? Etwas in mir vielleicht, was den einzigen Grund dafür liefert, dass ich am Morgen aufstehe, meinen beknackten Chef ertrage und all das Blut, den Schweiß und die Tränen. Und das alles nur deshalb, damit alle wissen, wie gut, attraktiv, großzügig, witzig und clever ich bin? Etwas, was mich nach dem Motto: »Fürchtet oder verehrt mich, aber bitte haltet mich für etwas Besonderes« regiert? Wir alle haben dieselbe Sucht. Wir sind Anerkennungs-Junkies. Wir wollen geliebt werden, und die Meinung darüber, was die anderen über uns denken, ist uns extrem wichtig. Wir alle gieren nach dem Schulterklopfen, dem Geliebtsein, der goldenen Uhr, dem verdammten Applaus. Viele dieser Tatsachen und Erkenntnisse hatten wir bereits in der Bibel für Ungläubige, *The Fire of Change – Für ein besseres Leben ist es nie zu spät*, in Gestalt des Drachen Junior ausgiebig aufgearbeitet, diskutiert und eruiert.

Wenn es dieses »fiktive Ego«, diesen Junior, der die Ursache für das meiste Leid in der Welt sein soll, nun tatsächlich geben sollte, dann müsste das Ganze doch auch irgendwie nachvollziehbar zu erklären sein, oder? Damit dir das auch wirklich einleuchtet, gehen wir jetzt noch einmal zurück in der Zeit und schauen drauf, wie alles anfing: Erinnerst du dich noch daran, als du ein Baby warst? Eher nicht. Für dich als Baby und später dann als kleines Kind hatte alles, was dir im Außen begegnete, eine große Faszination. Alles war interessant, aufregend, alles war nur dazu da, um von dir entdeckt und erforscht zu werden.

Dir den Mut zu nehmen schien unmöglich. Du warst voller Neugierde, und wann immer du aufgesehen hast, sah die Welt für dich gut aus. Vor allem warst du begeistert, nie hast du dich gefragt, warum du etwas nicht konntest oder ein Ziel nicht erreicht hast. Du warst optimistisch. Du warst sicher, es zu schaffen. Du hattest keine Ahnung davon, was es bedeutet, pessimistisch und/oder gelangweilt zu sein, gefühllos und/ oder zynisch zu werden. Natürlich hast du dir hier und da auch mal deinen Gewürzprüfer angehauen, du bist gefallen, um einfach wieder aufzustehen.

Versagen gibt es nicht, nur längeres Versuchen.

Angst vor großen Hunden? Warum auch? Vor dem Unbekannten? Angst? Du? Angst? Als Kind warst du anders! Aus und vorbei? Frust? Warum? Träume führten nicht zu Enttäuschungen! Kein System hat deine Begeisterung zunächst kaputt gemacht! Ist nichts mehr davon da? Nichts mehr von damals mehr in dir? Gar nichts?

Die Neugierde, die Freude am Entdecken, die Fähigkeit, Veränderung zu begreifen, zu akzeptieren? Der Mut, nach dem Fall wieder aufzustehen?

Ich könnte jetzt noch weiter fragen, ab welchem Zeitpunkt du eigentlich deine Träume verloren hast. Und auch, wann deine Begeisterung fürs Leben endete. Ab wann hörte es auf, dass du von jedem neuen Tag fasziniert warst – von allem, was dich umgibt, und sei es aus heutiger Sicht auch noch so banal? Und ab wann fing es an, dass sich solche Überzeugungen und Brain-Tattoos wie »Das kann ich nicht« oder »Ich bin für das oder jenes nicht gut genug, oder zu dumm, nicht schön genug, zu jung, zu alt, zu arm« oder was auch immer festsetzten? Und wann kamen solche Dinge wie Angst vor dem Versagen auf?

Aber bleiben wir erst einmal noch bei dem Kleinkind und fragen: »Wer warst du da eigentlich?« Ein Kleinkind von 12–18 Monaten hat noch gar kein »Ich-Gefühl«. Das wird ihm erst beigebracht. Wenn ein

Kleinkind sich im Spiegel betrachtet, sieht es dort nämlich erst einmal jemanden, den es nicht mit sich selbst in Verbindung bringt. Als Kleinkind bist du einfach da und nimmst die Dinge »ungefiltert« wahr. Ohne sie zu bewerten und ohne dich zu fragen: »Bin ich gut genug?« Ein Baby hat einfach nur Spaß dabei, Neues zu entdecken. Es lacht viel, und all das, ohne dass es schon ein »Ich-bin-der-oder-jener-Gefühl« hätte. Einem gesunden Baby scheint die Sonne aus dem Arsch! Also scheint es im wahrsten Sinne des Wortes doch so zu sein, dass man dieses »Ich-Gefühl« gar nicht bräuchte, um wahrnehmen zu können und Spaß zu haben, oder? Denn irgendetwas muss ja schon einmal gewesen sein, bevor sich dein »Ich-bin-der-oder-jener-«, oder »Ich-habe-dies-oder-jenes-Gefühl« entwickelt hat. Genau, das Ei deines Juniors wird soeben bebrütet. Gerade entstehen die Outlines deines mächtigen Drachen-Brain-Tattoos im noch jungfräulichen Hinterland deiner sich auf immer in sich selbst verrammelnden Fontanelle.

IN THE LINE OF FIRE

Okay, aber was ist dann passiert? Was passiert ab dem ersten Moment, als die eigene Mutter voller Stolz verkündet: »Unser Kind hat zum ersten Mal ICH gesagt«?

Ab diesem Zeitpunkt wird das Kleinkind alles, was es ab diesem Moment erlebt, zu diesem »Ich-Gefühl« hinzufügen. Positive wie negative Erfahrungen, schöne und schlechte Erlebnisse, Ablehnung, Erfolg, Misserfolg usw.

Ziemlich abstrakt, oder? Sagen wir mal, du hast im Kindergarten die Erfahrung gemacht, dass andere das geilere Spielzeug haben, oder dass sie irgendetwas besser können als du. Kids, die zum Beispiel schneller sind oder abgefahrenere Sandburgen bauen, oder was auch immer. Dann ist das eine Erfahrung, die du zu deinem »Ich-bin-so-oder-so-Gefühl« hinzufügen und dir als Brain-Tattoo in deine Synapsen stechen wirst. Du ziehst in diesem Fall dann schon einmal das Fazit, dass andere irgendwie besser oder schlechter sind und geilere oder übelste Brain-Tattoos haben.

In der Familie, in der Schule und später, wenn du arbeitest, geht das Spiel ein Leben lang weiter. Überall und jederzeit wird in deinem Gehirn die Idee dieses Selbst-»Bild«-es darüber, wer du angeblich wärest, weiter skizziert und übermalt.

Selbst die Resonanz der anderen auf dich und alle deine sonstigen Erfahrungen erweitern deine Brain-Tattoos ständig.

Es ist wichtig für dich zu wissen, dass wir von verschiedenen anderen Menschen in unterschiedlichsten Lebenslagen auch unterschiedlich wahrgenommen werden. Und auch uns selbst nehmen wir, je nach aktueller Befindlichkeit, in den verschiedenen Lebensbereichen unterschiedlich wahr. Das heißt im Umkehrschluss auch, dass, so wie andere Menschen dich sehen, dir entgegnen, dich beurteilen usw., du dich dann meistens auch fühlst. Die anderen sind sozusagen der Spiegel deiner persönlichen Wahrnehmung. Ist klar, oder?

Die Anerkennung durch die anderen ist uns wichtig. Die meisten Menschen geiern und gieren danach, dass andere sie zumindest akzeptabel, cool und bestmöglich aber ganz toll finden. Das ist zunächst der soziale Befund, wie wir ihn alle kennen. Denn wenn andere uns als uncool und eher irgendwie merkwürdig empfinden, dann denken viele, dass sie völlig uninteressant und übersehenswert wären. Eine gesellschaftliche Null zu sein, hat niemand gerne. Diese unangenehme Sichtweise wird somit zu einem nicht zu unterschätzenden, relevanten Teil deines »Ich-Gefühls«. Also zu dem Gefühl, wie scheiße du dich selbst wahrnimmst.

Übrigens, dass die meisten Menschen sich ihr »Ich-Gefühl« sogar mit aller Gewalt »abholen«, sieht man alleine schon daran, wie enorm wichtig es für viele ist, dass andere die eigene Sichtweise bestätigen. »Like me« um jeden Preis! Das geht teilweise so weit, dass sich die Menschen sogar im vermeintlichen Schutz der Anonymität der verschiedensten Social-Media-Kanäle und Internetplattformen massiv spalten und zerrütten lassen. Die heftigsten Wortgefechte werden abgeliefert. »Du Vollpfosten«, »Mein Gott ist der einzig wahre« – »Ich habe recht, du bist nur zu dumm, das zu checken« usw. Wann immer ich so etwas lese, stelle ich mir dabei vor, wie es real wohl aussieht, wenn so mancher Kandidat seine Hass-Posts, so ganz alleine mit hochrotem Kopf und zitternden Knien tobend vor dem Rechner sitzend und mit voller Inbrunst, wutentbrannt in das Gerät reinhackt – lächerlich!

Und das Ganze nur deshalb, um die eigenen Brain-Tattoos zu verteidigen, was, wenn man es mal völlig objektiv betrachtet, völlig sinnfrei ist. Es könnte dir grundsätzlich doch total egal sein, was ein anderer, den du aller Wahrscheinlichkeit nach sogar nie in deinem Leben treffen wirst, über dich oder deine Sichtweise denkt, oder?

Recht haben müssen um jeden Preis?

Ein ungeheurer Drang danach, niemals im Unrecht zu sein, ist ein deutliches Indiz dafür, wie mattschwarzgestrichen die Hirne so mancher Protagonisten selbst bei konstruktiven Diskussionen mit hasserfülltem Gülledreck zugenagelt sein müssen. Sie verteidigen ihren Standpunkt mit aller Gewalt. Was überhaupt ist ein Standpunkt? Eine gedankliche Position, eine Bastion, ein Gedanke, ein Brain-Tattoo, mit dem ich mich identifiziere? Etwas, was ich als meine Meinung deklariere, kommuniziere und vertrete? Oder vielleicht sogar etwas, was ich mit meinem Leben verteidigen würde? Ein Wert, etwas, wofür ich bereit wäre zu sterben? Oder was?

»Ich sage dir, wie es ist, und so ist es! Wenn das jemand bezweifelt fühle ich mich in meiner Identität bedroht. Denn ich identifiziere mich mit meiner gedanklichen Position. Ich bin, was ich denke. Ich bin mein Brain-Tattoo. Mein ›fiktives Ich‹ regiert mich. Mein gedankliches ›Ich‹ ist mein Herrscher. Und für diese Regierung bin ich bereit, in den Krieg zu ziehen!«

Sicher?

Manche Leute werden selbst schon bei einer Diskussion über nichts gewalttätig. Wer kennt sie nicht, die Bilder von Schlägereien in den Parlamenten, bei denen sich Politiker im Meinungskrieg befinden. Sie verteidigen ihr »illusionäres Selbst«, das recht behalten muss. Denn wenn mein Faustschlag den anderen in die Ecke drängen kann, dann fühle ich mich auch eine Weile lang stärker und überlegener. In diesem Moment heißt das aber nur, dass sich die Illusion deines »Ich-Gefühls« verstärkt hat. Für die Illusion fühlt sich das gut an.

In diesem Moment verteidigst du nicht die sogenannte Wahrheit, sondern nur einen Teil des eigenen »Ich«, deiner Brain-Tattoos. Die meisten Menschen identifizieren sich unter anderem über ihre Meinung, Standpunkt, Gesinnung, Orientierung, Glauben, Überzeugung. Über das, »was ich gut finde«, »der ich bin« usw. Aber natürlich auch über Dinge, die man hat.

Deshalb sind auch Gegenstände wie ein cooles Auto, Klamotten, fetter Schmuck usw. so wichtig. Und wenn du nichts Materielles mehr hast, sieht's alleine schon von der Selbstwahrnehmung her ziemlich schlecht aus. Denn wenn du mittellos bist, dann bist du als Menschenschrott auf der untersten Stufe der Leiter angekommen, nicht wahr? Als eine im Kapitalismus gescheiterte Null ohne Daseinsberechtigung und Nutzen vor sich hinzuvegetieren, macht glaub nur den wenigsten eisenharten Typen wirklich Spaß, oder? Ohne Moos nichts los? Eigentlich müsste man sich als sinnloser Menschenschrott doch einfach gleich umnieten lassen. Ein Nylonstrick aus dem Baumarkt für einen Fünfer klauen, und gut ist!?

Klar ist es definitiv kein erstrebenswerter Zustand, wenn du dir zehnmal überlegen musst, ob du dir eine CD oder ein Buch leisten kannst, keine Frage. Aber es sind wiederum auch deine Brain-Tattoos und deine Situation, die dich selbst als Menschenschrott bezeichnen und dich dies genauso empfinden lassen.

Theoretisch könntest du deine Situation auch ganz anders bewerten. Du könntest dir zum Beispiel sagen: »Okay, im Moment ist die Faktenlage die, dass ich den Job, den ich ohnehin nie abkonnte und der mich den Großteil meiner Nerven kostete, jetzt nicht mehr machen muss. Insofern ist das jetzt doch schon mal eindeutig positiv, oder? Dann werde ich mir jetzt erst einmal darüber klar werden, in welche Richtung ich gehen will.« Wenn du aber zu wissen glaubst, dass es das mit dem Leben jetzt war, dass du jetzt als quasi Menschenschrott auf dem Abstellgleis geparkt bist, obwohl du atmest und lebst, dann passiert um dich herum rein gar nichts mehr! Ist klar, oder?

Wenn du nicht läufst, egal wie langsam und egal wohin, wirst du auch nirgendwo ankommen.

Dazu fällt mir diese Story ein. Ich saß auf Ibiza mal an irgendeinem Beach, und da kam so ein Typ aus Schweden vorbei. Wir redeten, und er erzählte mir, dass er es gewissermaßen cool findet, Probleme zu haben. »Wie bitte, du stehst auf Probleme?« – »Na ja, ich warte jetzt nicht gerade darauf, dass endlich wieder welche auftauchen, aber wenn sich welche ergeben, sehe ich das als eine Art coole Herausforderung an, als eine Art Gameshow. Denn eines weiß ich genau: Ich habe in meinem bisherigen Leben nie mehr und nie komprimierter etwas über mich selbst gelernt, als wenn sich Probleme ergeben hatten.«

Ich muss echt sagen, dass ich da eine ganze Weile drüber nachgedacht habe. Und er hat recht, denn du kannst dich jederzeit entscheiden, wie du Situationen in deinem Leben bewertest. Ob du nun sagst: »Ne, das ist mir echt too much, ich mag nicht mehr«, oder: »Zugegeben, es ist gerade eine weniger gute Situation, aber mal sehen, wo mich das hinbringt, und was ich daraus lernen kann.«

Wer also bist du wirklich, wenn doch schon bei deinem »Ich-Gefühl« alles davon abhängt, wie du über dich selbst denkst. Und bedeutet dies dann nicht auch, dass du jeden Tag neu entscheiden kannst, wer du sein willst? Eben weil du selbst entscheiden kannst, wie und was du über dich denkst? Oder wer entscheidet da?

Sobald du anders über dich denkst, werden andere dich auch anders wahrnehmen. Solange du nicht verstehst, dass das Gedankenkonstrukt deines »fiktiven Egos« nichts mit deinem wahren Selbst zu tun hat, wirst du dein »fiktives Ego« immer wieder abzuwerten versuchen. Deshalb: Solange wir nicht wissen, wer wir wirklich sind, glauben wir, wir seien nur wer, wenn andere uns für jemanden halten! Wir versuchen »alles«, um solch ein »Jemand« zu werden.

BRAIN-TATTOO-SESSION #30

Welches Bild/Symbol/Muster ... würdest du deinem fiktiven Ego jetzt zuschreiben? Wer und wie bist du? Schreibe es auf – male es auf – such dir im Netz ein vergleichbares Bild!

THE DEAL WITH THE DEVIL

Schau dir doch mal die Inszenierung bei Apple an, wenn ein neues iPhone auf den Markt kommt. »Läuft da ein neuer Superstar rum, spielt dort Metallica?« Nein, der erste iPhone-6-Besitzer in München wird gefeiert wie ein Rockstar. Die Apple-Freaks wollen das Teil haben, sie müssen es haben, aber warum? Das Brain-Tattoo hinter dieser cleveren Marketing-Strategie ist die Aussage: »Du musst es einfach haben.«

Im Frühtau zu München, morgens um acht Uhr, es geht los! Ralf stürmt den Laden unter tosendem, aufgebrachtem Geschrei der aufgebrachten Zuschauer, der Masse, der Journalisten.

Kurze Zeit später – Ralf hat gleich zwei iPhones gewonnen, ähm, gekauft. Kosten 1.500 Euronen – wer würde da nicht jubeln? »Es war Hammer, ich kann es gar nicht beschreiben ...!« Ein glücklicher Mensch, ein im Kommerzwahn gefangener, freudetrunkener Irrer ist los! Wegen eines iPhones!

Es war so was von verdammt megacool! Nach 48 Stunden in der Kälte vor dem Store wartend, ist Ralf einfach nur überglücklich. Er durfte 1.500 Euro bezahlen – er ist total geflasht. Anderen blieb diese tief bewegende Erfahrung verwehrt. Ob sich das Warten für alle so gelohnt hatte? Ganz bestimmt!

Es wird sich kiloweise Botox in die Kauleiste genagelt. Die Möpse werden zu Monstertitten aufgepumpt. Um jeden Preis und zu jedem abgefuckten Thema lässt man sich durch die Medien ziehen und verhuren. Bentley, Paparazzi, Dschungelcamp und Superstars, Laufstege, Skandale, und selbst vor den peinlichsten Entwürdigungen wird nicht zurückgeschreckt. Aufmerksamkeit um jeden Preis. Die Seele an den Teufel zu verkaufen, ist hier noch gediegen ausgedrückt! Diese Lernerfahrung gehört wohl dazu?! Dazu, um zu schnallen, wer und was du alles nicht bist und nicht brauchst, um »jemand« zu sein. Dann erhebt sich die Frage nach dem »Wer bist du dann?« erneut. Wer bist du dann, wenn du all diese Projektionen hinter dir lässt? Bist du dann ein Niemand? Ein weißes unbeschriebenes Blatt Papier?

Bedenke, dass du geboren wurdest, um zu sterben!

ANGELS PLACE

Nein, denn hinter all den Projektionen der Gedankenbilder deiner Brain-Tattoos bist du das, was du wirklich bist. Derjenige, der du schon immer warst. Aber halt sehr viel weitreichender. Dein wahres Selbst ist unbegrenzt und hält sehr viel größere Möglichkeiten für dich bereit, als du es dir im Moment noch vorstellen kannst.

Natürlich hab ich versucht herauszufinden, wie man dahin kommt, um zu erkennen, wer man wirklich ist. Aber egal wo ich recherchiert habe, kam irgendwie überall die gleiche Antwort rüber. Man soll versuchen, dieses ewige Gequatsche aus der Bilderflut in seinem Kopf abzustellen! Also diese Stimme, die ständig zu dir spricht, die ständig alles, und vor allem dich selbst, bewertet. Das kennst du doch auch aus anderen Bereichen deines Lebens. Wie willst du dahintersteigen, was wirklich Sache ist, wenn du ständig zugelabert wirst? Wo willst du dabei auch nur ein(en) Gedanken(bild) finden?

Denn das, was du wirklich bist, liegt jenseits versteckt und verborgen hinter diesem pechschwarzen Farbenmatsch deines »fiktiven Egos«. So gesehen ist dein »fiktives Ich«, dein Ego, dein größter Feind. Weshalb? Weil es dich gefangen hält. Es hält dich davon ab, zu erkennen, wer du wirklich bist.

Wo sollte sich im Krieg beispielsweise dein Gegner verstecken? Genau dort, wo du ihn zuletzt erwartest, oder? Er ist oben von andren in deine Birne eingenagelt, und er gibt dir vor, du selbst zu sein! Geschnallt? Dein größter Feind ist nicht da draußen, er ist in dir. Jeder spielt sein Spiel, und niemand weiß es! Glaubst du nicht? Wer erzählt dir denn den Großteil der Dinge, die dich runterziehen?

Wenn du die Regeln änderst, die dich kontrollieren, dann änderst du auch die Regeln deiner eigenen Kontrolle.

Genaugenommen hast du deinen Brain-Tattoo-Knast noch nie verlassen, du bist noch immer in dir selbst gefangen. Dein Junior kennt alle Tricks und hat immer die richtige Antwort parat. Lass dich durch dein »fiktives Ich« nicht gegen dich selbst ausspielen. Nutze deinen vermeintlichen Feind, um deinen wahren Feind zu vernichten. Solange du nicht widerstehen kannst, wirst du nie ein freier Mensch werden.

Du wirst kontrolliert. Wach auf! Es ist dein Ich, dein Junior, das dir erzählt, dass du nicht gut genug bist, dass du nur was bist, wenn du was hast. Aber es will nicht, dass du das erkennst. Dein dich selbst begrenzendes Ego ist dein wahrer Feind. Es will dich glauben lassen, dass es gar nicht existiert. Nur in der Stille wird dir das bewusst.

Dein Ego ist nicht du. Es besteht lediglich aus einer Ansammlung deiner Gedanken. Aus den Brain-Tattoos, die du im Laufe deines Lebens gesammelt hast. Erst wenn du das verinnerlicht hast, werden sich deine Wut, dein Hass, deine Enttäuschung und dein Schmerz auflösen. Erst wenn du das erkennst, wirst du frei sein.

Aber okay, was heißt das denn jetzt? Sollen wir uns alle auf einen Trip nach Indien begeben? Uns für den Rest unseres Lebens unter einen Baum setzen und meditieren? Um zu diesem wahren Selbst zu kommen? Nein, ich glaube, das ist nicht nötig. Ich würde sagen, es reicht zunächst völlig aus, dir all dieser beschriebenen Zusammenhänge hier bewusst zu werden. Das eröffnet dir die Möglichkeit, dass du dich beim nächsten Mal, wenn du glaubst, dass dich jemand angreift, nicht mehr sofort in diesen radikalen Verteidigungsmodus begeben musst. Nur um dein »illusionäres Ego« bzw. das Bild, das du von dir hast, das Bild, das dir andere eingehämmert haben, zu verteidigen.

Wenn das nächste Mal also jemand deine Brain-Tattoos kritisiert, könntest du zum Beispiel sagen: »Hey, das ist ja interessant, so habe ich das oder mich noch gar nicht gesehen. – Cool, dann erzähle ich dir mal wie es aus meiner Perspektive heraus aussieht. Vielleicht ergibt sich dann ja doch eine Gemeinsamkeit, und wenn nicht, auch gut!«

Denn ich fühle mich nicht mehr durch und in meinem Ego bedroht. Nur weil du meine Meinung nicht teilst oder mich anders wahrnimmst als ich mich selbst. Und ich muss auch niemanden mehr niedermachen, damit ich mir bestätigen kann, wie toll ich bin. Und wenn mir im Straßenverkehr einer die Vorfahrt nimmt, dann flippe ich nicht darüber aus, wie er das wagen kann, sondern schenke ihm ein Lächeln und bin erstaunt über seine Reaktion. Und ich muss auch zu niemandem mehr unterwürfig aufschauen, denn auch wenn ein anderer mehr weiß, mehr hat oder mehr kann, so weiß ich doch, dass das, was mich wirklich ausmacht, allemal reicht und gut genug ist. All das brauche ich nicht mehr, denn ich bin auf einer Reise, um festzustellen, wer ich hinter all diesen gedanklichen Brain-Tattoo-Konstruktionen wirklich bin. Das ist zwar noch nicht die Lösung für alles, aber es ist definitiv ein guter Anfang.

Wenn du das erkannt hast, wird es völlig bedeutungslos werden, dich über andere zu erheben, dich endlos zu streiten, … besser, reicher, wichtiger … oder was auch immer sein zu wollen. Weil du dann nicht mehr darauf angewiesen bist, dir bei jeder sich bietenden Gelegenheit eine Bestätigung für dein »fiktives Ego« abzuholen! Das hat dann übrigens auch die Auswirkung, dass die täglichen Nebenkriegsschauplätze aufhören würden. The big first step! Dieser innere und äußere Kampf hätte ein Ende!

Der Frieden beginnt in deinem Inneren!

Wenn du dich veränderst, verändert sich zwangsläufig, nach und nach, auch dein Umfeld. Denn die jeweils anderen »re«-agieren auf deine Handlungsweise. Das ist ein uraltes Naturgesetz. Ein einzelner Mensch kann dadurch ein Lauffeuer starten. Du bist nicht machtlos, du musst nur loslaufen, anstelle unterwürfig auf die Anführer und den Erlöser zu warten. Du hast die Wahl!

Wahl setzt ein hohes Maß an »Selbst«-Bewusstsein voraus, also dir deines wirklichen »Selbst« auch bewusst zu sein! Ohne Bewusstsein hast du keine Wahl. Wahl beginnt in dem Moment, wo du dich mit deinen eintätowierten Gedankenbildern auseinandersetzt! In dem Moment, da du aus deinem Dämmerschlaf erwachst und »wach«-sam wirst! Jetzt!

Ansonsten bleibst du unbewusst, unwissend und handelst instinktiv, wie ein wildes Tier, nur nach deinen eingebrannten Mustern. Ohne Wahlmöglichkeiten! Das bedeutet, dass du nur auf eine bestimmte, dir eingenagelte Weise denken, handeln und fühlen wirst. Eben der Konditionierung deines Verstandes, deiner Brain-Tattoos entsprechend. Das zu erkennen ist ein verdammt guter Anfang! Ansonsten prügelst du deinen Mascrati mit 310 km/h und ohne die Maschine zu kennen über einen Feldweg. Das kann nur knallen, oder?

Wahl setzt Bewusstsein voraus!

Genau dort, wo du jetzt stehst, kannst du die strahlende Sonne sein. Und andere werden sie weitertragen. Weißt du, dass sich genau solche Dinge verdammt gut anfühlen? Es geht im Leben nicht nur darum, dein eigenes Ego mit pechschwarzen Brain-Tattoo-Farben zu füttern, sondern genau um diese bunten, sonnigen Dinge, die wirklich satt machen.

BRAIN-TATTOO-SESSION #31

Was denkst du wohl, von welchen Nahrungsmitteln ich spreche? Erstelle dir einen Speiseplan für deine kostenlose Seelennahrung. Welche Bilder entstehen in deinem Kopf?

Gelb + Blau = Rot? Weshalb nehmen wir selbst das, was so was von rotzfrech, dreist und offensichtlich vor unseren Augen abläuft, nicht wahr? »Nein, das würden die doch niemals tun, nein, das kann doch unmöglich sein, nein, das können die doch nicht machen …!« Wir verleugnen, verneinen und stecken wie der Vogel Strauß unseren Kopf in den Sand oder verhalten uns wie die drei Affen aus dem japanischen Sprichwort für den gepflegten, vorbildlichen Umgang mit dem Schlechten. Nichts hören, nichts sehen, nichts sagen!

Um die menschliche Wahrnehmung weiter zu begreifen, musst du jetzt noch die kognitive Dissonanz kapieren. Kognitive Dissonanz ist dieses unangenehme Gefühl, das du empfindest, wenn deine Gedankenbilder nicht mehr mit deinen Wahrnehmungen übereinstimmen.

Für die meisten Menschen sind ihre eigenen Brain-Tattoos unveränderlich und unantastbar, also richtig. Deshalb muss das Neue, das von außen kommt, und sei es auch noch so plausibel, schlüssig und nachvollziehbar, grundsätzlich immer erst einmal falsch sein. All deine eigenen Brain-Tattoos sind etwas, was dir lieb und teuer ist. Ist ja auch logisch, sind ja deine!

Andersartiges, Normabweichendes und Fremdes führt dich, wenn du dich mit diesen neuen Denkweisen auseinandersetzen musst, wenn es brennt, sehr schnell in eine angstbehaftete paranoide Schizophrenie. Wer will das schon? Also wird sich erst mal eingebunkert und die Rollläden runtergelassen, oder?

All das aber wissen deine Brain-Tattoo-Masters und -Demons auch. Um das zu erreichen, was sie wollen, haben sie mit der Kommunikation ein mächtiges Mittelchen für sich entdeckt, das dir deine ganz natürliche und überlebenswichtige Achtsamkeit gegenüber widersprüchlichen Gedankenbildern ruck, zuck aushebelt. Worte sind Waffen! Beispiele für die Macht der Worte sind diese hier: »Krieg ist Friedensdienst – lasst uns ein Land erobern und ihnen Frieden bringen – Freiheit ist Sklaverei – Ignoranz ist Stärke – Leute, die dich ganz offensichtlich belügen, hintergehen und betrügen, haben sich nicht gegen dich verschworen, sondern gegen die Terroristen.« Das haste geschnallt, oder?

Wie ist es bei dir um deine einzig wahre Wahrheit bestimmt? Bist du auf diese Welt gekommen, um fast 50 Jahre deines Lebens einen Job zu machen, bei dem du dich am Montag schon auf den Freitag freust? Ist doch völlig normal, oder? Richtig?

Gelb + Blau = Rot! Korrekt?

Es ist auch völlig normal, dass viele gar keine Zeit mehr haben, über sich selbst nachzudenken. Abends sind sie so im Arsch, dass sie sich nur noch vorm TV sitzend Trash-Tattoos voller Scheiße in ihr Gehirn downloaden können. Ist es das, was »die (angebliche) Realität« ist? Korrekt?

Und falls du Kinder hast, dann ist es völlig normal, sie so früh wie möglich in der Ganztages-Kita abzugeben, damit du auch noch Zeit für einen Zweitjob hast, der dir die neuen Stahlgürtelreifen oder die nächste Schönheitsoperation ermöglicht, oder?

Ein weiteres sehr probates Mittel zur Menschenzähmung ist der Gruppenzwang! Die Brain-Tattoo-Masters wissen ganz genau, wie wichtig uns das materielle Äußere ist. Sie wissen, dass wir uns nur als etwas wert fühlen, wenn wir so aussehen, wie der Mainstream es uns gnadenlos in die Birne genagelt hat, und somit gezielt vorgibt. Wenn das mit der Kohle alleine nicht geht, dann müssen wir wenigstens etwas haben oder jemand sein, wovon der Mainstream sagt, dass es uns bei den Nachbarn aufwerten würde. Richtig?

Wenn es einer nach über 50 Jahren tatsächlich geschafft hat, sein Haus abzubezahlen, und sich dabei auch noch jedes Jahr drei Wochen Mallorca leisten konnte, und sich am Ende seines Lebens noch jemand findet, der ihm die goldene Inschrift auf seinem Grabstein spendiert, dann wird man über ihn sagen können: »Der Kalle hat es im Leben echt zu etwas gebracht.« – Korrekt? Ist dies so in etwa das, was du von deinem Leben erwartest? Denn falls es das nicht ist, dann ist es vielleicht mal an der Zeit, kleine Schritte in eine andere Richtung zu machen.

BRAIN-TATTOO-SESSION #32

Was denkst du darüber? Wie stellst du dir dein weiteres Leben vor? Welche Bilder siehst du?

Okay, aber was heißt das jetzt genau? Es bedeutet, dass du nur etwas verändern kannst, wenn du anfängst, anders zu denken, und (dich selbst) anders wahrnimmst. Denn natürlich bist auch du viel mehr, als man dich glauben lässt. Du hast es nur vor langer Zeit vergessen. Teste es aus. Fang mit den kleinen Dingen an, die du dir nicht zutraust …! Wir sind nicht machtlos! Du bist nicht machtlos! Und Gelb + Blau ergibt nicht Rot, sondern Grün! Lass dir nichts erzählen, von niemandem!

BAD REPUTATION

Weil immer mehr Leute schnallen, dass es bis hierher überhaupt nicht mehr so besonders gut läuft, gibt es eine immer größer werdende Anzahl von Menschen, die damit beginnen, eigenständig zu denken und Dinge zu hinterfragen. Menschen, die den Mut haben, nach der Wahrheit zu suchen. Menschen, die nicht mehr alles, was man ihnen da täglich und wohl dosiert in Szene gesetzt zwischen die Ohren meißelt, als einfach nur so gegeben erachten. Wahrheitssuchende, Verschwörer, Spinner, Ungläubige?

Solche Begriffe an sich wären natürlich völlig bedeutungslos, wenn aufgrund des Phänomens der mächtigen Rollläden aus Panzerstahl, der Kognitiven Dissonanz, nicht von allen möglichen Leuten der Versuch gestartet werden würde, diese »Neugierigen« allesamt ungefragt als Verschwörungstheoretiker und Spinner abzustempeln. Womöglich mit dem Ziel, dass man sich selbst nicht zu solchen Knallköpfen zählen lassen will und sich somit gar nicht mehr mit kritischen Themen befassen muss? Oder seine eigenen Schandtaten offensiv wegblufft? Oder?

Architekten und Ingenieure werden doch für gewöhnlich als Fachleute und Experten angesehen. Nicht aber, wenn sie ihr Fachwissen für die angeblich falsche Seite einsetzen. Denn dann mutieren sie schnell mal zum Verschwörungstheoretiker – siehe 9/11! Wenn du zur falschen Zeit das Falsche sagst, politisch Unangenehmes an der falschen Stelle beim Namen nennst, ist deine Karriere, wenn es dumm läuft, nämlich ruck, zuck im Arsch, oder?

»In Deutschland gilt derjenige, der auf den Schmutz hinweist, als viel gefährlicher als derjenige, der den Schmutz macht.«[57]
Kurt Tucholsky, Schriftsteller

Dreck schwimmt immer oben!

Wenn du mit dem, was du denkst, weißt und sagst, nicht ganz besonders achtsam bist, dann wirst du, trotz der hochgepriesenen, in deinen Grundrechten garantierten Meinungsfreiheit, beispielsweise sehr schnell in die Nazi-Schiene gedrückt. Um jemanden zu diskreditieren, muss man ihn, zumindest hier in Deutschland, einfach nur Nazi nennen, und der Ruf ist ruiniert. Spätestens dann, wenn diese Keule aufgefahren wird, weiß man allgemein sehr schnell, dass ein Großteil der Leute abgeschreckt sein wird. Dann bist du raus!

Andreas Popp, Makro-Ökonom, Wirtschaftsexperte, Buchautor und Gründer der Wissensmanufaktur, schrieb vor einigen Jahren des Buch *Das Matrix Syndrom*, bei dem er unter anderem in vielen Punkten die deutsche Geschichte hinterfragte. Aus seiner Sicht haben die Menschen selbst niemals Krieg geführt, denn es waren immer die Regierungen. Er schreibt auch, dass die Kriege in Libyen, im Irak, in Afghanistan nachweislich grundsätzlich alle auf Lügen basieren. Aufgrund dieser Aussagen wurde er zu einem Propagandavertreter abgestempelt. In einer großen Tageszeitung fand er seinen Namen mit schweren Anschuldigungen wieder. Mit einem Zeugen besuchte er den Chefredakteur dieser Zeitung, um diesen journalistischen Missstand zur Sprache zu bringen. Nach der Unterredung entschuldigte sich der Chefredakteur schriftlich und machte deutlich, die Anschuldigungen nicht wiederholen zu lassen. Dennoch wurde die Reputation des Mannes komplett geschädigt. So schnell geht's!

Was auch immer man subjektiv für wahrscheinlich oder unwahrscheinlich halten mag, es wäre in jeden Fall cooler, nicht mit Begriffen wie Verschwörungs-Nazi, Schlafschafe, Nullblicker usw. aufeinander loszugehen. Denk an die Spaltung und Trennung der Lager!

Wäre es nicht intelligenter zu sagen: »Hey, das sehe ich anders. Aber natürlich kann ich deine Sichtweise so stehen lassen, denn wirklich wissen kann ich es ganz klar ebenso wenig wie du. Und außerdem will ich dich jetzt nicht dazu missbrauchen, mein Ego zu vergrößern, indem ich mich siegreich an dir ab-arbeite. Zumal ich im Grunde weiß, dass das meiste, von dem ich annehme, es wirklich sicher zu wissen, tatsächlich darauf beruht, dass ich es auch erst einmal jemandem glauben musste.«

Wenn dir die Aussage dieses letzten Satzes wirklich bewusst ist, dann weißt du im Grunde schon eine ganze Menge. Tätowiere dir die Message dieses Brain-Tattoos sofort in deinen Frontallappen!

NO LIMITS

In jedem Menschen steckt ein Suchender, ein Kämpfender, Neugierde und hoffentlich auch ein wenig Wahnsinn. Mit starker Sicherheit auch eine Fantasie, die nie ausgelebt wurde. Dies zu unterdrücken halte ich für falsch. Liegt es nicht auch in unserer Natur, dass wir alle für etwas kämpfen wollen? Dazu müssen wir auf jeden Fall auch mal unanständig sein. Anstatt uns selbst zu kultivieren, domestizieren wir uns selbst und schränken uns aus welchen Gründen auch immer ein.

Sei es im Job, in der Ehe, im Freundeskreis – wir mutieren hier zu gefügigen Ehefrauen, schwanzlosen Vätern und im schlimmsten Falle zu verbitterten Ja-sagenden Eierköpfen. Und warum? Weil wir jegliches Risiko scheuen, wir uns meilenweit von unserem wahren Selbst entfernt haben und nur noch das sind, was andere von uns erwarten. Vor lauter Vernünftigsein haben wir vergessen, bzw. es nie gelernt, was für uns persönlich wichtig ist.

You know I'm born to lose, and gambling's for fools,
But that's the way I like it baby,
I don't wanna live forever,
And don't forget the joker!
Motörhead, *Ace of Spades*[58]

Meiner Ansicht nach geht es im Leben darum, nicht stehen zu bleiben, sich stets neuen Herausforderungen zu stellen, um somit den eigenen Horizont zu erweitern. Aber nicht darum, sich selbst zu limitieren und limitieren zu lassen!

Du bist, was du denkst, und was du denkst, kannst du auch erreichen!

Als ich diese Worte einst wirklich begriffen hatte, fand ich sehr viele Antworten auf meine Lebensfragen in der Heavy-Metal-Musik. Heavy Metal ist die Naturgewalt, die dir alle Sorgen, jeden Kummer aus dem Schädel haut. Heavy Metal ist meine Religion, für die ich keine Kirchensteuer bezahlen muss. Dafür muss ich niemanden bescheißen, nicht in moralischer Sünde leben und darf sogar noch mächtig auf die Kacke hauen, wenn mir danach ist. Dabei muss ich weder meinen Körper noch meinen Geist zerstören und prostituieren. Heavy-Metal-Sound macht mich frei. Er ist meine Droge, die mich dazu animiert, meine Fantasie anzuregen und alles in positive Bahnen zu lenken. (Brain-)Tattoos & Heavy Metal sind meine höchstpersönlichen, brachial monströsen und ultimativen Normative zur eigenen Persönlichkeitsbildung! Da gibt's das Leben live und volles Brett auf die Batterie! Dabei erkennst du, dass Himmel und Hölle die wahren Supermächte im Universum des menschlichen Daseins sind!

BRAIN-TATTOO-SESSION #33

Wobei und warum limitierst du dich selbst? Wer hindert dich daran, glücklich und zufrieden zu sein? Wie sehen die Schranken, Wachtürme und Mauern deines Lebens aus? Wie fühlt sich ein schrankenloses Leben wohl an? Welche(s) Bild(er) siehst du?

NO FEAR!

Die Gesellschaft sagt dir, dass du gut arbeiten und stets leistungsfähig sein sollst. Aber bloß nicht zu kritisch. Dann darfst du dich sicher fühlen und musst keine Angst vor möglichen Repressalien haben. Die Freizeit-, Spaß- und Unterhaltungsindustrie lenkt dich schön vom Wesentlichen ab, die Menschheit vegetiert desolat an der unteren Grenze ihres Potenzials und auf dem Minimum ihrer Möglichkeiten dahin.

Panem et circensis, wie schon die alten Römer wussten. Brot und Spiele.

Schon Adolf Hitler hat einst in seiner Autobiografie sinngemäß erklärt, dass, wenn man die Führungsposition halten will, man das Volk ständig in Angst halten müsse. Schüre im Land ständig die Angst, dass der Nachbarstaat angreifen wolle, dass andere Länder bereits Angriffspläne schmieden und sich auf einen Überfall vorbereiten usw. Setze laufend Gerüchte in die Welt. Lass die Menschen niemals zur Ruhe kommen. Unterhalte sie. Denn wenn sie sich bedroht fühlen, kümmern sie sich nicht um die Politik. Halte sie also immerzu in Angst. Das genau gibt der Politik die Macht! Schau dich um!

Die Politik, Kirche, Wirtschaft und Gesellschaft sind abhängig von deiner Angst. Deshalb schüren sie tausenderlei Ängste. Du bist umzingelt von Ängsten. Deine Psyche ist voller Angst. Ein angsterfüllter Mensch ist lebensfeindlich und selbstmörderisch, und das heißt: »Der Mensch ist krank!«

Ein kranker Mensch steht im Fokus, im Mittelpunkt. Die Psychologie sagt, dass sich viele Menschen wegen der Vorteile, die sie dadurch haben, an ihre Krankheiten klammern. Diese »Psychonauten« sprechen dann vom »sekundären Krankheitsgewinn«. Das heißt: Die Menschen haben schon so lange und so intensiv in ihre krankhaften Brain-Tattoos der Angst investiert, dass sie gar nicht mehr merken, wie sehr sie sich an ihr festklammern. Sie befürchten, wieder ein Nobody zu sein, wenn sie gesund werden würden. Das kranke Kind z.B. erhält, wenn es krank ist, eine Extraportion Liebe, Beachtung und Zuneigung. Es wird von allen beachtet und verwöhnt. Das »fiktive, von der Angst regierte Ego« steht im Mittelpunkt.

Ich glaube, dass der Brain-Tattoo-Gott mit einer 38er Smith & Wesson bewaffnet, Rotz und Wasser heulend, suizidal im Bett liegt und fürchterlich weint.

Bist du mit deinen Brain-Tattoos etwa auch so sehr auf Mitleid konditioniert, dass du dich nur noch über deine Ängste definierst? Dass es dir verdammt noch mal so schwerfällt, zu dir selbst und deiner Macht anstatt zu deinen Ängsten zu stehen? Je mehr ich darüber nachdenke, umso mehr stelle ich fest, »back on the front« zu sein.

BRAIN-TATTOO-SESSION #34

Damit das Ego Aufmerksamkeit, Anerkennung und Liebe erhält, hat sich die Menschheit wohl offensichtlich und nachhaltig für das Kranksein entschieden. Wie krank bist du? Wie abhängig bist du von deiner/ihrer Angst? Wer wärest du ohne sie? Wie fühlt sich ein angstfreies Leben an? Welche(s) Bild(er) siehst du?

BACK ON THE FRONT

Bis hierher hoffe ich, dir dein Weltbild nicht ganz zerstört zu haben. Mit zunehmender Bewusstheit wurde dir jetzt hoffentlich klarer, wie angefixt und zugenagelt unsere Hirne in Wirklichkeit mit den abartigsten Brain-Tattoos sind.

Nun kennst auch du das Gefühl, wie ich mich einst als hochgradig abhängiger Suchtbolzen fühlte. So wie in *The Fire of Change* beschrieben, definiert sich eine Abhängigkeit nicht nur durch irgendwelche stoffgebundenen subtropischen Substanzen wie Opium und Alkohol. Nein, nun kennst du deinen wahren Feind und weißt darüber Bescheid, durch welche wahren Drogen wir unser Gehirn täglich, auch ohne Psychopharmaka & Co., selbst ficken und es uns auch mächtig ficken lassen.

Und genau um dieses Gefühl, »mit dem Rücken zur Wand in der Dunkelheit zu stehen«, geht es mir hier. Ich weiß, du spürst es jetzt auch. Dieses Gefühl des Ausgeliefertseins, der Hilflosigkeit, der Verzweiflung, der Erschöpfung, der Fremdbestimmung – dieses Gefühl der »Ent-«Täuschung –, oder etwa nicht!?

Spätestens jetzt ist es an der Zeit, dein persönliches Mordor zu verlassen, die Hölle zu schließen und den Teufel rauszuschmeißen. Es ist an der Zeit, dich vorwärts zu bewegen. Auf irgendetwas hin, und Hauptsache von irgendwas weg. Wenn dir dies zu unbequem oder nicht deinem Status entsprechend ist, kannst du mich, wenn's dir hilft, alternativ auch zu deinem persönlichen Feindbild erklären, mich in deine Hassliste aufnehmen, mich verachten oder mir verbieten zu leben. Sei es drum, ich kann es eh nicht allen recht machen. Ich muss hiermit keinen Beliebtheitswettbewerb gewinnen.

Mein einziges Anliegen bist du!

Genau jetzt haben wir die Basis geschaffen, damit du wirklich von innen, aus dir selber, heraus motiviert und bereit bist, an dir zu arbeiten! Irgendwann, wenn du eines Tages alt und grau irgendwo alleine im Altenheim hängst und dir in die Hosen scheißt, ist alles, was dir bleibt, deine Erinnerung, deine Brain-Tattoos. Take care!

Wenn dir die Tatsache, dass dein Abgang ansteht, irgendwann bewusst wird, ist es zu spät. Dann bringt es dir im Rückblick nichts mehr, dir ein anständiges Leben zusammenzulügen. Das glaubst du dann nämlich selbst nicht mehr. Dann ist es zu spät! Ich jedenfalls möchte hier Karma-technisch nicht mit Angst auschecken müssen. Du? Wie sieht das denn aus, wenn du verängstigt und geknechtet vor dem himmlischen Exekutivkommando kniest? Prädestiniert als re-inkarnierter Bandwurm im dunklen Arsch eines Buckelwals?

Wir Menschen sind Weltmeister darin, uns selbst zu bescheißen und uns unsere Welt, genauso wie wir es brauchen, schönzureden. Besonders dann, wenn wir das Gefühl haben, abhängig und fremdbestimmt mit dem Rücken zur Wand zu stehen. Glaub mir, ich weiß, wovon ich rede. In meinem Leben habe ich mehr Drogen und Alkohol zu mir genommen als die meisten Leute, die ich kenne. Und ich habe genug davon. Meine ganz persönliche und bedingungslose Konsequenz aus diesem einst total abgefuckten Lebenswandel, die ich mir gnadenlos hinter die Stirn tätowiert habe, ist diese:

Der Weg, den du gehen musst, besteht aus Blut, Schweiß und Tränen; aus Schmerz! Basta, Punkt, Aus, Feierabend!

Klar kannst du lange auf den anderen rumhacken und denen die Schuld für dein verkacktes Leben geben. Das ist ja auch viel einfacher, als mit dir selbst ins Gericht zu gehen. Aber, und das solltest du nun echt geschnallt haben, nur wenn du in deiner eigenen kleinen Welt etwas veränderst, kannst du auch im großen Ganzen etwas verändern! Wir schaffen unsere eigene Realität, Sekunde um Sekunde, Minute um Minute. Wir gebären unsere eigenen Dämonen und Ängste, und nur wir alleine können sie besiegen. Sekunde für Sekunde, Minute für Minute, Tag für Tag, Jahr für Jahr, ein Leben lang! Jetzt!

Wie sieht's aus? Krankes, verängstigtes Opfer des Systems? Oder wie wäre es nun zur Abwechslung mal damit, dir selbst ganz tief in die Augen zu blicken und den Weg zu dir selbst zu gehen? Du bist, was du denkst, und nur du ganz alleine bist für deine Brain-Tattoos verantwortlich! Überarbeite den alten Dreck! Jetzt!

Die 5 Freiheiten des Menschen:
Sehen und hören, was wirklich ist, nicht was sein sollte
Sagen, was ich denke, nicht was ich denken sollte
Fühlen, was ich wirklich fühle, nicht was ich fühlen sollte
Fordern, was ich möchte, nicht erst immer um Erlaubnis fragen
Risiken eingehen, ohne sich immer erst abzusichern[59]
(Virginia Satir)

THE MAN IN THE MIRROR

Der Weg zu deinem neuen Brain-Tattoo-Cover-up gelingt nur, wenn du bewusst erkennst, absolut echt bist und dir selbst treu bist/wirst. Dazu musst du die volle Verantwortung für dein Leben und all deine alten Brain-Tattoos übernehmen.

Wenn du etwas weißt und etwas tun kannst, damit etwas geschieht oder nicht geschieht, dann hast du »Verantwortung«. Du stehst vor folgender Wahl:

- Du kannst versuchen, dieser Verantwortung gerecht zu werden.
- Du kannst versuchen, dich dieser Verantwortung zu entziehen.

Aber eines kannst du nicht: Du kannst dich selbst nicht aus der Verantwortung entlassen, solange du etwas tun kannst.

Elementar dabei ist das vollständige Annehmen, also die Akzeptanz deiner »Jetzt-Situation«! Diese entscheidet über Erfolg und Nicht-Erfolg. Nur »jetzt« kannst du etwas ändern. Nicht in deiner Zukunft und auch nicht in deiner Vergangenheit. Es ist eine Frage der Wahl. Die Frage der klaren Absicht, wie du dein Leben erleben willst. Was es dazu benötigt, ist absolute innere Ehrlichkeit und den Mut dazu, dich mit dir selbst und deinem Junior auseinanderzusetzen.

Dabei ist es durchaus hilfreich, wenn du einem aufrichtigen Menschen gegenüber dein bedingungsloses Vertrauen aufbringen kannst. Einem, der dich in diesem Prozess begleitet, der den Mut, die Erfahrung und die Klarheit hat, dir den Spiegel auch ungeschönt auf deine Brain-Tattoos draufzuhalten. Ja, das ist unangenehm und tut unter Umständen auch weh! Besonders dann, wenn der Spiegel zum Brennglas und das Tattoo zum Branding wird.

Welchen Preis willst du irgendwann für dein Denken und Leben bezahlen müssen?

Könnte der lang ersehnte Preis vielleicht sogar sein, dich endlich selbst leben zu können? Wäre das nicht eine befreiende Vorstellung? Der Haken an der Sache ist meist, dass du dir dazu erst einmal selbst treu sein und mit dir im Einklang stehen musst. Im Denken, in deinen Worten und deinen Taten. Wie innen, so außen, wie im Kleinen, so im Großen. Stimmig, also kongruent zu sein, bedeutet, deine Seele möglichst authentisch nach außen zu tragen. Das heißt, dass du deine Gesichtswindeln und Masken, hinter denen du dich in vielen Lebenssituationen wie ein kleines unreifes Kind versteckst, ablegen musst.

Eine als authentisch bezeichnete Person wirkt besonders »echt«. Da stimmen die inneren Brain-Tattoos mit der äußeren Erscheinung überein. Sie wirkt charismatisch und vermittelt ein Bild, das beim Betrachter als real, urwüchsig, unverbogen, ungekünstelt wahrgenommen wird.

Konkret ist damit gemeint, dass du zunächst deine Brain-Tattoos identifizieren, erkennen und annehmen musst, bevor du sie der Welt wirklich selbstbewusst präsentieren kannst. Angewendet auf deine Person bedeutet das, dass dein Handeln dann nicht mehr so massiv durch äußere Einflüsse bestimmt wird, sondern dein Wirken in dir selbst begründet liegt. Gruppenzwang, Massenmanipulation und permanente Brain-Tattoo-Massaker der Außenwelt unterwandern deine persönliche Entfaltung.

Diese Kriterien müssen erfüllt sein, damit du beginnst, dein wahres Ich zu erkennen:

- **Bewusstsein:** Ein zentrierter Mensch kennt seine Brain-Tattoos, seine Stärken und Schwächen, ebenso wie seine Gefühle und Motive für bestimmte Verhaltensweisen. Erst durch eine vorangegangene, schonungslose Selbstreflexion ist er in der Lage, sein Handeln bewusst zu erleben und zu beeinflussen.
- **Ehrlichkeit:** Hierzu gehört, der realen Umgebung tief ins Auge zu blicken sowie auch unangenehme Rückmeldungen und hässliche Brain-Tattoos zu akzeptieren, zu ertragen.
- **Konsequenz:** Ein bewusster Mensch kennt seine Werte und handelt ihnen entsprechend. Das gilt sowohl für die gesetzten Prioritäten als auch für den Fall, dass er sich dadurch Nachteile einhandelt. Kaum etwas wirkt verlogener und unechter als ein halb lebendiger Oppor-

tunist, ein auf Karriere gedrillter neoliberaler Fatzke im schwarz gekleideten Armani-Brain-Tattoo-Dreireiher.

- **Aufrichtigkeit:** Dies beinhaltet die Bereitschaft, seine positiven Seiten zu leben und seine negativen Seiten nicht zu verleugnen. Du bist, was du denkst!

BRAIN-TATTOO-SESSION #35

Was meinst du dazu? Was fehlt dir dabei noch? Warum scheiterst du immer wieder an dir selbst und deinen Vorhaben? Welche Bilder drücken deine jetzige Stimmung aus?

CARRY ON!

Wenn du Teile deiner alten Brain-Tattoos nun wirklich überarbeiten, lasern, covern und somit etwas in deinem Leben und deiner Denke verändern willst, musst du dir klarmachen, dass es ganz alleine deine Entscheidung ist, ob du die vollständige Macht über deine Gedankenbilder übernehmen oder weiterhin anderen die Herrschaft über deine Gedanken überlassen willst.

Jetzt mischen wir deine Brain-Tattoos auf und verpassen deinem Gehirn einen neuen Anstrich.

Hier angekommen, sollte dir so was von bewusst geworden sein, dass die meisten Menschen, mehr oder weniger, vollständig kontrolliert werden. Wir sind das Ergebnis und die Sklaven einer gesteuerten gesellschaftlichen Konditionierung. Seit frühester Kindheit sind wir den Normen und Dogmen des massiven, teils echt perversen Brain-Tattooings der Masse ausgesetzt. Viel zu viele schnallen es ein Leben lang nicht, wie sehr die Gesellschaftsbanden ihr Dasein einschränken. Wie ein Karren im Dreck stecken sie fest im sauren und schwefelhaltigen Sumpf ihrer eigenen Sinnessuppe. Immer tiefer strampeln sie sich hinein in die stinkende Brühe einer geistigen Jauchegrube. Mumifiziert und konserviert wie eine äußerlich gut erhaltene Mogelpackung einer neuzeitlichen Moor-/Botoxleiche. In sich selbst gefangen.

Zur Wiederholung: Brain-Tattoos sind die Lebensregeln, welche die Menschen für wahr halten. Sie sind Interpretationen und Verallgemeinerungen aus früheren Erfahrungen und individuellen, persönlichen Theorien. Brain-Tattoos zeigen auf, warum etwas so und nicht anders ist. Sie bilden die Grundlage deines alltäglichen Handelns und sind zuständig für den Einsatz deiner Fähigkeiten. Deine Brain-Tattoos beeinflussen massiv, was du denkst und was du wahrnimmst. Und auch das alles, was du dir erlaubst zu denken und wahrzunehmen. Alles, was du für möglich hältst.

Es gibt grundsätzlich zwei Arten von Brain-Tattoos: Regeln und Annahmen.

Die Regeln beschreiben das Prinzip von Ursache–Wirkung (»Wenn …, dann …«, »Weil …«).

Die Annahmen sagen etwas darüber aus, wie wir gewisse Dinge sehen: »Es ist nun mal so …«, »Die Menschen sind/Das Leben ist …«, »Man kann/darf/soll/muss/ist (nicht) …«, »Ich bin …«

Deine Brain-Tattoos können sowohl Berechtigungen (Erlaubnis) als auch Einschränkungen (Verbote) beinhalten. Sie treffen Aussagen darüber,

- was jemand (nicht) kann/darf/soll/muss/ist,
- wie Dinge sich zueinander verhalten,
- wie die Welt ist.

Sehr oft sind deine Brain-Tattoos logisch nicht erklärbar, sondern basieren auf den Verallgemeinerungen deiner hauseigenen, subjektiven Lebenserfahrung. Manche Brain-Tattoos halten wir für so brutal wahr, dass es echt verdammt schwer ist, sie als solche überhaupt noch zu entdecken. (»Es weiß doch jeder, dass …«)

Mehrere sich gegenseitig stützende Brain-Tattoos bilden einen Teil deiner Persönlichkeit. Dabei sind die meisten deiner Brain-Tattoos und Persönlichkeitsanteile durchaus funktional. Sie ermöglichen dir deine Orientierung in der Welt, die Kommunikation mit anderen und somit die zunächst scheinbar optimale Reaktion auf das, was in dir und um dich herum so abgeht.

Brain-Tattoos werden durch permanente Wiederholung geprägt. Generell durch persönliche, gelebte, erlebte, positive wie negative emotionale Ereignisse. Daraus entsteht Gewöhnung (Wenn du immer wieder das Gleiche erlebst oder hörst, leitest du daraus irgendwann eine Regel ab). Alles, was dir selbst (noch) nicht ganz klar und schlüssig erscheint, wird dir dann, im Zweifelsfall, durch die Gesellschaft zwangstätowiert. So sieht's aus!

Keine Panik, das Geile daran ist aber auch, dass du jederzeit die Möglichkeit hast – bei massiven Traumata wird's etwas schwieriger –, deine alten Brain-Tattoos durch ein Cover-up und/oder eine Neuprägung verändern zu können. Und genau das ist der Job, den nur einer erledigen kann – DU! Logisch, oder?

All deine Gedankenbilder stützen sich auf deine vergangenen Entscheidungen, Erinnerungen, Erfahrungen, Einstellungen und Geschichten. Also auf deine eigenen »logischen« Begründungen und Folgerungen. Beispielsweise das Gefühl der Sicherheit, deine subjektive Wahrheit und generell deine Sicht der Dinge. Einmal eingenagelt, haben deine Brain-Tattoos die Fähigkeit, sich selbst zu erhalten. Sie sind nicht einfach abwaschbar, äußerst hartnäckig und, das hat ein Tattoo so an sich, ziemlich plakativ verwurzelt.

Solange die Hauptaussagen deiner Brain-Tattoos erhalten bleiben, sind sie logisch nicht widerlegbar.

Frei nach Abraham Maslow: Ein Patient hatte die Wahnvorstellung, eine Leiche zu sein, und nahm deshalb keine Nahrung mehr zu sich. Sein Therapeut fragte ihn: *»Bluten Leichen?«* Antwort: *»Nein, sie sind blutleer.«* Der Therapeut begeistert: *»Dann kann ich dir beweisen, dass du keine Leiche bist.«* Er stach den Patienten in den Finger, aus dem auch gleich ein Tropfen Blut quoll. Die Reaktion des Patienten mit erstauntem Gesicht: *»Oh, Leichen bluten doch!«*

Wenn du gerade der Überzeugung bist, einen Text über Glaubenssätze zu lesen, dann ist dies die (Be-)Deutung, die du einem bestimmten Phänomen gibst. Nämlich, im Falle des Lesens, die Auslegung einer Anordnung dunkler Strukturen auf hellem »Hintergrund«. Und selbst dieser letzte Satz ist auch schon wieder eine Interpretation des Phänomens deiner eigenen Wahrnehmung. Wie bitte? Lies einfach noch mal und denke nach! Dämmert's dir jetzt, worauf ich hinauswill? Im erweiterten Sinne ist jeder einzelne interpretierte Gedanke ein Brain-Tattoo. (Ist Blau wirklich blau? Für jeden? Ist die Erde wirklich eine Kugel? Woher weißt du das? Welche Beweise hast du für deine Vergangenheit? Bist du vielleicht gerade erst mit deiner »Erinnerung« geschaffen worden? Und mit dir all die anderen Menschen – mit ihrer Erinnerung – um dich herum? Gibt es dich wirklich? Oder träumt dich ein höheres Wesen? …)

Deine Brain-Tattoos sind das Baumaterial, mit dem du deine eigene Wirklichkeit stabilisierst. Grundsätzlich sind sie weder gut noch schlecht. Viele deiner Brain-Tattoos sind sehr wertvoll und unterstützen dich in deinem (Über-)Leben. Aber eben nicht alle!

Deine Gedankenbilder sind auch deine Wahrnehmungsfilter. Durch sie nimmst du wahr, woran du glaubst und auch woran du nicht glaubst. Sie können dir, wenn du es dir selbst gestattest, mehr Wahlmöglichkeiten und Flexibilität einräumen. Brain-Tattoos können sowohl in deiner Innen- wie auch bei deiner Außenwelt mit starken Reaktionen der Zustimmung und Ablehnung verknüpft sein, weshalb sie sehr oft heftige und starke Emotionen freisetzen.

Auf keinen Fall solltest du sie daher unbedacht und ohne ein geistiges Probehandeln darüber, wie sich diese oder jene Veränderung in einem Bereich deines Lebens auf andere Lebensbereiche auswirkt, überstechen (lassen). Z.B: Was geschieht mit meiner Familie, wenn ich mein Brain-

Tattoo »Ich muss immer tun, was mein Chef mir sagt« herauslasere und deshalb meinen Job hinschmeiße? Was muss ich lernen, damit ich souveräner werde? Worauf genau muss ich verzichten? Wie sieht mein neues Brain-Tattoo-Cover-up dann aus? Wie fühlt sich dieses überarbeitete Brain-Tattoo dann an? Was bringt mir das überhaupt? Welche Möglichkeiten eröffne ich mir dadurch usw ...?

Bei all deinen Bedenken besteht immer die Möglichkeit, dass sich deine Lebensqualität erst einmal verschlechtert. Letztlich kannst du nur dazulernen.

Selbst auf den ersten Blick »schlechte« Erfahrungen führen immer auch zu Erkenntnis. Deine eigenen Brain-Tattoos werden sichtbar durch:

- Erkenntnis (dazu dienten die Brain-Tattoo-Sessions),
- In-Zweifel-Ziehen (»Welchen Beweis hast du jetzt dafür, dass dein Problem wirklich besteht? Bist du dir wirklich sicher?«),
- Verwirrung (dazu dienten die vergangenen Texte)

Die grundsätzliche Frage ist nun, um ein Wievielfaches du die gequirlte Scheiße deiner momentanen schwarzbraunen Pseudo-Idylle jetzt noch turmhoch aufmisten willst? Bis sie vergärt, verpufft und den Lebensraum deines Brain-Tattoo-Biotops zum finalen Zerbersten bringt?

Zur Entspannung: Deine Brain-Tattoos sind nicht alleine nur auf deine Logik angewiesen. Im Leben kommt es, wie du selbst schon oft erlebt hast und auch weißt, sowieso immer anders, als du denkst. Nichts ist im Nachhinein so schlimm gewesen, wie wir es uns im Vorfeld ausgemalt hatten. Also doch: No risk – no fun!?

BRAIN-TATTOO-SESSION #36

Wie ist es um deine Risikofreude bestimmt? Was geht nach dieser letzten Brain-Tattoo-Session nun in dir vor? Gibt's ein Bild dazu?

SKULLS AND ROSES

»Ich hab keinen Plan, wie es weitergehen soll!« Dieser Satz fällt meistens dann, wenn Überforderung und Verzweiflung Einzug in deine Synapsen gehalten haben. Vielleicht ist dir gerade gekündigt worden, dein Partner hat dich verlassen, oder du hast einfach keinen blassen Schimmer, wohin du dich beruflich orientieren könntest. Wie es mit dir überhaupt weitergehen soll. Dann kennst du diese Momente, in denen du dir die Frage stellst, ob du dir denn nun einen düsteren Totenkopf oder besser vielleicht doch ein zartes, buntes Pflänzlein tätowieren lassen solltest, oder?

»Ich habe keinen Plan!« Diesen Satz hört man bei Jugendlichen sehr oft. Ist ja auch verständlich, denn woher sollten sie auch wissen, wie man sich einen Plan vom Leben macht? Bei den Alten ist es im Grunde genau das gleiche Drama. Die meisten haben es nie gelernt, sich einen Plan für ihr eigenes Leben zuzulegen. Immer war jemand da, der sagte, was sie zu tun hatten. Vielleicht haben schon deren Eltern entschieden, was gut für sie ist. Oder sie sind dem Rat eines vertrauten Beraters gefolgt, der genau wusste, was für sie das Richtige und Beste ist/war.

Stell dir mal vor, du möchtest an den Amazonas reisen. In eine Gegend, die dir total unbekannt ist. Nun kannst du entscheiden, ob du dich mit deiner Machete einfach so durchschlägst und irgendwann total entkräftet im Dickicht des lebensfeindlichen Dschungels feststecken bleibst, oder aber du fertigst dir für deine Expedition einen Plan an. Eine Skizze, bei der du dir klarmachst, was genau du dir auf diesem Trip alles ansehen möchtest und welche logistischen, strategischen Wege du nutzen wirst. Der einzige Unterschied zum »kein-Plan« besteht darin, dass du dir bestimmte Punkte fixierst, an denen du landen möchtest und von denen aus die nächste Etappe gestartet werden soll. Es gibt Ziele und Zwischenziele, die du einplanst. Du legst Fixpunkte fest.

Ein Plan dient schlicht und ergreifend erst einmal nur zur Orientierung. Nicht mehr und nicht weniger. Dazu wurde er erfunden. Wenn du in deinem Leben nicht nur im Kreis herumlaufen möchtest, ist es durchaus hilfreich, dir einen Plan, ein Brainset, eine Brain-Tatoo-Skizze zurechtzulegen. Die Fixpunkte auf deiner Karte sind deine Wegweiser, um von A nach B zu kommen. Manchmal im Leben entsteht aus deinen (Fix-)Punkten auch ein sich wiederholendes Muster.

Wir alle sind unterschiedlich, und es gibt auch viele verschiedene Auffassungen und Spielarten eines Weges. Alle Wege führen nach Machu Picchu. Also gibt es auch verschiedene Varianten, dir – als Verhaltens-Plan für deine Reise – einen Totenkopf oder eine Rose tätowieren zu lassen. Diese Darstellung eines Schädels ist auf die vielfältigsten Arten möglich: im Comic-Style, als richtig böses Teil, als Sugar-Skull, realistisch, surrealistisch, skurril, schwarz, bunt … – aber es bleibt ein Schädel.

Wenn du dann auf dem eingeschlagenen Weg unterwegs bist, dient dir dein Lebens-Verhaltens-Plan auch in »düsteren« Lebenssituationen als Sicherheit. Dann nämlich, wenn dir unklar ist, ob der Weg, den du eingeschlagen hast, denn nun der richtige ist, oder ob du dich vielleicht doch einmal wieder einnorden solltest. Die mögliche Symbolik deines Schädelchens könnte sein: »Der Preis des Lebens ist der Tod«!?

Ein Beispiel: Ein junger Mensch macht auf Anraten des Vaters eine Ausbildung im Bankgeschäft. Eine sichere Angelegenheit, ein Job fürs Leben. Nicht wissend, was sonst mit sich anzufangen, beginnt er die Ausbildung, geht weiter, macht seine Schritte und klettert die Karriereleiter empor. Ein erfolgreicher Lebenslauf. Familie gegründet, Eigenheim oder Wohnung finanziert, eine Bilderbuchkarriere. Irgendwann eine kleine Krise, vielleicht ein Seitensprung oder ein körperliches Symptom, welches den »Wagen« kurzzeitig ins Schleudern bringt. Man fängt sich wieder, und weiter geht's im alten Trott. Du ahnst es bereits, der nächste »Halt« ist schon vorprogrammiert. Eine Krise tritt ein, ein Schlag in die Fresse. Was nun?

Was würdest du tun, wenn du mit deinem Wagen eine Panne hättest? Du würdest aussteigen, einmal ums Auto herumgehen, eventuell den Fehler erkennen und den Abschleppdienst anrufen. Der würde dein Auto in die Werkstatt bringen, es reparieren lassen, und nach einiger Zeit könntest du dein Auto gegen Bezahlung wieder abholen. Das hast du so gelernt, damit kannst du umgehen! Du weißt ja ganz klar, wie die Überlebensskizze deines tätowierten Schädels aussieht. »Der Preis des Lebens ist der Tod.« Was jedoch machst du bei einer Panne in deinem Leben ohne ein Brain-Tattoo? Auf welches Wissen greifst du zurück? Viele bleiben sitzen und machen erst mal gar nichts. Sie versuchen immer wieder den Motor neu zu starten, bis irgendwann die Batterie komplett den Geist aufgibt.

Vielleicht sitzen noch andere Personen im Auto?! Aber mal ehrlich, wie oft bist du mit einem Automechaniker unterwegs? Es bleibt also nichts anderes übrig, als auszusteigen und sich das ganze Malheur mal von außen anzusehen, und dann jemand zu rufen, der sich damit auskennt. Jemand, der den Fehler findet und dich im besten Fall gleich noch auf ein paar weitere Macken an deiner Kiste aufmerksam macht. Dinge, die du gar nicht bemerkt hast, die aber, wenn du einfach weitergefahren wärest, zum Problem geworden wären. Keine gute Alternative ist es, wie gelähmt in der Schrottkiste sitzen zu bleiben und einen Motor starten zu wollen, der »in einer Krise ist«. Dem es jeden Moment die Kolben raushaut. Also aussteigen, erkennen, was los ist, und planen, was machbar ist!

Und nun, wenn du schon mal ausgestiegen bist, erkennst du zum ersten Mal, in welchem Leben, auf welcher Route, du bisher unterwegs warst. Möglicherweise bekommst du auch Zweifel, ob du in dieses Leben überhaupt noch einmal einsteigen möchtest. Bei dieser Gelegenheit könntest du dir zeigen lassen, was sonst noch alles möglich ist und wie du dies erreichen könntest. Vielleicht erweiterst du dein Schädel-Tattoo jetzt noch um ein zartes, rotes Röschen als Symbol für das liebevolle Leben an sich, für dein Leben? »Wenn ich schon sterben muss, dann möchte ich wenigstens in Schönheit gelebt haben!«

Jede Rose hat ihre Dornen. Du erweiterst deinen Lebensplan also ganz bewusst um weitere Fixpunkte, die deinem Wesen entsprechen und dennoch jeglicher exakter Vorstellung entsagen. Wie gesagt, der Plan dient nur der Orientierung. Was dir auf deinem Weg tatsächlich widerfährt, ist das Leben, und das ist nicht planbar. Ein Plan aber bringt dich in Bewegung und erlaubt es dir erst, mögliche Erfahrungen überhaupt zu machen.

Anmerkung zum Thema »Ich habe doch keinen Plan«: Wenn du unbedingt trendy sein willst und ohne Plan ins Tattoo-Studio gehst, dann kannst du zu deinem Tätowierer natürlich sagen: »Alter, ich habe zwar keinen Plan, aber mach doch einfach mal was Buntes drauf.« Free-Hand-Tattooing ohne jegliche Vorgaben, ohne Plan und ohne Skizze kann aber mächtig in die Hose gehen. Beispielsweise so wie bei diesem Menschen, den ich einst auf einer Tattoo-Convention in Budapest kennengelernt hatte. Beim Betrachten seines Tattoos fiel sogar ich vom Glauben ab. Das Tattoo dieses Mannes war eine technisch super gestochene Arbeit. Es stellte ein sein komplettes Schulterblatt bedeckendes übergelaufenes Scheißhaus dar, aus dem nicht nur Fäkalien und gefüllte Gummis herausquollen. Das ganze Tattoo hatte einen stark verwässerten, lila-pinken Hintergrund in Form eines Judensterns. Der Typ erzählte mir, dass er seinem Tätowierer damals blind vertraut hatte. Er hatte es ja nicht anders gewollt, er hatte (k)einen Plan. Ob er seinen damaligen Tätowierer gekillt hat, kann ich dir nicht sagen.

DER BRAIN-TATTOO-FLASH

Jeder (Brain-)Tätowierung liegt ein Plan, ein Gedankenkonstrukt, eine Skizze, ein Entwurf zugrunde. Während dieser nun folgenden gedanklichen, semantischen, also bildhaften und metaphorischen Zusammenfassung deiner vergangenen Brain-Tattoo-Sessions und Brain-Tattoo-Skripts wird ein reales Bild entstehen, welches sich als dein aktueller und ganz individueller Brain-Tattoo-Flash darstellen wird. Dieser Brain-

Tattoo-Flash entspricht deinem Lebensentwurf. Er ist dein derzeitiges Lebensbild und bildet die Grundlage zum Masterpiece für dein finales Brain-Tattoo-Cover-up am Schluss dieses Buches.

Dabei wirst du deine aktuelle Lebenssituation noch deutlicher erkennen und dir einen weiteren Überblick darüber verschaffen, wie dein Leben zurzeit aussieht. Darüber, was und wie du denkst, wie sich diese Denke anfühlt und auch wo es klemmt. Erkennen ist der Schlüssel zum Verstehen. Erkenntnis ist der Schlüssel zum Verstand. Der Schlüssel bist DU!

Es geht nicht darum, die Schuldfrage deiner Brain-Tattoos zu klären, sondern darum, endlich die totale Verantwortung für deine Synapsenbemalung zu übernehmen.

BRAIN-TATTOO-MASTERPIECE #1

Jetzt wird es spannend. Fasse nun, in dieser ersten von drei Sessions zum Brain-Tattoo-Masterpiece, deine niedergeschriebenen Ergebnisse der vergangenen Brain-Tattoo-Sessions, der Brain-Tattoo-Skripts und der damit verbundenen, bewusst gewordenen, aufgetauchten Bilder zusammen. Gehe dabei folgendermaßen vor:

Nadelstich #1: Lies dir zunächst noch einmal die Ergebnisse deiner schriftlich fixierten Gedankenergüsse aus den Brain-Tattoo-Sessions durch und priorisiere diese nach deinen verstandesgemäßen Befindlichkeiten. Was fällt auf, wo sind immer wieder die gleichen Aussagen? Wobei hast du dich ertappt? Schreibe dir mindestens die sechs wichtigsten Kernaussagen auf und bringe diese in eine logische Reihenfolge der persönlichen Gewichtung. Danach stellst du dir die Frage, was das alles über dich und dein Leben aussagt.

Nadelstich #2: Nun nimmst du die Bilder und Skizzen, die dir in den Brain-Tattoo-Sessions und den Brain-Tattoo-Skripts hochgekommen sind, und machst das Gleiche. Nur dass du dieses Mal nicht mit dem Kopf entscheidest! Verlasse dich auf dein Gefühl und nimm einfach nur die sechs emotionalsten, ansprechendsten und geilsten Bilder. Diese klebst du als Collage auf ein gesondertes Blatt, bestmöglich auf ein Flip-Chart, oder nagelst sie einfach an die Wand. Das dürfte bei den vergangenen 36 Brain-Tattoo-Sessions und drei Brain-Tattoo-Skripts nun wirklich nicht mehr schwer sein.

Nadelstich #3: Jetzt führst du die einzelnen, deine wichtigsten Bilder und deine Kernaussagen zusammen. Stelle dir die Fragen, welches Bild zu welcher Aussage passt, und ordne das jeweilige Bild der jeweiligen Ansage zu. Checke dabei aber auch, welches Bild noch keine Aussage bzw. welche Aussage noch kein Bild hat. Ergänze gegebenenfalls. Mehr als zehn aussagekräftige Bilder/Farben/Symbole/Motive/Hintergründe ..., die dir sagen, wofür sie stehen, sollten es aber nicht werden.

Nadelstich #4: All dieses Material wirst du nun zu einem einzigen Bild vereinigen. Dein jetzt zu erstellender Brain-Tattoo-Flash sollte aus Hauptmotiven, Hintergründen, Farben, Formen, Schatten, Linien, Abstraktem, Bildverläufen, ... einer Stilrichtung, Tradition, Motto, Kernaussagen, ... bestehen und die verschiedene Inhalte und Bereiche deines Lebens fließend darstellen können. Dabei sollen auch deine realen Lebensbereiche berücksichtigt sein; wie etwa Beruf, Familie, Gesundheit, Freizeit, Partnerschaft, Freunde, Finanzen, Integrität, Werte, Träume usw. Lass dies alles in einem Flash zusammenfließen.

Stelle dir beim Gestalten deines ersten Brain-Tattoo-Masterpieces auch diese Fragen:

- Wer bist du?
- Was willst du?
- Wofür stehst du?
- Was kannst du?
- Was »zeichnet« dich aus?
- Welches Bild hast du im Moment von dir selbst?
- Welches Bild hast du von der Welt?
- Welches Bild haben andere von dir?
- Wie stehst du mit der Außenwelt in Verbindung?
- Warum gibt es dich?
- Was willst du der Welt irgendwann hinterlassen?

Falls du mein Buch *The Fire of Change* bereits gelesen hast, übernimm auch deine Ergebnisse aus der Abrechnung hier mit rein.

Wichtig: Die Meinung der anderen sucks! Mach bei der Gestaltung dieser Aufgabe bitte nicht den Fehler, auch nur einen einzigen Gedanken daran zu verschwenden, ob das Ergebnis trendy ist oder ob es den anderen gefallen wird. Darum geht es nicht. Es gibt nur einen Menschen, der ein Leben lang mit diesem Brain-Tattoo herumlaufen muss. Der bist du!

Ich erteile dir die offizielle Erlaubnis, die Meinung der anderen als bedeutungslos zu erachten.

Also noch einmal und ganz einfach: Du hast jetzt so viel Input in deiner Birne und Output auf deinen Arbeitsblättern! Skizziere nun einfach mal all das, was aus dir raus muss/ist. Es geht nicht darum, einen Malwettbewerb zu gewinnen. Das Masterfinish zu deinem Brain-Tattoo-Masterpiece selbst finalisiert sowieso dein Tätowierer! Dennoch musst du deinem Brain-Tattoo-Artist ja zumindest etwas zeigen und ihm auch erklären können, was du dir von ihm da reinballern lassen willst. Ach ja, über die Größe und Körperstelle solltest du dir auch bewusst werden ((-:

Gratuliere, du hast es erst einmal geschafft. Wir haben Klarheit geschaffen. Du solltest nun ziemlich genau wissen, oder zumindest spüren und sehen, was du (nicht mehr) willst, brauchst, haben musst. Und auch wovon du überzeugt bist und was du über dich und dein Leben selbst glaubst. Des Weiteren solltest du inzwischen gefressen haben, welche deiner Brain-Tattoos hilfreich und welche total daneben sind. Darüber, wie deine Gedanken in dein Hirn geraten sind, haben wir uns ja ausgiebig unterhalten.

Zu welchem Ergebnis bist du vorgedrungen? Wie sieht das Bildnis deines inneren Auges nun aus? Erschreckt? Enttäuscht? Zufrieden? Drückt es dich wirklich aus? Was fehlt noch? Würdest du dir diesen Brain-Tattoo-Flash hier wirklich und bei vollem Bewusstsein hinter die Stirn nageln lassen? Stehst du zu 100 Prozent dahinter? Falls ja, ist deine Welt total in Ordnung, und das freut mich sehr. Bedenke aber, dass ein Tattoo für immer ist. Sollte dir auch nur ein Zehntel Promille deiner von innen heraus geborenen Überzeugung, zu diesem Brain-Tattoo-Flash zu stehen, fehlen, dann lies jetzt erst einmal noch weiter!

YOU CREATE YOURSELF

Ich will, dass du dir endlich darüber klar wirst, wer und was dich davon abhält, der wirkliche Brain-Tattoo-Artist deines Lebens zu sein/zu werden! Dazu ist es extrem wichtig und notwendig, dass wir deinen Brain-Tattoo-Flash nun ein weiteres Mal ergänzen und modifizieren müssen! Lass uns dem Ganzen die finalen Korrekturen verbraten! Schmerz lass nach!

Möglicherweise gehe ich dir inzwischen auch tierisch auf den Sack, aber du wirst es mir eines Tages danken, ganz bestimmt! Der nächste entscheidende Schritt ist, dir selbst noch einmal die Frage zu stellen, wer genau diesen deinen Lebensentwurf tatsächlich für dich und dein Leben tätowiert hat? Wo hast du dein Leben in deiner Vergangenheit selbst und aus eigenem Herzen heraus gestaltet? Wobei haben andere in deinem Leben herumgepfuscht und dich gestaltet? Schau dir deinen Brain-Tattoo-Flash genau an und sei verdammt noch mal ehrlich zu dir selbst!

Da wir Menschen ja Weltmeister im Selbstbeschiss sind, lasse ich bei dem, was du da in deinem Brain-Tattoo-Flash siehst, die Ausrede nicht gelten, nichts dafür zu können, dass du so bist, wie du bist! Vielleicht hast du inzwischen auch Angst davor, doch etwas dafür zu können, wie dein Brain-Tattoo-Flash aussieht? Angst davor, dir selbst eingestehen zu müssen, dass du selbst etwas verursacht haben könntest und dafür jetzt auch noch die Verantwortung tragen musst? Oder hast du Angst vor der Tatsache, dass es unbequem und schmerzhaft sein könnte, etwas daran zu verändern? Vielleicht in der Konsequenz auch davor, deine bequeme Komfortzone, in der du dich mehr schlecht als recht eingerichtet hast, verlassen zu müssen und am Schluss mit deinem neuen Brain-Tattoo alleine dazustehen?

Ja, außerhalb deiner kuscheligen Wohlfühlzone regieren tatsächlich das Risiko, die Unberechenbarkeit und die Angst. Aber nur solange du es zulässt! Wenn du dieses fuckin' Brain-Tattoo der Angst jetzt nicht endlich in ein geileres Brain-Tattoo, wie zum Beispiel »Endlich mal wieder was los« oder »Jetzt erst recht« umbaust, bleibt diese vorerst letzte Hürde zur finalen Gestaltung deines neuen Brain-Tattoo-Cover-ups dann auch die letzte Hürde. Denn es scheitert kläglich am verängstigten Tätowierer, an dir selbst. Schade! Hey, mach dir klar, dass Angst nur ein Gefühl ist!

Möglicherweise hast du bis hierher auch die Schnauze gestrichen voll von mir, hast resigniert, fühlst dich kraftlos? Oder du kommst zu der Erkenntnis, dass der Biesinger ja echt ein Arschloch ist? »Ich habe mein Bild doch gemalt, so wie der Biesinger es wollte! Was will er denn jetzt noch? Ich glaub, der ist ein gottverdammter Sadist, der mich nur ficken und verarschen will!?«

Eben nicht! Ich will, dass du am Schluss dieses Buches ein solch einzigartig endgeiles Brain-Tattoo-Masterpiece für dein Brain-Tattoo-Cover-up zur Verfügung hast, das dir auch wirklich blendend zu Gesicht steht! Eines, bei dem du dich nicht wieder selbst limitierst und dir den nächstbesten Scheiß in deine Birne reinnagelst. Nur damit der Biesinger oder wer oder was auch immer endlich Ruhe gibt. Mach dir unumstritten klar, dass du diese ganze Brain-Tattoo-Prozedur hier, mit all ihren schmerzvollen Erkenntnissen ganz alleine und nur für dich durchziehst.

Fight!

Dass es tatsächlich »geht«, eine planlos vollgesudelte, hässliche Leinwand wieder in ein stimmiges und ansehnliches Gemälde zu übermalen, hat schon Rembrandt bewiesen und steht außer Frage. Doch was überhaupt »geht«, darüber entscheidest nur du ganz alleine, deine innere Haltung, deine Motivation, deine Einstellung, dein Wille und dein Glauben – an was auch immer! Der Rest ist erlernbare Technik. Deshalb »geht« es bei manchen Menschen, und bei anderen »geht« es eben nicht.

Und hey, natürlich tut es ganz besonders weh, ein richtig geiles Tattoo tragen zu dürfen. Denn wenn nicht, dann hätte ja wirklich jeder eines! Oder etwa nicht? Ich bin der felsenfesten Überzeugung, dass du dir dein finales Brain-Tattoo-Masterpiece echt verdienen musst! Also halte durch und bleibe noch ein wenig dran! Es wird sich lohnen, versprochen! Bis hierher kommt jeder.

Ab jetzt werden Helden geboren!

PERSONA NON GRATA?

Wäre das generelle Wesen des (Brain-)Tattooings so manchem etwas klarer, dann würdest du weltweit nicht so viele erschreckend hässliche Bilder sehen, glaub mir! Und by the way, du würdest auch nicht so viele reale, die Menschen echt verschandelnde, deine Augen beleidigende Knast-Tattoos auf den Körpern deiner Mitmenschen ertragen müssen. (Brain-)Tattoos von Personen und Opferkindern ohne wirkliche Daseinsberechtigung?

»Alles wird immer teurer.«

»Weil ich keinen ordentlichen Schulabschluss habe, kann ich keine Karriere machen.«

»Erst wenn ich den richtigen Partner finde, werde ich glücklich sein.«

»Weil ich hässlich, … bin, nimmt mich keiner ernst.«

»Es ist schwer, finanziell unabhängig zu werden.«

»Weil ich zu schüchtern bin, werde ich nie einen Partner finden.«

»Drecksstaat.«

»Weil ich an meinen Fingernägeln kaue/einen Pickel habe/zugenommen habe/nicht unterhaltsam genug bin, muss ich mich verstecken.«

»Alle Reichen beuten diese Welt aus.«

Endlos könnte ich diese Liste der uns einschränkenden Brain-Tattoos weiterführen. Gedankenbilder, die uns davon abhalten, was wir wirklich wollen. Sie bremsen deinen Erfolg, deine Beziehungen, deine Gesundheit, die Verwirklichung deiner Träume und vieles mehr einfach nur gnadenlos aus, und/oder verhindern sie sogar ganz. Wie du denkst, woran du glaubst und was du für wahr hältst, beeinflusst dein Verhalten und Leben. Du musst das nicht einfach hinnehmen. Du kannst es ändern.

Dein Denken ist kein »one way ticket« bei »never come back airlines«.

Wenn du jetzt zum Beispiel noch immer denkst und glaubst, dass du tatsächlich nicht zeichnen kannst, dann wirst du entweder einen weiten Bogen um Stift und Papier machen, und/oder du wirst von mächtig lähmenden Selbstzweifeln heimgesucht sein. Damit stehst du dir aber nur selbst im Weg! Vielleicht hast du es einfach nie gelernt oder in längst vergangener Zeit einmal viel zu schnell aufgegeben? Check it out – now!

Also, falls du es bis hierher noch nicht getan hast, zeichne nun endlich deinen Brain-Tattoo-Flash und kümmere dich nicht darum, wie er technisch gesehen aussieht. Nur du ganz alleine beurteilst das Ergebnis deiner kreativen Genialität! Ein Bild erschließt sich immer im Auge des Betrachters, wie du weißt! Erteile dir selbst die Erlaubnis, gib dir die Chance, und mache es dir einfach nicht schwerer, als es ist. Jedes kleine Kind kann malen! Scheiß auf das Wort »Talent« und gewöhne dich an den Gedanken des kolossal mächtigen und konsequent trainierbaren Brain-Tattooings!

Beinahe alles im Leben ist erlernbare Technik. Manch einer braucht nur etwas länger dazu!

Mach dir deine innere Einstellung zu deinen Brain-Tattoos klar. Ob du kreativ sein willst oder glaubst, eine kreative Null zu sein. Ob du Freude bei der Arbeit haben willst oder glaubst, dass Arbeit eine Last und ein Kreuz sein muss. Oder ob du glaubst, nicht liebenswert zu sein oder nicht geliebt zu werden, und entsprechende »Abwehrmaßnahmen« entwickelt hast.

Kann es sein, dass du aus der Tatsache eines deiner mächtigsten Brain-Tattoos gelernt hast, dass du jedes Mal, wenn du versuchst, aus deinem sinnfreien Brain-Tattoo-Knast auszubrechen, an die Grenzen von pechschwarzem und klebrigem Gedankendreck stößt? Gedankenmüll, der auf den ersten Blick kaum zu überarbeiten ist. Ist es nicht so, dass du stets, wenn du bestimmte Brain-Tattoos infrage stellst oder irgendetwas Neues ausprobieren willst, nur noch unfassbare Düsterheit siehst? Eine schwarze Leinwand, die die Gesellschaft um dich herum aufgebaut hat, um dich in der Dunkelheit gefangen zu halten?

Vielleicht stellst du nur die falschen Fragen?

All deine tiefsten Träume, alles, was du dir je erträumt hast, befindet sich außerhalb dieser Dunkelheit? Erkennst du das Problem, vor dem 99 Prozent der Menschen stehen? Sie stehen im Dunkeln! Lass den alten Dreck los! Lass Licht und Farbe in dein Hirn!

JUDGMENT DAY

Volksmusik oder Heavy Metal. Stell dir vor du, stehst vor der Entscheidung ein Stadionkonzert mit 50.000 Menschen zu besuchen. Wildecker Herzbuben oder Guns N' Roses. Welches Konzertticket würdest du nehmen? Die gemütlichen, vollgefressenen Wildecker Herzbuben, die kennst du. Da kannst du friedlich wie im sicheren Schlauchboot auf deinem örtlichen Binnengewässer vor dich hinschaukeln. Bei Guns N' Roses aber bricht der Taifun auf dem Bambusfloß über dem Marianengraben im Pazifik aus. Das ist beängstigend, oder? Bei den Herzbuben bleibst du genau dort stehen, wo du zurzeit im Leben stehst. Du lebst genauso weiter, wie du es die letzten 500 Jahre getan hast. Du bleibst in der geistigen Dunkelheit deiner Komfortzone, in der »sicheren« Zone vor dich hin dümpelnd eingeknastet. Du glaubst weiterhin an das, was du schon immer geglaubt hast. Alles bleibt so, wie es ist. Dann hast du dich pigmentierungstechnisch dazu entschlossen, immer fetter zu werden, und kannst dieses Buch jetzt schließen. Dann sind die folgenden Dinge über die ich hier schreibe, nutzlos für dich, denn du wirst sie niemals anwenden und dementsprechend handeln. Offenbar hast du dich dafür entschieden, weiterhin in der Dunkelheit von »Herzilein« zu leben. Dein ganzes Leben lang musst »du nicht traurig sein«, dich verbittert zusammenreißen und weiterhin verzweifelt versuchen, deine Lebensträume zu verwirklichen.

Allerdings könntest du dir in deinem Leben jetzt auch einmal ernsthaft überlegen, zu »welcome to the jungle« in »paradise city« an die »heavens door« zu »knocken«. Es steht dir frei!

Der Haken daran, wie du aus dem Horrorschinken deines jetzigen Brain-Tattoo-Flashs herauskommst, ist es, dass es schmerzhaft sein wird. Und es macht nicht immer wirklich Spaß, der Fratze des eigenen Seins ganz tief in die Augen zu schauen. Mein Trost: »Was dich nicht tötet, macht dich nur härter.« Du musst bereit sein zu kämpfen. Bereit sein, etwas zu tun! Gegen die Gesellschaft. Gegen dich selbst. Gegen die Brain-Tattoos der anderen. Gegen die soziale Programmierung (um nicht zu sagen: Gehirnwäsche) der Medien, der Züchter des

Menschenfleisches und sämtlicher deiner Brain-Tattoo-Masters und Brain-Tattoo-Demons. Es ist deine freie Entscheidung. Heavy Metal oder Volksmusik? Ganz alleine dein Dekret, was du aus deinem Leben machen willst.

Damit dir bei deinem weiteren Prozess zum Brain-Tattoo-Cover-up im Brain-Tattoo-Psycho-Game der Freidenkervollzugsanstalt des Heavy Metal Coach nun wirklich nichts mehr dazwischenkommt, gebe ich dir zum Ende dieses Kapitels jetzt noch ein paar hilfreiche Nadeln und Farben mit auf den Weg, damit du dem Brain-Tattoo-Gott auf dem Brain-Tattoo-Olymp irgendwann inbrünstig das Ave Maria trällern kannst.

DER BRAIN-TATTOO-AUTOPILOT

Beinahe alle deiner Brain-Tattoos sind tief im Masterflash deines Unterbewusstseins eingenagelt. Die meiste Zeit merkst du gar nicht mehr, wie sehr du tagtäglich auf Autopilot in deiner grauschwarzen Alltagssuppe herumschipperst. Etwa 90 Prozent deines Verhaltens geschehen unbewusst. Deine Brain-Tattoos nimmst du im Alltag kaum mehr wahr. Genau diese Erkenntnis aber kannst du zu deinem Vorteil nutzen.

Schalte deinen Brain-Tattoo-Autopiloten hin und wieder ab und beginne damit, deine unbewussten Gedanken und Handlungen bewusst wahrzunehmen. Vertrauen ist gut, Kontrolle ist besser. Nur was dir klar wird und bekannt ist, kannst du verändern. Nur durch die bewusste und farbenfrohe Durchbrechung deiner gewohnten bekannten grauen Handlungsmuster kannst du deine alten düsteren Brain-Tattoos verändern.

Antizyklisches Handeln ist angesagt.

Das Ziel soll es sein, dass dein Brain-Tattoo-Autopilot nicht gegen, sondern für deine Ziele und deine Träume arbeitet. Ist dein neues buntes Brain-Tattoo-Cover-up erst einmal sauber in deinem Masterflash namens Unterbewusstsein eintätowiert, dann werden die Dinge von ganz alleine ins Rollen kommen, glaube mir! Keine Panik – wie das Brain-Tattoo-technisch mit diesen Musterdurchbrechungen läuft, ist im INKED OUT bei »Check It, Create It, Cover It« genau beschrieben.

Grundsätzlich ist dein Brain-Tattoo-Autopilot eine feine Sache. Stell dir mal vor, wie es wäre, wenn du jedes Mal aufs Neue überlegen müsstest, wie du deine Karre startest, die Tür abschließt oder die Glotze einschaltest. Du wärest nicht überlebensfähig. Dieser unbewusste Prozess ist Fluch und Segen zugleich. Je nachdem, ob deine Realität durch negative oder positive Brain-Tattoos eingenagelt worden ist.

Ein Automatismus bildet sich dann heraus, wenn du in deiner Vergangenheit wiederholt genügend (Referenz-)Erfahrungen und Erlebnisse gesammelt hast. Du hast dir bei der Damenwelt oft genug einen Korb abgeholt oder aufgrund deines (Fehl-) Verhaltens gegenüber den Hausgästen mal wieder ein Hausverbot in der Nachbarkneipe einkassiert usw. Grundsätzlich und völlig wertfrei hast du dabei einfach nur gelernt, wie es (nicht) geht.

Je nachdem, welche Referenzerlebnisse du in der Vergangenheit gesammelt hast, positive oder negative, hast du dir für deinen Brain-Tattoo-Autopiloten einen verallgemeinerten Automatisierungsprozess antrainiert, der durchaus auch Angst vor der eigenen Courage machen kann. Genau diesen Teufelskreis gilt es durch einen gepflegten inneren Dialog und die richtigen Fragen zu durchbrechen. Durch diese Angst nämlich bilden sich nur immer wieder neue und noch tiefer eingenagelte Brain-Tattoos, die dich folglich tatsächlich und gnadenlos daran hindern, du selbst zu werden/zu sein. Fette Balken, die dich zögern lassen und dich im Gedankensumpf des Gewohnten gefangen halten. Brain-Tattoos, die dir deinen Erfolg sowieso nicht zutrauen.

»Ich sollte realistisch bleiben, ich werde niemals reich werden.«

»Ich werde das eh nie schaffen können.«

»Ich kann das nicht.«

Wundert es dich jetzt etwa noch, wenn du dir diese Einstellung anschaust, dass derjenige nur scheitern kann?

Wenn du damit beginnst, dich vorwiegend auf positive und bunte Dinge des Lebens zu konzentrieren, dann werden, zwar langsam, aber sicher, all die dunklen und negativen Dinge aus deinem Hirn herausgearbeitet. Alles, was du tun musst, ist, die Wahrnehmungsfilter deiner Realität zu justieren, einen Hochleistungslaser und stark deckende helle Farben zu verwenden. Immer und immer wieder gezielt rein damit in die alte schwarze Suppe. Langfristig setzt du dir damit immer mehr neue farbige, fette Referenzpunkte und Akzente, die deinem Leben einfach nur eine neue, farbenfrohe Orientierung geben.

Nur durch diese unerlässliche, achtsame und permanent penetrante Wiederholung des bewussten Brain-Tattoo-Prozesses im ausgeschalteten Zustand deines Autopiloten manifestieren sich neue Brain-Tattoos in deinem Schädel. Sie werden deine Handlungen und somit dein Leben verändern. Darüber hinaus verändern sie auch deinen Fokus bzw. deine Wahrnehmungsfilter, mit denen du deine Umgebung auf- und wahrnimmst.

Wenn du also denkst, dass die Welt da draußen, so wie du sie wahrnimmst, einfach nur scheiße ist, dann brauchst du dich auch nicht zu wundern, wenn du nur gestapelte Scheiße siehst. By the way: Jedes Schwein findet auch immer ein Schwein, das seine Scheiße frisst! (Ist das jetzt ein hilfreiches oder hinderliches Brain-Tattoo? – Gut oder schlecht? – Du entscheidest!)

SEARCH AND DESTROY

Erscheint dir deine Synapsen-technische Bilderflut total überladen, und hast du nur noch Chaos in deiner Batterie? Wenn dir jetzt im Moment noch immer viel zu viele unklare Gedanken im Kopf herumspuken, wird es dringend Zeit, einiges auf deinem erarbeiteten Brain-Tattoo-Flash auszublenden und loszulassen!

»Ja, weiß ich, Loslassen ist ein alter Hut«, magst du bemerken. Stimmt! Es wurden unzählige Bücher darüber geschrieben, in jeder Religion, in jeder Weisheitslehre ist dieser Begriff grundsätzlich und essenziell. »Du musst loslassen, nur dann kannst du frei sein!« »Leicht gesagt« oder auch »Gut gebrüllt, Löwe!«.

Wenn das mit dem Loslassen so einfach wäre, warum haben dann so viele Menschen mit dem Herausätzen, -lasern, -schneiden, -brennen, -amputieren ihrer alten Brain-Tattoos solche Schwierigkeiten? Dies erklärt sich aus dem Umstand heraus, dass sich unser Wert, unser Selbstwert, sehr viel mehr aus dem Haben und dem Schein heraus definiert als aus dem Sein. Also aus dem Wert, welchen wir uns selbst geben.

Weißt du, was eine Affenfalle ist? Man nimmt einen kleinen Käfig mit einer kleinen Öffnung darin, tut eine »süße« Nuss hinein und bindet den Käfig an einem Baum fest. Nun schleicht sich der Affe an, zwängt seine Hand durch die enge Öffnung und greift nach der Süßigkeit. Um diese festzuhalten, muss er jedoch eine Faust machen, was es ihm allerdings unmöglich macht, seine Hand wieder herauszuziehen. Da seine Gier, sein Verlangen, jedoch größer ist als die aus seinen Brain-Tattoos resultierende Intelligenz, ist es ihm unmöglich, loszulassen und der Falle zu entkommen. Diese Art der Falle hat sich bewährt, bei Affen wie auch bei anderen ihnen ähnlichen Lebewesen, die sich im wilden »Dschungel des Lebens« haben einkassieren lassen.

Wann und warum soll ich meine Brain-Tattoos überhaupt loslassen? Beim Loslassen ist es, um in der Bildsprache zu bleiben, wie bei einem Vorgang auf dem Scheißhaus. Jeder weiß theoretisch, wie es geht und was zu tun ist. Jedoch hat die eine oder der andere seine Schwierigkeiten damit. Kacken ist ein ganz normaler physischer Prozess, der dem Menschen »angeboren« ist. Das »Wann« ist mehr oder weniger, aber doch deutlich zu vernehmen. Das »Warum« ist auch klar: weil sonst Vergiftung und Tod die Folge sind! Das geistige Abnabeln, das »Loslassen-Müssen« unserer Brain-Tattoos, hat sich erst in der jüngeren Zeit entwickelt. Genau zu dem Zeitpunkt, an dem wir uns dazu entschieden haben, an unseren Brain-Tattoos, Erkenntnissen und Überzeugungen festzuhalten.

Als Beispiel nenne ich den »schwierigen Vorgang«, als die Mehrheit der Menschen noch glaubte, die Erde sei eine Scheibe. Wie lange hat es gedauert, und wie viele Schicksale hat es gebraucht, um dieses »Wissen« zu verändern?

Das »Wann« des Loslassens ist klar, oder? Wenn ich merke, dass ich festsitze, dass mein Denken veraltet ist, dass ein neues Denken mein Leben erleichtern würde. Auch das »Warum« ist schnell auf einen Nenner gebracht: Wer es nicht tut, hält an dem fest, was ihn gefangen hält. Er bleibt stehen und ergibt sich seinem Schicksal. Im Extremfall führt das Festhalten deiner Gedankenbilder zum Tod. »Was« hindert dich daran, Altes loszulassen?

Jetzt aber wie? Was würde dem Affen helfen zu entkommen? Ja, Intelligenz und die Fähigkeit vorauszuschauen, wohin ihn sein Festhalten führt. Aber was ist mit der viel beschriebenen Angst vor dem Loslassen, dem »Ich kann nicht, es geht nicht«? Was würde passieren, wenn der Affe loslassen würde? Er hätte nachher gleich viel wie vorher und würde sein »Glück« eben woanders (ver-)suchen können/müssen. Was nicht geht, ist einzig und allein die Tatsache, dass er die »Süßigkeit« nicht mit geschlossener Faust herausholen kann. Dass er sie nicht mitnehmen kann.

Wohin also willst du deine »Süßigkeit«, deinen Schatz, mitnehmen? Loslassen ist ebenso eine Entscheidung wie Festhalten, nur mit anderen Konsequenzen. Das eine lässt frei, das andere eben nicht.

Noch mal: Mach dir in Bezug auf die Welt, die dich umgibt, dein Verhalten, deine Fähigkeiten und deine Identität als die Ursachen aus der Vergangenheit für dein jetziges Leben klar. Kläre dann im nächsten Schritt, welche Bedeutung dies alles für deine aktuelle Lebensgegenwart hat. Welche Auswirkung haben diese aktuellen Gedankenbilder deines Brain-Tattoo-Flashs auf deine jetzige Lebensqualität? Welche Grenzen und Möglichkeiten lassen sich daraus für deine Zukunft ableiten? Was ist gut, und was muss weg?

ODIN DER ZOCKERGOTT

Warum sind manche Menschen erfolgreich und andere nicht? Warum sind einige Menschen glücklicher als andere? Was macht den Unterschied zwischen einem selbstbewussten und einem unsicheren Menschen aus?

Vor ein paar Jahren haben mir diese folgenden Erkenntnisse zum Thema Realität die Augen geöffnet. Du wirst erstaunt sein, mit welcher Leichtigkeit du dein Leben verändern kannst, wenn du nur die Realität deiner Brain-Tattoos veränderst.

Wusstest du, dass die Wahrscheinlichkeit steigt, dass ein Zocker einen gewinnbringenden Pasch wirft, wenn Odin der Zockergott ihm beisteht und er die sogenannte »heiße Hand« entwickelt? Interessant? Aber völliger Schwachsinn, was ich da erzähle! Viele hätten diese Überzeugung womöglich aufgenommen, obwohl es nicht stimmt. Worauf will ich himaus?

Was wir für wahr halten, muss keinesfalls richtig sein. Gewöhnlich gehen wir ganz selbstverständlich davon aus, dass es so etwas wie eine allgemeingültige »objektive Wahrheit« gibt, die in Sätzen formuliert werden kann. Das glauben wir. Für eine völlig objektive Weltsicht allerdings bräuchte der Mensch einen überdurchschnittlich riesigen Sinnesapparat, der das ganze Spektrum möglicher Sinneswahrnehmungen ausschöpft. Wir haben weder einen Ultraschall noch ein Echolot, wie beispielsweise die Fledermaus oder der Buckelwal an Bord. Ganz egal was immer du über dich und deine Welt denkst, es ist und bleibt nur deine Realität. Das müsstest du inzwischen gecheckt haben, oder? Du spiegelst nur deine eigene Weltsicht wider. Meine Wahrheit mit der »heißen Zockerhand« ist für dich völlig uninteressant. Auf dein Leben wird das keinen besonders großen Einfluss haben.

Was aber ist, neben der »Zockerhand«, nun mit den Brain-Tattoos, die dein Leben ganz real und direkt betreffen? Mit den Brain-Tattoos, die entscheiden, ob du glücklich, erfolgreich und gesund lebst? Mit den Brain-Tattoos, die dich blockieren, dein Leben so zu gestalten, wie du es willst? Bis auf ein paar wenige wirklich Erleuchtete haben 99,9 Prozent der Menschen Brain-Tattoos, die deren ganzes Leben behindern und lähmen.

»Ich glaube an nichts, alles ist heilig –
ich glaube an alles, nichts ist heilig.«[60]
Tom Robbins, Schriftsteller

Jede durch ein Brain-Tattoo verursachte Überzeugung spiegelt nur deine eigene Realität wider. Sie sagt dir, wie du die Welt siehst. Du siehst die Welt nicht so, wie sie wirklich ist, sondern wie du bist.

WORLDWIDE REALITY SUCKS

Ein dir bewusstes Brain-Tattoo ist die Erkenntnis einer bestimmten Situation und über einen einordneten Sachverhalt. Brain-Tattoos können dein Leben beflügeln. Sie können dich auch massiv behindern, bestimmte Ressourcen und Quellen anzuzapfen, die dir dabei helfen würden, deine gewünschten Resultate zu erreichen.

Ein Beispiel: »Ich bin dumm.« Diese Überzeugung stellt dich als dumm dar, obwohl du das eigentlich nicht bist. Dieser Spruch spiegelt, wie du weißt, nur deine Realität auf deine Sicht der Dinge wider. Kann es sein, dass du gar nicht dumm bist, sondern diese Überzeugung nur auf dein ganzes Leben verallgemeinerst?

Die Feststellung »Ich bin dumm« oder »Ich bin intelligent« reicht alleine nicht aus, um damit einen großen Einfluss auf dein Leben zu haben. Deine Überzeugungen zu erkennen, ist die wirkliche Herausforderung. Deine Überzeugungen holst du dir aus deinen eigenen Erfahrungen, die du gemacht hast. Daraus, was deine Eltern sagten, was die Gesellschaft, Schule, Regierung, Medien, Politik usw. sagen.

Du musst dir deine Brain-Tattoos wie ein Haut-Gemälde vorstellen. Jedes Brain-Tattoo beruht auf einem festen Fundament (der jeweiligen Hautstelle). Das Betrachten der jeweiligen Körperbemalung gibt dir die Gewissheit und Erkenntnis, die diese Überzeugung unterstützen. Das sind meistens Erfahrungen und Erlebnisse aus unserer Vergangenheit, besonders diejenigen, die du in deiner Kindheit gemacht hast. Diese Erfahrungen sind in deinem Körper eingenagelt und dienen als Referenzerlebnis für deine Überzeugungen. Deine Referenzpunkte, deine Fixpunkte – deine Pigmentierungen veranlassen dich dazu, etwas zu glauben und für wahr zu halten, völlig egal, ob es der allgemeinen Realität entspricht oder nicht.

Jedes Brain-Tattoo ist veränderbar und lässt sich irgendwie covern! Du musst die alten Brain-Tattoos einfach nur ausreißen, rauslasern, rausätzen, sie zigmal mit hochdeckendem Weiß, also positivem Input, überstechen, oder who knows what else – und sie dann durch neue, geilere, buntere und bessere ersetzen. Du musst wirklich verstehen, dass nur du selbst deine Realität formst, kein anderer. Du bist, was du denkst! Etwas wie Realität gibt es eigentlich nicht.

Die Realität liegt immer im Auge des Betrachters. Geil, oder?

Du hast sicherlich schon einmal bemerkt, dass zwei Menschen einer Situation eine ganz andere Bedeutung geben können. Du musst daher lernen, deine Brain-Tattoos von Tatsachen zu unterscheiden.

Beispiel: »Ich habe seit vier Jahren keine Freundin.« => Tatsache

»Ich bin hässlich. Wer soll mich schon attraktiv finden?« => Brain-Tattoo

Konzentriere deine Gedanken nicht auf die Tatsachen. Verändere dein Brain-Tattoo, dann veränderst du auch die Tatsachen und somit deine Resultate im Leben.

Hier ein paar Beispiele von Brain-Tattoos und Überzeugungen, die Menschen daran hindern, glücklich, erfolgreich und gesund zu leben.

Vergiss nicht, dass nichts davon eine Tatsache ist oder der Wahrheit entspricht. Es sind nur die durch deine Brain-Tattoos in deinem Hirn entstandenen Realitäten, die dir durch das Medium der Kommunikation sagen, an was und woran du glaubst!

- Ich habe es nicht verdient, erfolgreich zu sein.
- Ich kann nicht erfolgreich werden.
- Um reich zu werden, braucht man Glück.
- Reiche Menschen sind geizig.
- Ich werde niemals zu Geld kommen.
- Geld ist die Wurzel allen Übels.
- Geld zu verdienen ist schwer.
- Ich tauge zu nichts.
- Ich bin zu dick, keiner mag mich.
- Ich habe keine Chance beim anderen Geschlecht.
- Ich bin hässlich.
- Ich bin schon zu alt, um mich noch zu verändern.
- Man kann sich nicht verändern.
- Andere Menschen wollen mir nur Böses.
- Ich kann nicht abnehmen.
- Ich kann nicht mit dem Rauchen aufhören.
- Ich bin nun mal ein unglücklicher Mensch.
- Niemand würde mit mir zusammenkommen.
- Ich bin nichts wert.
- Ich werde es eh nicht schaffen.
- Wenn ich erfolgreich bin, werde ich meine Freunde verlieren.
- Alle wenden sich von mir ab.
- Die anderen haben es auch nicht geschafft.

Sicher? Immer? Alle? Woher weißt du das? Wer sagt das? Wer hat dir das ins Hirn gemeißelt?

All diese Dinge sind reine Opferhaltung. Wer die Opferrolle einnimmt, gibt automatisch die Kontrolle über sein Leben ab. Das Interessante an deinen Brain-Tattoos ist auch, dass du im Leben immer wieder eine Bestätigung dafür finden wirst, warum du so scheiße bist. Du wirst dich, ganz egal an was du glaubst, immer bestätigt fühlen. Somit wirst du mit all deinen Brain-Tattoos immer wieder recht haben. Das Ganze wirkt dann so wie ein Orakel, das sich irgendwann selbst erfüllt. Eine sich selbst erfüllende Prophezeiung deiner eigenen Realität.

Das ist das Schmerzhafte an deinen Brain-Tattoos. Positive sind ein Segen und helfen dir. Negative tun genau das Gegenteil. Sie sabotieren dein Leben.

Du kennst bestimmt gut aussehende Leute, die sich selbst für hässlich halten, intelligente Menschen, die sich für dumm halten, und wohlhabende Menschen, die sich für arm halten.

Wir sehen die Welt nicht, wie sie ist, sondern wie wir sind.

FULL METAL ALCHEMY

Nur du selbst erschaffst dir deine Realität! Es ist deine Entscheidung, ob du daran glaubst, dass du etwas kannst oder nicht. In beiden Fällen wirst du dich bestätigt fühlen und deine eigene Realität erschaffen.

Dein Verhalten, dein Handeln, dein ganzes Leben wird von deinen Brain-Tattoos bestimmt. Du hast dich sicher schon mal gefragt, wie dann der Masterflash von erfolgreichen Menschen wirklich aussieht? Erfolg ist kein Zufall! Erfolg ist Einstellungssache. Es sind die besonders bunten, ansehnlichen, ausgefallenen, geilen und deutlich vom grauschwarzen Mainstream abweichenden Brain-Tattoos, die erfolgreiche Menschen vom Durchschnitt unterscheiden. Normal grau und unauffällig kann jeder!

Egal in welchem Lebensbereich, ob Beziehung oder Gesundheit, deine Brain-Tattoos beeinflussen dein ganzes Leben. Die richtig geilen Brain-Tattoos unterscheiden zwischen selbstbewussten und unsicheren, gesunden und ständig kranken Menschen.

Schau dir das Ergebnis der vergangenen Tattoo-Sessions, deinen Brain-Tattoo-Flash, noch einmal ganz genau an. Er ist das Resultat deines jetzigen Lebens.

Vielleicht kannst du das zurzeit noch immer nicht glauben. Wenn du dich in deiner Zukunft nun aber doch damit beschäftigst und auch deine eigenen Brain-Tattoos veränderst, wirst du sehen, dass nur einer die Grenzen und Referenzpunkte in deinem Leben setzt. Dein hauseigener Brain-Tattoo-Artist, du selbst und deine Gedanken!

Womit sich deine Gedanken beschäftigen bzw. auch nicht beschäftigen, führt zu Handlungen. Je öfter wir einen Gedanken im Hirn bzw. eine Überzeugung haben, umso schneller wird er zu deiner Realität, die letztendlich zu deinen Ergebnissen im Leben führt. Deshalb findest du hier ganz bewusst auch Wiederholungen :-))

- Wer denkt, dass er nicht abnehmen kann, wird es auch nicht.
- Wer denkt, niemals erfolgreich zu werden, wird auch niemals erfolgreich.
- Wer denkt, niemals finanziell unabhängig zu werden, wird es auch nicht.
- Wer denkt, die Krankheit nicht besiegen zu können, wird es auch nicht.

Die meisten negativen Brain-Tattoos fangen oft mit »Ich kann nicht …« an. Bei der Ansage »Ich kann nicht« labert dir deinem Masterflash die Backe voll, dass du:

- das gewünschte Resultat nicht erreichen wirst, weil du es nicht kannst.
- nicht felsenfest daran glaubst, das Ergebnis zu erreichen.

»Ob du denkst, du kannst oder du kannst nicht, in beiden Fällen wirst du recht behalten.«[61] Dieser Spruch stammt übrigens von Henry Ford. Welches Bild hast du gerade von ihm im Kopf? Den Nazi oder den erfolgreichen Unternehmer?

Alleine ein einziger Gedanke an dein neues Brain-Tattoo reicht nicht aus. Du musst auch wirklich überzeugt davon sein und daran glauben, was du denkst. Nur so wirst du der, der du denkst zu sein. Du bist, was du denkst!

Schau dir doch mal wieder die Videos von Muhammad Ali an. Du wirst feststellen, dass Ali zu 100 Prozent davon überzeugt war, der Beste zu sein. Der Champion von allen. Hätte er nur eine Sekunde an sich gezweifelt, wäre er niemals in die Geschichte als bester Boxer eingegangen. Es ist deine Entscheidung, ob du dein Leben mit positiven, bunten Bildern bereichern willst, oder ob du es eben nur durch negative, farblose, verwaschene Dreckflecken behinderst. Stirb in Schönheit!

FINAL REVOLUTION

Suche dir jetzt in dem Raum, in dem du dich gerade befindest, die Farbe Gelb! Jetzt etwas, was rot ist. Und jetzt die Farbe Lila. Sehr wahrscheinlich wirst du jetzt etwas entdeckt haben, was du vorher nicht gesehen hast.

Das liegt daran, dass dein Fokus ein anderer war. Du hast den lila Gegenstand erst gesehen, als ich dir gesagt habe, dass du dich auf ihn konzentrieren sollst. Genauso ist es auch mit deinen Brain-Tattoos. Denk jetzt bloß nicht daran, dass die global inszenierte Scheiße bald zu explodieren beginnt! Tue es nicht! Aber woran denkst du jetzt? Worauf habe ich dich jetzt aufgrund unserer vergangenen Brain-Tattoo-Sessions wieder fokussiert? Welche Bilder hast du jetzt im Kopf? Obwohl ich geschrieben habe, dass du »nicht« daran denken sollst!

Deine Brain-Tattoos entscheiden über deinen Fokus. Darüber, worauf du dich konzentrierst. Wenn deine Gedanken sich ständig darum drehen, wie schlecht und negativ die Welt ist, dann wirst du auch nur die schlechten und negativen Dinge auf dieser Welt sehen und auf deinem Schirm der Wahrnehmung haben. Wenn du der Meinung bist, dass die Welt ein gefährlicher und dunkler Ort ist, dann wirst du eine Welt voller Gefahren aufnehmen. So einfach ist das.

Unsere Gedanken bzw. deine Brain-Tattoos entscheiden darüber, wie du die Welt siehst. Noch mal: Es ist deine Realität. Wenn du nur das Negative siehst, werden die positiven Dinge ausgefiltert, und die negativen Dinge gelangen in dein Bewusstsein. »Ich verliebe mich nur in Arschlöcher« suggeriert dem Unterbewusstsein schon in Zukunft, sich weiterhin nur in Arschlöcher zu verlieben. »Ich habe doch keine Chance bei Frauen.« – Wen wundert es, dass dieser Mensch nie eine Freundin findet?

Der Fokus ist einfach völlig daneben. Du und wirklich nur du bist dafür verantwortlich, worauf sich deine Augen richten! Du bist verantwortlich dafür, wie du deine Realität siehst. Ja, ich wiederhole mich erneut, aber ich möchte, dass du es verstehst, dass du es ein für alle Mal kapierst! Deshalb checke immer wieder mal deinen Brain-Tattoo-Autopiloten, und glaube nicht alles, was man dir erzählt! Reiß dir die Scheuklappen vom Visier deiner Realität! Stelle auch die Experten infrage. Keine Angst vor großen Tieren! Das gilt natürlich auch für das, was ich hier schreibe. Versuche immer, einen Kontext zu deinem Leben zu finden.

Die Bedeutung, die du den Dingen gibst, ist entscheidend.

Jeder Mensch gibt verschiedenen Situationen eine andere Bedeutung. »Mit 70 Jahren ist das Leben vorbei.« Andere denken sich, dass es keine Rolle spielt, wie alt man ist. Sie fühlen sich sogar jung! Hulda Crooks ist wohl das beste Beispiel dafür. Sie ist die älteste Bergsteigerin. Mit 91 Jahren stieg sie auf den höchsten Berg Japans, den Mount Fuji. Was ich damit sagen will, ist, dass es nicht das Umfeld oder ein bestimmtes Ereignis ist. Es ist die Bedeutung, die wir Ereignissen oder Situationen geben. Die Kraft der Gedanken, die Kraft deiner richtigen Brain-Tattoos, die Kraft deiner neuen, geilen Brain-Tattoos, die Kraft zu überleben. Manche Menschen haben angesichts einer schmerzlichen Erfahrung den Schlussstrich gezogen und den Wendepunkt in ihrem Leben eingeleitet. Andere wiederum tun genau das Gegenteil. Sie haben mit dem Leben abgeschlossen. Sie sind stehen geblieben und haben damit begonnen auf die eigene Beerdigung zu warten. Manchmal qualvolle 50 Jahre lang!

Der von mir immer wieder gerne zitierte Viktor Frankl beschreibt in seinem Buch *...trotzdem Ja zum Leben sagen*, wie er zur damaligen Zeit das Konzentrationslager erlebte. Er stellte etwas sehr Interessantes fest. Diejenigen, die im KZ unter den qualvollen Bedingungen überlebt hatten, besaßen eine etwas andere Überzeugung. Sie waren nicht bereit, hier zu sterben. Sie gaben sogar ihrer Gefangenschaft im Konzentrationslager diesen Sinn: »Wir wurden gequält und mussten leiden, damit wir eines Tages der Welt unsere Geschichte erzählen konnten. Damit nie wieder etwas so Schreckliches passiert.«[62] Sie gaben also ihrer Gefangenschaft einen ganz anderen, einen antizyklischen Sinn. Eine Bedeutung! Ein Brain-Tattoo! Diese Einstellung gab ihnen die Kraft, zu überleben.

Hast du schon einmal vom Placebo-Effekt gehört? Brain-Tattoos sind sogar imstande, Auswirkungen von Medikamenten außer Kraft zu setzen bzw. freizusetzen. Ein Placebo ist eine Tablette, in der eigentlich keine medizinischen Wirkstoffe enthalten sind. Diese Tablette hat man Patienten im Glauben gegeben, dass sie ihre Symptome lindert und sich ihr Gesundheitszustand schon bald verbessern wird. Im Schnitt wirken diese Placebo-Tabletten wie ein normales Medikament. Die Leute haben also nur daran geglaubt, dass diese Tablette wirkt. Das Gleiche gilt für Medikamente, bei denen dem Patienten die Information gegeben wird, dass die Tablette keine Nebenwirkungen hat, obwohl sie teilweise sogar Amphetamin-Tabletten geschluckt haben. Der Placebo-Effekt zeigt, dass Menschen nur anhand ihrer Gedanken und des Glaubens an die Pille chemische Wirkungen selbst auslösen können.

READY TO ROCK?

Jedes Brain-Tattoo wirkt wie ein reales Hautbild, das deine Erfahrungen, Meinungen und Erlebnisse aus deiner Vergangenheit darstellt. Besonders von unseren Eltern übernehmen wir viele Brain-Tattoos und Überzeugungen: wenn sie uns damals gepredigt haben, was wir alles nicht können und was wir für Versager sind; wenn man z.B. schlechte Noten in der Schule bekommen oder auch nur ein Glas Orangensaft umgekippt hat. Der Lehrer, der einen fertigmachte, weil er keine Geduld mit uns hatte. Der Trainer, der uns immer anschrie, weil wir das Tor nicht getroffen haben. Wie oft wurde uns als Kind gesagt: »Du kannst das nicht.« Ich will diesen Menschen auf keinen Fall die Schuld dafür geben, ich meine, sie wussten es sehr oft auch nicht besser.

Diese negativen Einflüsse aus der Kindheit verfestigen sich irgendwann in Form von Überzeugungen, sodass du wirklich glaubst, dass du etwas nicht kannst. Dein Unterbewusstsein hat genügend Brain-Tattoos bekommen, um die Brücke zu deiner Wahrheit zu errichten. Kinder bis zu etwa elf, zwölf Jahren sind noch sehr jungfräulich in ihren Hirnarealen. Sie nehmen die Brain-Tattoos der Umwelt ungefiltert an und können sich nicht dagegen wehren. Wenn du dich konstant mit einem bestimmten Gedanken beschäftigst, dann wird er irgendwann zu deiner Wahrheit! Egal ob es ein positiver und negativer Gedanke ist. Der größte Teil der Menschen jammert doch nur über alles und jedes. Sie weisen allen anderen die Schuld zu. Es wird uns früh beigebracht, Verantwortung auf andere abzuschieben. Doch der Mensch ist flexibel und veränderbar. Jedes Brain-Tattoo, jede Überzeugung kann man verändern! Vorausgesetzt, du bist im Alter von 13 Jahren nicht stehen geblieben, sodass du bis jetzt und heute auch kein vorpubertärer Punk mehr bist!

Hör also auf zu jammern! Übernimm die eigene Verantwortung! Alles, was du tun musst, ist, dir jetzt nur genügend neue und vor allem eigene Brain-Tattoos einzunageln! Und wenn du keinen Platz mehr hast, dann musst du halt erst einmal mit dem Laser und eimerweise weißer Farbe ran! Damit dein Unterbewusstsein deine frischen und glänzenden Brain-Tattoos in seinen Masterflash für ein geileres Leben aufnimmt. Das ist der Weg!

Noch mal: Deine Brain-Tattoos hast du in bestimmten Situationen deiner Vergangenheit gebildet. Je nachdem wie du die Situation gedeutet hast, verallgemeinerst du in der Zukunft. Das entspricht aber nicht der, deiner Realität. Sobald du etwas verallgemeinerst, vergisst du, dass es stets auch eine andere Sichtweise gibt. Du erschaffst dir deine eigene Realität, die dir als wahr erscheint. Tief verwurzelte Brain-Tattoos zweifelst du nur noch sehr selten an.

Wann immer du dich fragst, warum du so handelst, wie du handelst, schau dir einfach mal wieder das Gesamtpaket deiner Brain-Tattoos, deinen Masterflash, an. Ob du von deinen Brain-Tattoos überzeugt bist, hängt davon ab, ob auch andere Menschen diese Ansichten teilen.

Achte darauf, mit wem du deine Zeit verbringst!

Dazu fällt mir meine Lieblingsgeschichte mit dem Adler ein, der wie ein Huhn lebte.

Ein Mann fand ein Adler-Ei und legte es in eines der Nester seiner Hühner. Der Adler wurde von einer Henne ausgebrütet und wuchs zusammen mit den anderen Hühnern auf. Er fühlte sich wie ein Huhn, er gackerte wie ein Huhn, er flatterte nur höchstens ein paar Meter über den Boden, wie es eben Hühner tun. Er scharrte im Boden nach Insekten und Würmern. So verging Jahr um Jahr, und der Adler wurde älter. Eines Tages sah er am Himmel einen prächtigen Vogel, der majestätisch seine Kreise zog.

Voller Bewunderung blickte der Adler nach oben und fragte eines der Hühner: »Wer ist das da oben?« – »Das ist der Adler, der König der Vögel«, antworte das Huhn. »Wäre es nicht herrlich, wenn wir auch da oben im Himmel kreisen könnten?« – »Vergiss es«, sagte das Huhn, »wir sind nur Hühner.« Der Adler gab dem Huhn recht und vergaß es wieder. Er lebte weiter und starb im Glauben, ein Huhn zu sein.

Halte dich von Menschen fern, die negative Brain-Tattoos haben. Ob du es willst oder nicht, du wirst deren Brain-Tattoos aufnehmen und sie werden als Überzeugung in den Masterflash deines Unterbewusstseins durchsickern. Lass dir von anderen nicht eintätowieren, dass du etwas nicht kannst!

BRAIN TATTOO PUSHERS FOR LOVE MACHINES

- Tattoos sind dir immer treu.
- Tattoos halten länger als eine Ehe.
- »Soll ich dir mal meine Tattoosammlung zeigen?« – ist erst der Anfang einer großen Liebe.
- Wenn's beim Sex langweilig wird, kannst du dir immerhin noch bunte Bildchen anschauen.
- Jemand dringt in dich ein.
- Außer deinen Tattoos kannst du alles und jeden verlieren.
- Du kannst deinem Partner durch Tattoos deine Liebe beweisen, genauso deiner Lieblingsband, deinem Hund, einfach allen und jedem.
- Dein Partner-Tattoo beweist, dass du wenigstens einmal jemanden abbekommen hast.
- Du wirst öfter von schönen Menschen angefasst, leider auch von hässlichen – aber immerhin.
- Die dir wichtigsten Dinge und Lebewesen begleiten dich mit jedem Atemzug.
- Du hast ein paar bunte Gründe mehr, dich auszuziehen.
- Weil du Red Bull mit Nutella so liebst, dass du es, zumindest als Bildchen, immer dabeihaben willst.
- Männer stehen drauf.
- Frauen stehen drauf.

INKED OUT

LET'S RUMBLE

Warum habe ich dir all diese teilweise auch echt unangenehmen Storys erzählt? Damit du damit beginnst, deine dir von anderen ins Gehirn genagelten Brain-Tattoos zu hinterfragen. Damit du die Notwendigkeit erkennst eigenständig zu denken. Damit du schnallst, was dir guttut und was nicht. Damit du kapierst, dass deine Brain-Tattoos dich zu dem gemacht haben, der du heute bist. Damit du begreifst, dass nur du selbst der Brain-Tattoo-Artist deines Lebens sein kannst. Wenn du es nur willst. Durch die Inhalte in diesem Buch, die INK-Jections, die Fragen und die Arbeit in den Brain-Tattoo-Sessions, habe ich dich ganz bewusst zum inneren Dialog mit dir selbst aufgefordert. Die Metapher der Tätowierung diente dazu, vor deinem inneren Auge Bilder erscheinen zu lassen, die dir deinen eigenen Lebensfilm ablaufen lassen sollten.

Durch meine Worte, Texte und Bilder habe ich dir ganz bewusst einige weiße Outlines in deinen Masterflash genagelt. Allerdings war dieses Weiß so stark verwässert, dass die Linien, die ich in deinen Synapsen gezogen habe, mit ziemlicher Wahrscheinlichkeit nach dem Abheilungsprozess in zwei bis vier Wochen verschwunden und kaum mehr sichtbar sein werden. Im Alltag deines Brain-Tattoo-Autopiloten wirst du sehr schnell wieder alles vergessen haben und dich an kaum noch etwas erinnern können. Es sei denn …

… dass du an dir arbeitest. Es liegt also nun ganz alleine an dir, ob du meine in deinen Gehirnwindungen hinterlassene weiße Farbe wieder in deinem alten Farbenmatsch untergehen und verblassen lässt, oder ob du wirklich ernsthaft konsequent und ganz bewusst damit beginnst, zumindest Teile dieser rahmengebenden Outlines nachzustechen.

Die Grundlagenskizzen für dein Brain-Tattoo-Cover-up hast du dir erarbeitet. Die Farben, die du benötigst, sind die von deinem Brain-Tattoo-TÜV geprüften Informationen, die du dir besorgen wirst. Deine wichtigsten Brain-Tattoo-Maschinen mitsamt ihrer Nadeln sind die Mächte der Autosuggestion und der Visualisierung. Der Tätowierer bist du. Wie du weißt, kann nur einer die Gedankenbilder deiner Brain-Tattoos im Masterflash übertätowieren. Und das bist du!

»Beginne mit dem Notwendigen, dann dem Möglichen,
und plötzlich wirst du das Unmögliche tun.«[63]
Franz v. Assisi

Als Gestalter und Brain-Tattoo-Artist deines Lebens musst du dir das folgende Credo tief vergegenwärtigen und laufend verinnerlichen:

Check It, Create It, Cover It –
klären, kreieren und »über«-tätowieren

Wenn du diese drei Zusammenhänge ohne Widerstände in dein Denken aufnehmen kannst, ist der Weg zu deinem neuen Cover-up-Brain-Tattoo frei. Denk daran: Du bist, was du denkst! Du bist/wirst deine Brain-Tattoos!

CHECK IT!

Noch mal: Gehe nicht davon aus, dass du die Wirklichkeit so siehst, »wie sie ist«! Deine Wirklichkeit ist nur ein Konstrukt. Jeder lebt in seiner eigenen Wirklichkeit. Deine Sicht der Welt beruht ganz alleine auf deinen eigenen Brain-Tattoos und deinen persönlichen »Filtern«, die sie formen. Und diese Filter wiederum werden durch die Aussagen und Überzeugungen deiner Brain-Tattoos (»Ich bin nicht kreativ«, »Die Welt ist so scheiße« usw.) bestimmt.

Der erste Schritt, deine Brain-Tattoos zu überarbeiten, ist, diese erst einmal zu erkennen. Viele deiner Brain-Tattoos sind so tief in deinem Unterbewusstsein/Masterflash verankert, dass du dir derer im Moment noch gar nicht bewusst bist. Du musst dir über die Nachteile deiner Brain-Tattoos klar werden. Und auch darüber, welche Vorteile es hat, wenn du sie durch neue, sich positiv auswirkende Brain-Tattoos ersetzt.

Du musst deine Brain-Tattoos identifizieren. Fang ganz sanft und einfach mal damit an, deine alten, dir bewussten oder inzwischen bewusst gewordenen Brain-Tattoos infrage zu stellen. Glaube nicht alles, was man dir erzählt wie: »Geld verdienen ist schwierig«, oder: »Ich werde wohl nie den Traumpartner finden.« Stelle bestimmte Dinge, die dir die Gesellschaft seit deiner frühesten Kindheit skrupellos eingenagelt hat, infrage. Mach dir klar, was du nach diesem einzigartigen und einmaligen Leben hinterlassen willst, und halte die Augen offen nach Menschen und Vorbildern, die ebenfalls das anstreben, was du willst. Im Dialog mit diesen Menschen kannst du sehr gut und sehr viel über deine eigenen Brain-Tattoos erfahren.

Deine Brain-Tattoos mit den richtigen Fragen aufzuspüren ist gar nicht so schwer. Da wir aktuell konditionierten Menschen grundsätzlich sehr gerne das Negative sehen, geht's hierbei erst einmal darum, die negativen und hinderlichen Brain-Tattoos, die dich in deinem Leben einschränken, ausfindig zu machen. Zum Beispiel:

- »Ich bin nicht kreativ.«
- »Mein Chef ist immer so scheiße drauf.«
- »Ich bin zu alt ...«
- »Ich muss artig sein, sonst ...«
- »Ich stehe alleine da«
- »Wenn ich versage, dann ...«
- »Mich liebt eh keiner ...«
- »Dem Universum bin ich eh egal.«
- »Was ich sage, interessiert eh niemanden.«
- »Dabei gewesen sein ist alles.«
- »Wer soll sich schon für mich interessieren.«

Deine verschollenen Brain-Tattoos spürst du weiter auf indem du glasklar registrierst, was du voller Überzeugung glaubst, sagst du denkst.

All deine Brain-Tattoos herauszufinden, ist ein lebenslanger Prozess, den du niemals abschließen werden wirst. Fang spätestens jetzt damit an, dich selbst zu beobachten! Welche Bilder und Sätze kommen in bestimmten Situationen in dein Bewusstsein? Sei ab sofort immer mit Block und Blei bewaffnet und schreibe/male dir diese Glaubenssätze/Gedankenbilder, die du »wahr«-nimmst, sofort auf! Nur du ganz alleine bist deine eigene Kommandozentrale im Krieg um dein eigenes Leben.

Wenn du in deinen Bildern nur noch rote Alarmglocken oder gänzlich »schwarz«-siehst, frage dich auch einmal, woher das rührt: Was haben deine Eltern und Großeltern immer gesagt? Deine Erzieher oder Lehrer? Die Medien, die Banken, die Politiker, die Werbung? Was ist aber auch mit deinen einstigen ganz persönlichen positiven und negativen Erfahrungen, die dich geprägt haben? Brain-Tattoos, die du »eigentlich« nie vergessen wirst/wolltest? Sind diese heute wirklich noch immer hilfreich oder eher hinderlich?

Warum überhaupt bist du so geworden, wie du bist? Welche Entwicklungen stecken dahinter? Was hat dich geprägt? Warum glaubst du zum Beispiel, nicht zeichnen zu können? War es ein Lehrer, vielleicht sogar dein Lieblingslehrer, der sich darüber lustig gemacht hat? Hat er dir möglicherweise zu verstehen gegeben, dass du deinen Traumjob als Kreativ-Direktor knicken musst? FUCK – das war damals und ist nur ein Brain-Tattoo, das dich ein Leben lang lähmt!

Warum hast du Angst davor, etwas falsch zu machen? Woher stammt diese Angst? War es eine frühkindliche Erfahrung, keine Fehler machen zu dürfen? Was ist passiert, wenn du in deiner Familie geachtet und geliebt werden wolltest?

Überprüfe also auch erst einmal, was du von anderen Menschen übernommen hast.

- »Mein Vater sagte immer: …«
- »Meine Mutter sagte häufig: …«
- »Der Lieblingsspruch meines Opas war: …«
- »Von meiner Oma hörte ich immer: …«
- »Eine Lektion, die mein erster Lehrer ständig wiederholte: …«
- »Der wichtigste Satz meiner Kindheit war: …«
- »Eine Lehre, die ich nie vergessen werde: …«
- »Etwas, was ich nie wahrhaben wollte: …«

Hinterfrage auch mal deine dir bekannten Sprichwörter. Sicher hast du zahlreiche Zitate und sogenannte Lebensweisheiten parat. Aber wie nützlich oder hilfreich sind viele von denen? »Wer hoch hinaus will, kann tief fallen«, oder »Besser den Spatz in der Hand, als die Taube auf dem Dach«?

Könnte es sein, dass du dich mit deinen Brain-Tattoos selbst ausbremst? Achte ganz bewusst auf Sprichwörter, die dir immer wieder durch den Kopf gehen, und ob du diese nicht ggf. durch neue ersetzen willst. Du ganz alleine hast die Macht über deine eigenen Gedanken. Die Gedanken sind frei. Genieße diese Freiheit und lerne sie zu lieben!

Weitere Beispiele so mancher Brain-Tattoos:

- Sei artig und brav.
- So macht man das nicht.
- Ein Indianer kennt keinen Schmerz.
- Glück ist nur etwas für Reiche.
- Mädchen prügeln sich nicht.
- So wie du aussiehst, findest du nie einen Mann.
- Ehrlich währt am längsten.
- Schuster, bleib bei deinen Leisten.
- Um dir zu zeigen, dass ich dich liebe, verhalte ich mich auch so wie du.
- Wenn ich nicht auch depressiv bin, verrate ich dich.
- Jeder Fehler ist fatal.
- Veränderungen machen Angst, Verlässlichkeit gibt Sicherheit.
- Muse und Wahrnehmen des Moments sind Faulheit und Stillstand.
- Nur die Harten kommen in den Garten.
- Mir darf es nicht besser gehen als dir.
- Eile mit Weile, wer sich abhetzt, bekommt einen Herzinfarkt.

Deine Brain-Tattoos erkennst du auch sehr gut, indem du dir Fragen wie diese hier beantwortest:

- Was glaubst du von dir selbst?
  »Ich glaube …, ich bin, für mich zählt, mir ist wichtig, mir kommt es darauf an, mir liegt, ich kann, ich darf, ich will, ich muss …«
- Was glaubst du von deinen Mitmenschen?
  »Ich glaube …, die anderen wollen, die anderen mögen, die anderen dürfen, den anderen kommt es darauf an, dass …, die anderen sind …«
- Was glaubst du von dem System, in dem du lebst (Welt, Grenzen, Möglichkeiten)?

»Ich glaube …, dass die Welt, dass Gott, dass unser Dasein, dass der übergeordnete Sinn …«

- Was glaubst du außerdem z.B. über:
  Macht, Familie, Gesundheit, Höflichkeit, …? Schönheit des Körpers, der Wohnung, der Kleidung, …? Leistung, Nähe, Mann und Frau, Status, Liebe, Finanzen, die eigenen Möglichkeiten, die Grenzen deiner eigentlichen Möglichkeiten, das Recht, etwas zu wollen oder zu erreichen? Usw …?

Bedenke: Deine Brain-Tattoos sind tiefe, nicht hinterfragte Überzeugungen, Zuschreibungen, Skriptsätze, die in deinem Masterflash stets in Form eines unbewussten inneren Dialoges wirken. Es sind Bilder, die sehr oft gar keinen Rahmen haben. Es sind mächtige Werkzeuge, die deine Wahrnehmung filtern und klassifizieren. Sie werden durch deine Gedankenwelt, zumindest halbbewusst, sprachlich und bildhaft repräsentiert und können wissenschaftlich nicht gerechtfertigt werden. Sie sind künstlich kategorisierte Verallgemeinerungen. Der Maßstab für die Beurteilung deiner Brain-Tattoos liegt in der Konsequenz, die sich aus deinem Handeln für dich ergibt.

BRAIN-TATTOO-MASTERPIECE #2

Nadelstich #1: Schreib dir jetzt einmal 20 Minuten lang, ganz ungefiltert, all deine Überzeugungen, Lebensregeln, Weisheiten, Brain-Tattoos auf, die dir spontan einfallen. Skizziere die neuen Bilder, die du jetzt dabei siehst.

Nadelstich #2: Vergegenwärtige dir nun deine Antworten und Bilder aus der Arbeit am Brain-Tattoo-Masterpiece #1. Gleiche diesen Flash mit deinen aktuellen Antworten und Bildern gegeneinander ab. Was trifft zu? Was widerspricht sich? Was fehlt noch?

Nadelstich #3: Formuliere, ergänze, modifiziere und spezifiziere innerhalb dieses Feintuning-Prozesses deine Aussagen und Bilder neu. Wenn du z.B. das Bild eines im Käfig gefangenen Vogels vor dir hast – was für ein Vogel ist es, wie sieht der Käfig aus, ...? Adler oder Kolibri, Betonmauern oder leichtes Bambusgeflecht?

Male dir deine Situation bis ins Detail aus!

Na, was hast du alles aufgeschrieben? Wie sehen dein Brain-Tattoos jetzt genau aus? Erst dann, wenn du sie erkannt hast, wenn du verstanden hast, woher deine Brain-Tattoos stammen, welche Ursachen und Gründe sie haben, kannst du sie anzweifeln und an ihnen arbeiten, um sie zu covern. Solange du davon ausgehst, dass alles, was du denkst und siehst, eine unumstößliche Tatsache ist, wirst du nichts daran ändern.

CREATE IT!

Unser nächster Schritt ist es nun, die Richtigkeit und Daseinsberechtigung deiner Brain-Tattoos infrage zu stellen. Dieses bewusste und achtsame »wahr«-nehmen deiner Worte und Gedankenbilder gilt es ein Leben lang anzuzweifeln und zu hinterfragen. Ein guter Anfang ist es, wenn du deine Aussagen und Überzeugungen mit folgenden Fragewörten wie:

- »immer?«
- »alle?«
- »jeder?«
- »grundsätzlich?«
- »sicher?«
- »echt?«
- … usw. gegen-checkst.

Wann immer du Worte wie »immer«, »jeder« oder »alle« verwendest, verbergen sich hinter diesen Aussagen meist mächtige Brain-Tattoos.

Achtung: »Hinterfragen« heißt nicht gleich »aufgeben«. Viele unserer Brain-Tattoos erfüllen eine wichtige Funktion, und es tut uns nicht gut, sie einfach aufzugeben. Der Ansatz des Hinterfragens ist ein viel sanfterer. Stell dir dazu z.B. solche Fragen wie:

- »Wer sagt das?«
- »Wann gilt das?«
- »Woher kennst du das?«
- »Woran erkennst du das?«
- »Was könnte eine andere Meinung dazu sein?«
- »Wie könnte eine Situation aussehen, in der das nicht zutrifft?«
- »Wie würde sich wohl das genaue Gegenteil dieser Ansicht anfühlen, und was würdest du dann denken?«
- »In welchen Situationen könnte das sinnvoll sein?«
- »Was wäre sinnvoller und produktiver?«
- »Was genau zu glauben wäre hilfreich?«
- »Wie könnte das jemand sehen, der von der anderen Seite der Erde kommt?«
- »Wie könntest du das vielleicht in 20 Jahren sehen?«
- »Was steckt hinter dieser(m) Information/Bild?«

Sei aufmerksam, wenn andere ihre Meinung kundtun oder dir ihre Wahrheit ungefragt aufs Auge drücken. Sei nicht blind und nimm deine eigenen Gedankenbilder dazu wahr. Stimmen deine Brain-Tattoos mit den Überzeugungen anderer überein, oder gehen dir völlig andere Bilder durch den Kopf?

Zu jedem Brain-Tattoo, bei dem du ein unstimmiges mulmiges Gefühl verspürst, oder einem, das du überarbeiten willst, solltest du dir auszugsweise folgende Fragen stellen:

- Was ist an diesem Brain-Tattoo so lächerlich?
- Woher stammt dein/dieses Wissen?
- Kennst du das von früher?
- Hast du Bezugspersonen, die ähnlich/gleich denken?
- Was würde passieren, wenn du dieses Brain-Tattoo nicht befolgen könntest?
- Was würde es für dich bedeuten, wenn das Gegenteil eintrifft?

- Wird sich dein Leben verbessern, wenn du an diesem Brain-Tattoo festhältst?
- Was ist der Preis, den du bezahlen musst, wenn du an diesem Brain-Tattoo weiter festhältst?
- Welche Vorteile hätte es, wenn du dieses Brain-Tattoo loswerden würdest?
- Was wäre aus heutiger Sicht die Konsequenz für dich daraus gewesen, wenn du diesem Brain-Tattoo nicht gefolgt wärest?
- Wo würdest du stattdessen jetzt im Leben stehen?
- Was würdest du tun, was könntest du tun, was würdest du stattdessen als tiefes Brain-Tattoo in dir tragen wollen?
- Wie fühlt es sich an, wenn du dich von diesem Brain-Tattoo befreit hast? Wer bist du dann?
- Was würdest du jetzt glauben, wenn du dies alles noch einmal durchdenken müsstest?

Zweifle nicht nur grundsätzlich die Umstände der Entstehung deiner Brain-Tattoos an. Zweifle auch die Ursachen an, die zu ihnen geführt haben. Und zwar sowohl die Berechtigung dieser Ursachen, als auch deine Reaktion auf die vergangenen Brain-Tattoo-Sessions deines Lebens.

Wenn du also zum Beispiel Angst vor Hunden hast, weil du irgendwann einmal von einem Hund gebissen wurdest, muss das noch lange nicht heißen, dass alle Hunde bissig sind. Wenn ein Lehrer meint, dass du nicht zeichnen kannst, muss das noch lange nicht heißen, dass dieser Lehrer recht hat. Und selbst wenn er damals recht hatte, muss das nicht für immer gelten. Du könntest auch schlicht lernen, besser zu zeichnen. Wenn deine Familie dir zu verstehen gibt, dass du es dir verdienen musst, als Kind angenommen und geliebt zu werden, dann ist diese Familie zu bedauern. Wenn dich der Biesinger hier vielleicht schockiert, »ent«täuscht, oder auch amüsiert hat, dann hat das immer auch mit deinen eigenen Brain-Tattoos zu tun. Aber all diese Brain-Tattoos sind keine universale Wahrheit.

Versuche daher immer auch das Verhalten der anderen zu verstehen und so deren Wirkung auf deine eigenen Denkmuster zu entschärfen. Wenn deine Familie dir zum Beispiel tierisch auf die Ketten geht, möglichst gute Schulnoten nach Hause zu bringen, dann kann das schlichtweg auch bedeuten, dass sie sich Sorgen um dich macht und dir eine möglichst gute Zukunft mitgeben will. Wenn dir deine Familie nicht genug Liebe, Halt, Geborgenheit, Selbstbewusstsein und all die anderen Dinge mitgeben kann, dann kann das einfach auch daran liegen, dass sie es selbst nie gelernt und erfahren hat.

Bei allem, was nicht passt, scheiße aussieht und unstimmig ist, solltest du dich nun auf die Suche nach neuen, modifizierten Brain-Tattoos und Denkmustern, Tattoo-Skizzen und Flashs machen. Ersetze deine alten, ratzigen, weniger hilfreichen Brain-Tattoos durch neue glanzvolle, geilere Brain-Tattoos. Entweder rausschneiden, ätzen, lasern, oder aufhellen und überstechen.

Mach dir in deinem möglicherweise plan- und rahmenlosen Einheitsmatsch deiner Birne, technisch gesehen, also einfach mal klar, wie du stattdessen über eine Sache denken oder dich in einer Situation verhalten willst. Überlege dir zum Beispiel:

- »Was wäre mir lieber, als mich in allem nach den anderen zu richten?«
- »Was würde ich lieber tun, als mich ständig zu verstellen, um keinen Ärger auf mich zu ziehen?«

Suche gezielt nach Alternativen. Wie wäre es mit einem Denk- und Verhaltensmuster wie:

- »Ich kann zeichnen lernen«
- oder
- »Ich traue mich auch mal, etwas falsch zu machen, denn Fehler sind normal«?

Wenn es mit deiner Kreativität zum Erstellen deiner neuen Gedankenbilder noch etwas hapert, schaue dir zum Beispiel auch mal die Brain-Tattoos anderer Menschen an und lerne diese kennen oder zu adaptieren.

Höre anderen Menschen aufmerksam zu. Mit ein bisschen Übung kannst du viele neue positive und hilfreiche Brain-Tattoos er-kennen lernen. Entscheidend ist, dass du dich durch andere Meinungen nicht gleich bedroht fühlst, sondern andere Ansichten viel mehr offen und neugierig »sammelst«. Überlege dir, welche Überzeugungen vielleicht nützlich sein könnten, und notiere dir diese für dich.

Hier eine kleine Auswahl:

- »Jeder Mensch hat ein Recht darauf, glücklich zu sein.«
- »Jeder sollte sich einmal am Tag etwas Gutes tun.«
- »Probleme sind Chancen, und ich kann aus allen Situationen etwas lernen.«
- »Jeder Tag ist ein kleiner Neuanfang.«
- »Alles hat seinen Sinn.«
- »Du schenkst dir immer selbst ein.«
- »Alle sind alt genug.«
- Usw.

Klauen bei anderen ist hier ausdrücklich erlaubt und gewünscht. Sieh das Leben einfach wie einen psychologischen Supermarkt – nimm mit, was dir gefällt, und den Rest lässt du liegen!

»Nicht die Dinge an sich sind es, die uns beunruhigen, sondern vielmehr ist es unsere Interpretation, die Bedeutung dieser Ereignisse, die unsere Reaktion bestimmt.«[64]
Marcus Aurelius, römischer Kaiser

Was ich auch immer ganz cool finde, sind zum Beispiel solche kreativen Bretter hier, die deinen Brain-Tattoos ganz gewiss einen ganz anderen Rahmen verleihen:

- »Ich fühle mich immer so depressiv.«
  Wow, du hast die Fähigkeit, die Tiefe deiner Seele auszuloten!
- »Ich bringe es sowieso zu nichts.«
  Vielleicht bringen dadurch andere etwas zu dir?
- »Das ganze Team hat sich schrecklich aufgeregt.«
  Cool, da steckt ja doch ganz schön viel Power in deinem Team!
- »Ich bin wie gelähmt und bringe nichts zustande.«
  Stark, du nimmst deinen Standpunkt sehr ernst!
- »Ich brauche unendlich lange, bis ich den Überblick habe.«
  Okay, es fällt dir also schwer, voreilige Schlüsse zu ziehen?
- »Mein Chef macht mich total nervös.«
  Du hast die Fähigkeit, hinter der Rolle deines Chefs auch noch den Menschen dahinter wahrzunehmen!?

- »Zu meinen Kids ist der Draht abgerissen.«
  Es gibt viele Eltern, die ihre Kids ein Leben lang anketten. Du hast es vielleicht nur überstürzt, dir und deinen Kids die Freiheit zu gewähren?
- »Ich hoffe immer, dass die anderen das erledigen.«
  Du hast die Wichtigkeit von Delegation erkannt!
- »Es bleibt fast alles an mir hängen.«
  Ach ne, nur so gewinnt dein Wort an Gewicht!
- »Wenn es morgens zu Hause Ärger gibt, dann geht das meist im Betrieb weiter.«
  Ja ne, is klar, das zeigt dein Gespür für tiefe Zusammenhänge.
- »Ich wusste immer, wo ich hinwollte.«
  Manchmal überrascht es einen, wenn man dort der Einzige ist!
- »Es ist schade, dass immer alle so gelangweilt sind, wenn ich einen Vortrag halten muss.«
  Du bringst deine Freude über das »Muss« eben sehr prägnant zum Ausdruck!
- »Ich finde keine Lösung für meinen Lebensschlamassel.«
  Wofür könnte es gut sein, dass du diese Lösung noch nicht hast?

Ein weiteres Beispiel dafür, deinen Bildern einen neuen Rahmen zu verpassen, ist diese Aussage: »Du nimmst mich nie in den Arm. Du bist gemein!«

- Ich bin doch einfach nur müde – dafür blicke ich dich aber zärtlich an.
- Weißt du eigentlich, wie sehr es mich verletzt, wenn du mir so etwas unterstellst?
- Wenn sich alle Menschen nicht mehr umarmen, sind sie dann alle gemein?
- Wäre XY auch gemein, wenn er dich nicht umarmte?
- Hätte XY das auch so gesehen wie du?
- Woher weißt du eigentlich, dass es das bedeutet?
- Das sagst du nur, weil du von deiner eigenen Gleichgültigkeit ablenken willst.

BRAIN-TATTOO-MASTERPIECE #3

Machen die jeweiligen Sätze/Bilder aus deinem letzten Brain-Tattoo-Masterpiece noch immer Sinn für dich? Dienen diese Brain-Tattoos wirklich dazu, dir das Leben einfacher zu machen? Sind sie geeignet, dich glücklich, lebensfroh und zufrieden zu machen? Fallen dir jetzt vielleicht doch noch viel bessere Sätze/Bilder und Überzeugungen ein? Gehe deine Antworten, Aussagen und Bilder hier nun noch einmal ganz ungezwungen und in Ruhe durch und frage dich nach diesen weiteren Impulsen, ob du das Gedachte auch jetzt noch so sehen möchtest, siehst oder nicht.

Ob du dir das alles wirklich noch immer so ein-»Bild«-est wie zu dem Zeitpunkt, als du diese jeweiligen Brain-Tattoos in dir erkannt hast? Formuliere, ergänze und spezifiziere deine Aussagen und Bilder innerhalb dieses Feintuning-Prozesses nun ein vorerst letztes Mal. Schreibe nun mit diesen dir an die Hand gegebenen Fragestellungen und deren Erkenntnissen deine Aussagen des vergangenen Brain-Tattoo-Masterpieces um! Verändere, ergänze, modifiziere, übermale das letzte Brain-Tattoo-Masterpiece zu jedem einzelnen Brain-Tattoo! Fang mit deinem stärksten dich lähmenden hinderlichen Brain-Tattoo an! Bedenke, dass du heute nicht mehr die Person aus der Zeit bist, in der dein Brain-Tattoo entstanden ist!

Do it – it's your life!!!

Nur du ganz alleine bist der echte Brain-Tattoo-Artist deines Lebens!

COVER IT!

Dein Brain-Tattoo-Masterpiece ist fertig, gratuliere! Klasse, jetzt hast du es rein theoretisch geschafft! Die finale Skizze, die, dein Leben jedes Mal beim Betrachten bereichern wird, steht. Dieser Brain-Tattoo-Master-Flash wird dich dabei unterstützen, deine Ziele und Träume zu verwirklichen. Bedenke immer, dass deine Skizze hier lediglich eine Bestandsaufnahme deiner derzeitigen Lebenssituation und Denke ist. Wie schon am Anfang des Buches beschrieben: »Leben ist Wandlung, Leben ist Handlung!« Dieser Flash wird sich dein Leben lang weiter entwickeln. Vielleicht findest du deine Totenschädel in zehn Jahren wirklich nicht mehr so geil und prickelnd wie jetzt!? Weil du bis dahin beispielsweise zu den Quäkern konvertiert bist, oder was auch immer!?

Aber: Mit deinem Brain-Tattoo-Masterpiece hast du dir jetzt ein Fundament/Bildnis geschaffen, das dich als Person ganz gut ausdrücken müsste. Es ist dein ganz individuell erstellter, modifizierter und überarbeiteter Brain-Tattoo-Flash aus den vielfältigsten, und auch herausfordernden Impulsen dieses Buches und die Essenz deiner Gedankengänge daraus. Du hast dir mögliche Wege, raus aus der grauen Masse, rein in ein bunteres und geileres Leben, erarbeitet. Es liegt nun ganz alleine an dir selbst, was du aus diesen dezenten Nadelstichen machst!

Wie siehst du dich jetzt? Welches Bild hast du nun von dir? Der alte Bär; das mächtige Symbol; das spielende goldgelockte Regentenkind, das grinsend in seinem Hubschrauber mit seiner Pumpgun bewaffnet das letzte Einhorn über die wild gewachsene Blumenwiese jagt; dicke fette (bunte) Tribals; einen Schriftzug, der sich um ein Old-School-Herz rekelt; oder was auch immer? Und welche Bedeutung und Aussage gibst du diesem deinen Brain-Tattoo?

Wenn du jetzt noch immer skeptisch bist und nicht daran glaubst, dass du deinem Leben durch das Verändern deiner Gedankenbilder eine andere Richtung geben kannst, dann schick mir das Buch zurück.

Wenn doch, dann fang jetzt endlich damit an, dir deine neuen Brain-Tattoos geduldig, bedacht und immer wieder imaginär in deine Synapsen einzustechen. Damit du dich langsam an die Schmerzen/die

Lust des Brain-Tattooings gewöhnst, ist es für deine ersten realen Brain-Tattoo-Aktionen hilfreich, dein Hirn zunächst erst einmal mit einer ganz kleinen und dünnen Nadel zu penetrieren. Bestmöglich solltest du auch mit destilliertem Wasser und einem dezenten Weiß hantieren. Wenn du dir absolut sicher bist, dann nimm sofort hochdeckende Farben und nagle sie dir am besten gleich mit dem geballten Nadelbündel einer fetten Magnum-Brain-Tattoo-Maschine in die Batterie.

BRAIN-TATTOO-COVER-UP

Ink by ink! Step by step! Eins nach dem anderen! Ersetze immer nur ein Denkmuster/Gedankenbild, das du nicht mehr beibehalten willst, durch ein neues, bunteres, geileres, fetteres Brain-Tattoo. Das dient der Übersicht und der Struktur. Sonst wäre ein Rückfall in die versifften früheren Verhältnisse mehr als nur schwarzseherisch. Sei geduldig im Brain-Tattoo-Prozess!

Das ultimative Ziel soll und wird es sein, dass der Begriff deines Selbstführungsanspruches diesen Namen auch verdient!

Verinnerliche dir mehrfach täglich und zur gleichen Zeit, möglichst ritualisiert wie das Gebet in Richtung deiner Lieblingspilgerstätte, den Sinn, den Inhalt und die Bedeutung deines neuen Brain-Tattoos. Visualisiere das Bild und sprich den Inhalt laut aus. Am besten noch vor einem mobilen Handspiegel, wobei du dir ganz tief in die Augen schaust. Wenn dein neues Brain-Tattoo beispielsweise ist: »Ich glaube an mich selbst und kann alle Ziele erreichen, die ich mir setze«, dann stellst du dir vor deinem geistigen Auge auch das Bild vor, wie du deine Ziele erreichst. Stell dir vor, wie du im Jubel der tosenden Massen im Madison Square Garden einläufst und diese Masse rockst. Und fühle dich intensiv in diesen Moment hinein!

Bei der Visualisierung und Autosuggestion passiert sehr viel in deinen Hirnwindungen. Dein Unterbewusstsein kann nämlich nicht zwischen einer realen Situation und einer Vorstellung in deinem Kopf unterscheiden. Es erlebt dieses Brain-Tattooing als echt. Cover-up-Brain-Tattooing bedeutet einfach nur permanente Wiederholung deiner Denkmuster. Die erfolgreichsten Sportler haben in Gedanken über 1000-mal den Pokal in den Händen gehalten. 1000-mal haben sie sich vorgestellt, wie sie als Erster über die Ziellinie laufen. Genau das musst du auch machen, wenn du den Masterflash deiner Brain-Tattoos verändern willst. Je öfter du so handelst (und damit denkst), wie du es willst, desto stärker werden die Brain-Tattoos in deinem Gehirn werden, und desto leichter wird dir das Nachstechen beim nächsten Mal fallen. Erzeuge mit dem neuen Brain-Tattoo starke Gefühle, und der Effekt wird noch stärker sein.

Vorsicht: Brain-Tattoos machen süchtig!

Wenn du dich bei einem Rückfall in ein altes Denkmuster ertappst, dann halte sofort deine Alternative dagegen. Pack die Brain-Tattoo-Maschine aus und ziehe die Linien, Schattierungen und Farben nach. Arbeite mit allen Tricks, die dir nur einfallen, damit dein neues Brain-Tattoo nicht wieder verwässert und verblasst. Damit es seinen festen, mächtigen, glänzenden und strahlenden Platz auf Dauer in deinem Masterflash erhält. Damit du es niemals mehr vergisst. Wenn du hartnäckig an der Nadel bleibst, wirst du auch hierbei, als selbst gewählter, die bedingungslose Verantwortung für dein Leben übernehmender Brain-Tattoo-Master (of Desaster), immer besser werden.

Neue Brain-Tattoos auszubilden dauert seine Zeit. Erwarte keine schnellen Lösungen. Das würde dich nur frustrieren. Man sagt, dass wir oft noch ein halbes bis ein ganzes Jahr zwischen dem alten und dem neuen Brain-Tattoo hin und her schwanken. Erst danach beginnen die neuen Brain-Tattoos zu strahlen. Und bis sie wirklich sitzen, können Jahre vergehen. Hier trotz der Rückschläge und Schmerzen weiterzumachen, ist wohl die eigentliche (Lebens-)Kunst.

Seien wir doch mal ehrlich:
Ein angefangenes und halbherzig gestochenes Tattoo sieht doch einfach auch nur scheiße aus, oder!?

STAY KRASS

Knallharte Persönlichkeitsveränderung bedeutet, wie auch in *The Fire of Change* beschrieben, KRASS zu sein: konsequent, radikal, aktiv, selbstbestimmt und stark.

Wenn du dir wünschst, offen deine Meinung zu sagen, statt dich zu verstellen, dann tu es. Manchmal wird man dich dafür vielleicht auch ein wenig anblöken. Aber meistens wird gar nichts passieren. Das Blöken der Schafherden wirst du überleben. Sehr lange Zeit hatte ich als Unternehmer und Persönlichkeitstrainer bei meinen Verkaufsgesprächen echte Schwierigkeiten dabei, wenn ich mit sogenannten Autoritäten bezüglich meines Honorars verhandeln musste.

Das hier waren lange Zeit einige meiner beknacktesten Brain-Tattoos: »Wenn ich meine Leistung als Persönlichkeitstrainer und Vortragsredner verkaufen will, muss ich nett sein und dem Kunden nach dem Mund reden« – »Wessen Brot ich esse, dessen Lied ich singe« usw. Mit diesen Brain-Tattoos im Kopf war das Unternehmertum meiner damaligen »One-Man-Show« echt deprimierend, und meine PS habe ich nicht wirklich auf die Straße bekommen. – FUCK! – Ich musste meine alten Brain-Tattoos im unternehmerischen Kontext covern.

Irgendwann wurde mir klar, dass ich es bei den Einkäufern und Entscheidern teils mit knallharten Geschäftsleuten zu tun habe, die Geld mit mir machen und durch mein Wissen verdienen wollen. Ich musste mir meinen unternehmerischen Selbstwert neu eintätowieren und mich dazu entschließen, meinen Verhandlungspartnern auf demselben Niveau zu begegnen, wie sie mir entgegentraten. Sonst würden sie mich nur für einen weiteren volltätowierten Heavy-Metal-Psycho-Trottel halten!

Nach meiner Definition geht es bei einem Persönlichkeitstraining stets um den nackten Menschen hinter seinen Fassaden und Gesichtswindeln, den Menschen hinter dem graubraunen Farbenmatsch seiner Brain-Tattoos. Dabei zählt nicht Nettigkeit, sondern direkte, selbstverständliche, wertschätzende Konfrontation des Kunden mit seinen Brain-Tattoos. Es geht dabei tiefer als nur um die vordergründige angehäufte und vorurteilsbehaftete Scheiße planlos eingenagelter schwarzer Balken, die das Leben des Kunden komplett boykottieren. Es geht darum, dass er sein Synapsengesudel wieder zu einem ansehnlichen Bildnis überarbeitet. Dazu ist bedingungslose Klarheit angesagt und auch gewünscht. Solange ich nur nett war, konnte ich mich nicht positionieren, hatte das Gefühl, verarscht und ausgenutzt zu werden. Ich kam mir selbst unglaubwürdig vor. Ich war einer von vielen im überlaufenen Billiglohn-Marktsegment der Coaches und Trainer. Ein Nichts! No way, ich machte mir klar: Wenn dein Auto einen Getriebeschaden hat, dann legst du schließlich auch die Scheine auf den Tisch, die es erfordert, um wieder in Fahrt zu kommen. Oder etwa nicht?

Aus meinem hinderlichen Brain-Tattoo »Ich muss nett sein« wurde irgendwann dieses hier: »Seit wann kommt der Ölberg zum Jünger?« Genau dieses durchaus mächtige Bild hat mir echt geholfen, um trotz höchster Fachkompetenz nicht im Hartz IV landen zu müssen. Frech, größenwahnsinnig, unverschämt, großkotzig, arrogant, durchgeknallt? Bild dir hierzu einfach deine eigene Meinung. Dies ist dann deine Meinung und nicht meine, und somit kann ich mir ganz entspannt ein Ei drauf backen – die Gedanken sind bekanntlich frei!

Seither klappt's bei meinen Honorarverhandlungen auch mit wirklich »großen Tieren«, die tatsächlich dazu bereit sind, ihre Brain-Tattoos zu covern! Bei Menschen, die die Faxen dicke haben von der allgegenwärtigen mundgerecht servierten Speichelleckerei hinterfotziger, neidbehafteter Karrieregeier auf eloquentem, nichtssagendem Niveau. Beim Rest hat meine Dienstleistung am Menschen meist eh keinen Wert, also was soll's? Everybody's Darling sucks – du kannst es eh nicht jedem und allen recht machen!

NO WAY OUT!?

Warum stecken wir alle bis zur Halskrause im versifften Brain-Tattoo-Dreck fest? Warum wiederholt sich die Geschichte? Warum kann die Menschheit nicht gemeinsam handeln und ihrer physischen, finanziellen und spirituellen Sklaverei ein Ende setzen? Vielleicht, weil jeder der bisherigen Lösungsansätze es versäumt hatte, einige sehr grundlegende menschliche Brain-Trouble-Tattoos zu berücksichtigen. Diese abschließenden fünf zusammenfassend beschriebenen Probleme werden immer wieder versuchen, deine bunten Brain-Tattoos schwarz einzufärben.

Brain-Trouble-Tattoo #1 besteht darin, dass unsere Wahrnehmung auf die fünf physischen Sinne beschränkt ist. Unfähig, etwas jenseits des materiellen Universums zu sehen, werden wir dazu verführt, dessen Wege zu gehen. Wir verhalten uns dann wie Tiere oder Maschinen, obwohl wir im Kern geistige Wesen sind. Diese Schwäche macht uns auch blind gegenüber unseren Feinden und deren okkulten nichtphysischen Kontrollstrukturen und Energien, die sie gegen uns anwenden. Wie bei einem Eisberg ist der größte Teil des Brain-Tattoo-Kontrollsystems unserem Blick entzogen. Aus diesem Grund verhalten Menschen sich wie Marionetten, die von unsichtbaren Fäden gelenkt werden. Mach dich frei und beginne damit, die Fäden zu kappen. Stell dir vor, wie stark diese Abtrennung die Spielregeln zu unseren allen Gunsten verändern würde. Wenn wir über das Körperliche hinaussehen könnten, wäre das Spiel für Psychopathen, die von dämonischen Kräften angetrieben werden, aus.

Bis jetzt halten die meisten Mainstream-Institutionen übersinnliche Wahrnehmung für Unsinn, geschweige denn versuchen sie, diese zu entwickeln. Sie werden auch nie von sozialen oder politischen Bewegungen erwähnt. Das zeigt, wie tief unsere Gesellschaft durch das Kontrollsystem vereinnahmt wurde.

Brain-Trouble-Tattoo #2 besteht darin, dass die Wissenschaft fest auf das Reich der Materie, physischer Energie, den 3-D-Raum, und lineare Zeit fokussiert bleibt. Dies verzögert die notwendigen Entwicklungen in der Technologie, die Ressourcenverknappung und Umweltzerstörung überwinden würden. Deshalb müssen wir uns in Richtung einer höheren Art von Wissenschaft bewegen und von den gottesfürchtigen Universitäten auch bisher unerforschte Energien und Prinzipien nutzen. Ohne eine solche Technologie wird die Menschheit weiterhin mit physischem Überleben und dem Konkurrenzkampf um schwindende Ressourcen beschäftigt sein. In Abhängigkeit von den wenigen, die diese Ressourcen kontrollieren.

Brain-Trouble-Tattoo #3 ist dein Ego, der geistige Parasit, der uns emotional an die Matrix gefesselt hält. Das Ego ist eine fremdartige psychische Struktur, die durch genetische Prägung, massives Brain-Tattooing und soziale Konditionierung auf unsere Seele aufgepfropft wird. Das Ego fungiert als sterbliche Persönlichkeit, durch die der unsterbliche Geist innerhalb der Matrix reibungslos funktionieren kann, wenn auch auf die Gefahr hin, sich darin zu verlieren. Wenn die Seele, der Kern unseres Wesens, sich mit dem Ego identifiziert, nimmt es seine Schwächen an und vergisst seinen eigentlichen Zweck. Der Reiter wird dann zum Pferd und kann leicht an den Zügeln gelenkt werden.

Solange das Ego unsere Entscheidungen beherrscht, werden wir immer in einer Weise handeln, welche die Matrix verstärkt. Wir müssen zur Überwindung der Tyrannei unseres Juniors eine persönliche Verbindung mit dem geistig spirituellen Bereich schaffen, mit dem höheren Selbst. Indem wir erkennen, welche Antriebe aus dem Ego kommen und welche durch das höhere Selbst inspiriert werden, ergibt sich eine Handlungsrichtung, die durch Disziplin und Introspektion gestärkt wird und uns immer öfter nach dem Höheren streben lässt.

Durch konsequente Identifikation mit diesem Höheren wächst der Einfluss auf das niedere Selbst. Wir können die Klarheit der Verbindung durch die Pflege edler Gefühle wie Mitgefühl, Schönheit, Verständnis, Liebe und Empathie erhöhen. Ohne die Verbindung zur geistigen Seite bleiben wir Wanderer ohne Kompasse und Lampen ohne Feuer, verloren in der Dunkelheit, wie derzeit so viele Menschen.

Brain-Trouble-Tattoo #4 besteht aus Unwissenheit, Dummheit und Naivität, was uns davon abhält, fundierte Entscheidungen zu treffen. Betrug und Irreführung sind nur erfolgreich, wenn sie durch einen Mangel an Bewusstsein eingeladen werden. Das Problem der Menschheit sind nicht so sehr die Kräfte, die sie zu kontrollieren suchen, sondern die Geißel der öffentlichen Ignoranz, welche diese Kräfte unterstützt und erhält. Deshalb müssen wir unser Bewusstsein durch Studium, Beobachtung, Erfahrung, Kontemplation und vor allem höhere Offenbarung erhöhen. Dies erfordert eine tiefe Liebe für Wahrheit und das Lernen. Wir müssen unseren Intellekt ohne Kompromisse trainieren und sehr vertraut mit logischen Trugschlüssen und den geistigen Strategien sein, die im Kampf gegen uns verwendet werden. Der Intellekt ist nicht etwas, was man zugunsten des Herzens wegwirft, sondern beide sollen parallel entwickelt und zur Perfektion gebracht werden. Je informierter wir sind, desto intelligenter sind unsere Entscheidungen und desto besser gestaltet sich auch unsere Zukunft.

Brain-Trouble-Tattoo #5 ist das unbestrittene Vertrauen der Menschheit in die Konsens-Realität. Konsens-Realität ist die Art und Weise, wie die Mehrheitsgesellschaft die Welt wahrnimmt. Wie alles funktioniert, was jeder Einzelne tun muss, um in der Welt zu überleben, was erlaubt ist und was nicht möglich ist. Sie ist der von der Vereinigung der Menschenzüchter gezeichnete Brain-Tattoo-Master, der unseren Kurs durchs Leben beschreiben soll. Wir haben gelernt, anzunehmen, dass die Regeln und Grenzen der vielen für uns ebenso gelten, und zwar ohne Ausnahme. Wir müssen uns von der Konsens-Realität trennen.

Dies geschieht nur, wenn wir beginnen, nach den Grundsätzen einer zunächst unsichtbaren göttlichen Wirklichkeit zu leben, die sich um uns und in uns manifestiert.

Welchem »Zuständigkeitsbereich« man angehört, hängt schlussendlich davon ab, wo auf der gleitenden Skala zwischen Ego und dem höheren göttlichen Selbst man positioniert ist. Es hängt davon ab, was die Grundannahmen sind, wo der emotionale Mittelpunkt und die persönliche »geistige Wohnung« liegen. Indem wir in den Zuständigkeitsbereich des Höheren hineinwachsen, überwinden wir die Autorität der niederen Sphären.

Was der Mainstream als dumm, riskant oder unmöglich erachtet, wird dann die Norm. Anomalien und Wunder werden die neue Realität. Der einzige Weg, in einem manipulierten Spiel zu gewinnen, besteht darin, mit neuen Regeln zu spielen. Die oben angeführten unbestreitbaren Schwachpunkte entstammen alle dem gleichen Grundproblem, dass nämlich unser Geist durch die Dunkelheit des materiellen Universums überwältigt wurde. Die Transzendenz, die wir anstreben, ist nicht durch Flucht und Vermeidung zu erreichen, sondern es geht um die Meisterung des Höheren und dadurch die Überwindung des Niederen. Die wirklichen Lösungen sind im »Oben« zu finden, während die Schwächen im »Unten« ihren Ursprung haben. Wir können das Niedere nicht mit diesen gleichen Waffen, Werkzeugen und Methoden besiegen.

Der Versuch, dies zu tun, ersetzt lediglich ein Kontrollsystem durch ein anderes. Darum sind alle menschlichen Revolutionen, sozialen Experimente und utopischen Versuche gescheitert, weil sie die grundlegenden Probleme, die hier skizziert wurden, ignoriert haben.

Die fünf Brain-Trouble-Tattoos verstärken sich gegenseitig. Wenn nur drei überwunden wurden, werden die verbleibenden beiden schließlich doch zur Niederlage führen. Alle fünf müssen gemeinsam überwunden werden, wenn die Menschheit dauerhaft ihre Freiheit zu sichern wünscht.

BRAIN TATTOO PUSHERS FOR HEALTH FREAKS:

Die ständigen Komplimente steigern das Wohlbefinden.

Tattoos machen gute Laune.

Dein Körper schüttet vor, während und nach dem Tätowieren Glückshormone aus.

Du bist tattoo- statt drogensüchtig.

Du trainierst dein Gehirn, während du dir kreative Motive ausdenkst.

Mit Tattoos lässt sich Vergangenes bewältigen.

Du setzt dich mit deinem Körper auseinander.

Du lernst, mit Schmerzen umzugehen,

Tattoos kurieren nachweislich mentale und körperliche Leiden.

Deine Haut dankt dir, dass du nie wieder ins Solarium musst.

Tattoos retuschieren Narben, Zellulitis und schwaches Bindegewebe.

Du chillst seltener in der prallen Sonne.

(Brain-)Tätowiert zu sein ist der Normalzustand des Menschen.

LAST WORDS!

Ich habe dir hiermit sehr viele Impulse zum Verändern deiner ganz persönlichen Gedankenbilder an die Hand gegeben. Was du daraus machst, ist ganz alleine deine eigene Baustelle. Deiner weiteren Kreativität für deine ganz individuellen Brain-Tattoos sind keine Grenzen gesetzt. Nur wenn du damit beginnst zu »hinter«-fragen, führst du das Gespräch und somit den inneren Dialog mit deinem Junior. Nur dann wirst du zum wahren Brain-Tattoo-Artist deines Lebens. Du bist, was du denkst!

Wenn es mit dem Zeichnen jetzt wirklich nicht geklappt hat – kein Problem! Schreibe dir deine neuen Brain-Tattoos in Form von Sätzen auf und sage sie dir jeden Tag, immer und immer, wieder auf! »Ach was bin ich für 'n geiler Typ.« Mach's!

Die Fortgeschrittenen fügen dem Satz dann noch z.B. das Bild eines Sibirischen Königstigers oder die geduldige Gelehrigkeit eines indischen Elefanten hinzu. Und die Profis trainieren beispielsweise die körperliche und mentale Kraft eines Tigers. Oder auch die eitle Intriganz eines Affen – jeder nach seiner Fasson. So lange, bis sie zu dem »Tier« oder Vorbild werden, dessen Bild ihr inneres Auge sieht! In unserer heutigen kranken Zeit braucht's einfach wieder echte Tiere und keine Waschlappen!

Falls du jetzt ganz aufgegeben hast und es vorziehst, deine Brain-Tattoos so farblos zu lassen, wie sie sind, also die weiße Fahne der Kapitulation zu schwenken, dann mache dir bitte bewusst, dass bei der Parkinson-Krankheit die Pigmentierung durch Neuromelanin auf der Substantia Nigra verschwindet. Die Substantia Nigra ist als Teil des Limbischen Systems in unserem Gehirn an der Verarbeitung von Lerninhalten beteiligt. Ohne Farbe keine Lernvorgänge. Das heißt ganz klar: Demenz und Degeneration! Willst du das?

Immer rein mit den Farben in die Batterie!
Die Welt ist bunt!

Jetzt liegt es ganz alleine an dir, dir deinen selbst kreierten Brain-Tattoo-Flash als ein richtig geiles Brain-Tattoo in dein Frontalhirn zu nageln.

Ich hoffe, dir hat dieses Buch gefallen. Fange an, die Dinge umzusetzen und endlich dein Leben so zu gestalten, wie du es willst! Leben wir los! Jetzt! Wir sehen uns!

(Brain-)Tattooed people do it better!

Viel Erfolg!

AFTERBURNER

Es ist vollbracht! Weihnachten 2015. Das vergangene Jahr war gnadenlos. Das absolute Highlight meines Wirkens als Rainer Biesinger – Der Heavy Metal Coach® war dieses Jahr mein Auftritt auf dem weltweit größten Heavy-Metal-Festival ever, auf Wacken!

Mein Leben als freier Mensch und mein Business als Persönlichkeitstrainer und Vortragsredner läuft bunter den je! So muss es sein! Mein permanentes Brain-Tattooing vom einstigen Schandfleck der Nation zum lebendigen Gobelin macht mich stolz und demütig zugleich.

Seit meiner letzten Entgiftung im Herbst 1997 laufe ich mit einer gestochen klaren Birne durch die Weltgeschichte. Mein bei meiner Wiedergeburt neu gestellter Lebenstacho zeigt mir heute die 6666 an – sechstausendsechshundertsechsundsechzig Tage nüchtern. The number of the demon. Wenn das mal kein Omen ist! Irgendwie erschreckend, über solch einen Zeitraum absolut nüchtern und unverpeilt mit wachem Auge durch die Gegend zu randalieren, oder? Wie wäre es wohl, wenn die gesamte Menschheit stets mit einem solch glasklaren Verständnis herumlaufen würde? Wozu wären wir tatsächlich fähig?

Ganz ehrlich, auch heute noch bin ich immer mal wieder geneigt, mir bei der ganzen Scheiße, die da draußen weltweit so abgeht, einfach mal wieder die Synapsen zu verwässern und mich gnadenlos so wegzusprengen, dass alles zu spät wäre. Mich in Welten wegzuballern, wo du wirklich eins mit dir selbst bist! Fluch und Segen! Drogen machen einen super Job, aber irgendwann zerbröseln sie die härtesten Charaktere. Mit jedem Ritt auf der Kugel beginnt auch schon wieder der Weg zum Aufschlag. Je fetter die Murmel, desto brutaler der Einschlag. Und wenn ich mich so umschaue, habe ich da echt keinen Bock mehr drauf!

Wem ist damit geholfen und, vor allem, wem nützt das? Was bringt es, wenn nach solch einer Flucht in die Katakomben der Realitätsverdrängung nur noch ein hinterlassener Scherbenhaufen rumliegt, den man immer wieder neu zusammenbasteln muss?

Der Himmel kann warten – Life is Rock 'n' Roll; – so bang your head, dream evil and fuck all groupies ;-))

QUELLEN

1 Hermann Melville, *Moby Dick*. Insel Verlag; Auflage: 4 (21. Januar 2013)

2 Die Deutsche Bibliothek CIP- Einheitsaufnahme, Düweke, Peter: *Kleine Geschichte der Hirnforschung: von Descartes bis Eccless* – Originalausgabe, München, Beck 2001 (Becksche Reihe; 1405)

3 Riedel/Lorenz/Schneider/Kruspe/Landers/Lindemann, 2002, Kobalt Music Publishing Ltd., Universal Music Publishing Group

4 William Shakespeare, *Hamlet II*, 2. (Hamlet)

5 Auszug aus dem Dialog zwischen Morpheus und Neo, Definition der Matrix, ROHKOST-WIKI, Originalfilm *Matrix* (1999, Warner Bros.)

6 aus: *Eine Handreichung für Schülerpraktika und weitere Formen des Schule-Praxis-Lernens*, Landesinstitut für Schule und Medien Berlin-Brandenburg (LISUM); Juli 2012

7 Adolf Hitler – Brand des Reichstagsgebäudes in Berlin in der Nacht vom 27. auf den 28. Februar 1933 – Wikipedia

8 Frank Delano Roosevelt, WOXIKON Zitate

9 Henry Kissinger, Wikileaks/Wikiquote

10 gefunden auf: Zitate und Aphorismen; www.gutezitate.com

11 von Armin, *Das System. Die Machenschaften der Macht*. Droemer Verlag, München 2001. S. 19.

12 Johann Christoph Friedrich von Schiller (1759 – 1805) – Weise Wortwahl – Zitatensammlung

13 Bernd Guggenberger; Claus Offe, *An den Grenzen der Mehrheitsdemokratie, Politik u. Soziologie der Mehrheitsregel*, Westdeutscher Verlag, 1984

14 Bertold Brecht – gefunden auf: www.Zitate.de

15 Sir William Pitt, 1.Earl of Catham – House of Lords 1770 – gefunden auf: www.seniorbook.de

16 Benjamin Disraeli – gefunden auf: www.geldsystem-verstehen.de

17 Franklin D. Roosevelt – gefunden auf: www.geldsystem-verstehen.de

18 Benjamin Franklin, gefunden auf: www.geldsystem-verstehen.de

19 Thomas Jefferson, gefunden auf: Wikiquote

20 Sir Josian Stamp – gefunden auf: www.geldsystem-verstehen.de

21 Dirk C. Fleck, *Die vierte Macht: Spitzenjournalisten zu ihrer Verantwortung in Krisenzeiten*, Hoffmann & Campe, 2012

22 Louis McFadden, gefunden auf: www.geldsystem-verstehen.de

23 Charles Lindbergh, gefunden auf: www.hist-chron.com und www.mein-weltbild.ch/finanzwelt

24 Guido Giacomo Preparata, *Wer Hitler mächtig machte. Wie britisch-amerikanische Finanzeliten dem Dritten Reich den Weg bereiteten*, übersetzt von Helmuth Böttiger und eingeleitet von Andreas Bracher, Perseus, 2010

25 Mayer Anselm Rothschild, gefunden auf: www.geldsystem-verstehen.de/zitate

26 Oliver Janich: *Die Rede, die John F. Kennedys Schicksal besiegelte*, 19. Juni 2013, www.oliverjanich.de

27 William Jennings, gefunden auf: www.geldsystem-verstehen.de

28 Franklin D. Roosevelt, gefunden auf: www.daserste.de; Pearl Harbor, Angriff auf die amerikanische Marinebasis auf Hawaii (07.12.1941)

29 Rede des Abgeordneten Carlo Schmid im Parlamentarischen Rat, 8. September 1948, www.spd.de

30 Wolfgang Schäuble, auf www.welt.de, 08.12.2011: EU am Scheideweg, »Die öffentliche und verborgene Seite der Krise«

31 Sigmar Gabriel auf dem Landesparteitag der SPD in NRW, Februar 2010

32 Daniel Estulin: *Die wahre Geschichte der Bilderberger*, präsentiert von Michael Palomino (2015)

33 David Rockefeller, gefunden auf: hist-chron.com/welt

34 Bundeskanzlerin Angela Merkel, Rede auf dem Evangelischen Kirchentag in Dresden, 04.06.11

35 Henry Kissinger, *Weltordnung* – übersetzt von Karlheinz Dürr, Bertelsmann-Verlag

36 George Bush Seniors Fernsehansprache am 11. September 1990, in der er die Neue Weltordnung ausrief

37 www.spiegel.de/forum/wirtschaft/zukunft-der-waehrungsunion-schaeuble-praesentiert-masterplan-fuer-den-euro-thread, abgerufen am 22.Februar 2016

38 YouTube.de – LT-News.com: Ist Deutschland noch eine Demokratie? Merkel und Seehofer sagen die Wahrheit

39 Horst Seehofer, bei *Pelzig hält sich* (ARD 05/2010)
40 Barbara Niederberger, *Jenseitig – eine überirdische Geschichte: Über den (Irr-) Lauf der Welt*; TWENTYSIX-Verlag, 2016
41 Jacques Delarue: *Geschichte der Gestapo.* Droste/Athenäum, Frankfurt/M. 1986
42 Rede von Präsident George W. Bush 20.09.2001 – YouTube: Sept. 20, 2001, »Bush Declares War on Terror«
43 Karl Rowe, auf: wordpress.com/2011/09/15/zitatensammlung-teil-1-politik
44 Protokoll: Ausschuss für Wirtschaft und Währung – Monetärer Dialog mit Herrn Jean Claude Trichet, Präsident der Europäischen Zentralbank – Brüssel, 27. September 2010, Sharon Bowles
45 Paul Warburg, gefunden auf: www.geldsystem-verstehen.de
46 gefunden auf: Wikipedia/Illuminatenorden
47 George Bush Senior, »Europa in einer neuen Weltordnung«, von Kurt P. Tudyka, Akademie für Internationale Politik des Renner-Instituts
48 George Brown, Rede vom 02.04.2009 beim G20-Gipfel, gefunden auf: www.euro-med.dk/?p=7796
49 Henry Kissinger im Nationalen Sicherheitsrat, gefunden auf: www.wahrheitskrieg.blogspot.de/2009/04/dr-kissinger-im-nationalen.html
50 www.stuttgarter-nachrichten.de/inhalt.neue-papst-enzyklika-fuer-kapitalismus-mit-herz.0a96b353-6975-4d84-b834-b34158dfd24d.html, am 22.02.1016
51 Woodrow Wilson, YouTube – Freimaurer-und-Bilderberger-Zitate
52 David Rockefeller, *Erinnerungen eines Weltbankiers* – FinanzBuch Verlag, 2015
53 Thomas Jefferson, YouTube – Freimaurer-und-Bilderberger-Zitate
54 David Rockefeller, 1994 vor dem Wirtschafts-Ausschuss der Vereinten Nationen (UN Business Council)
55 David Rockefeller, gefunden auf: www.truewords.eu
56 Interview mit Aaron Russo über Nicolas Rockefeller, http://nachgerichtet.is/2014/12/interview-mit-aaron-russo-uber-nicolas-rockefeller/
57 Kurt Tucholsky, gefunden auf: www.zitate.de
58 Edward Alan Clarke, Philip John Taylor, Ian Kilmister, Copyright: Motor Music Ltd.
59 gefunden auf: Wikipedia/Viginia_Satir
60 gefunden auf: Böhse Onkelz, *Heilige Lieder* (1992, Bellaphon Records)
61 gefunden auf: www.daszitat.de
62 Viktor E. Frankl, ... *trotzdem Ja zum Leben sagen. Ein Psychologe erlebt das Konzentrationslager.* 3. Auflage, Kösel, 2012
63 gefunden auf: http://gutezitate.com
64 gefunden auf: www.zitate-online.de

Weitere, in diesem Buch, möglicherweise verborgene Zitate, Sprüche, Redewendungen und Inhalte, die sich als solches möglicherweise noch als unbewusste Brain-Tattoos in meinen zarten Hirnwindungen wiederfinden, wie beispielsweise irgendwelche Informationen aus Fachmagazinen, Tv-Berichten, Internetrecherchen, Filmen, Vorträgen, soziologischen, philosophischen und psychologischen Gossendiskussionen, Glaubenssätze und jeglicher weiterer Publikationen, die mir irgendwann einmal irgendein ein Medium, ein Mensch, Schreiber, Künstler, Texter, Schauspieler, Musiker, Lehrer, usw. in meine Birne genagelt hat, können selbstverständlich mit in diese Texte eingeflossen sein. Unter Berücksichtigung der komplexen Wahrnehmung und uneingeschränkten Speicherkapazität meines Unterbewusstseins bitte ich daher anzuerkennen, dass ich nicht in der Lage bin, hier jede einzelne meiner Inspirationsquellen aufzuführen. Letztlich wurde sowieso beinahe alles irgendwo schon einmal von irgendjemanden gesagt. Ich wiederhole mich also wenn ich sage, dass ich dich mit Brain-Tattoos zum eigenständigen Denken auffordern will. Hinter jeder Quelle gibt es nochmal ganz andere Quellen (-: Die Frage ist nur auf wen oder was sich die Geschichtenschreiber geeinigt haben. An alle, die meinen, hier namentlich erwähnt werden zu müssen: Asche auf mein zartes Schädelchen! Lege deinen Egoismus schleunigst beiseite und tue etwas für deinen Seelenfrieden anstelle hier nur nach deinem bescheuerten Namen zu suchen.

IMPRESSUM

Rainer Biesinger
BRAIN-TATTOOS
Du bist was du denkst!

ISBN 978-3-86265-580-9

KATALOG
Wir senden Ihnen gern kostenlos unseren Katalog.
Schwarzkopf & Schwarzkopf Verlag GmbH
Kastanienallee 32, 10435 Berlin
Telefon: 030 – 44 33 63 00
Fax: 030 – 44 33 63 044

INTERNET | E-MAIL
www.schwarzkopf-schwarzkopf.de
info@schwarzkopf-schwarzkopf.de